长三角基层治理蓝皮书

和谐共治与精密智治的制度创新

浙江省民政厅◎主编

上海市民政局 江苏省民政厅 安徽省民政厅◎副主编

The Blue Book of Grassroots Governance in the Yangtze River Delta

Institutional Innovation of Harmonious Co-governance and Precise Intelligent-Governance

ZHEJIANG UNIVERSITY PRESS
浙江大学出版社

序

　　基层治理是国家治理的基石。党的十九届四中全会提出,完善党委领导、政府负责、民主协商、社会协同、公众参与、法治保障、科技支撑的社会治理体系,建设人人有责、人人尽责、人人享有的社会治理共同体;同时,在构建基层社会治理新格局中,又明确提出健全党组织领导的自治、法治、德治相结合的城乡基层治理体系。当前,我国城乡基层治理以深入学习贯彻习近平新时代中国特色社会主义思想为指导,全面贯彻落实党的十九大和十九届四中全会精神,在城乡基层治理体系、社区治理与服务机制、网格化管理与服务、发挥群团组织与社会组织及社会工作作用、社会治理与服务重心下移等方面积极推进,特别是在制度、机制建设与创新上取得了较好进展,把制度优势转化成了治理成效。

　　长三角地区是我国经济发展最活跃、开放程度最高、创新能力最强的区域之一,也是我国基层治理基础最好、发展最快、创新能力最强的区域之一。当前,长三角区域一体化已经上升为国家战略,上海市青浦区、江苏省苏州市吴江区、浙江省嘉兴市嘉善县(两区一县)成为长三角生态绿色一体化发展示范区,在此背景下,长三角"三省一市"积极探索党组织领导下的基层治理体系与治理能力现代化,非常有意义。

　　一是长三角地区基层治理具有先导性,注重问题意识的有效回应。长三角经济社会发展水平高,碰到的社会转型问题早,需要基层治理率先做出有效回应。如上海作为大型开放型城市,首先碰到大城市治理问题时,需要从精细化、规范化、智慧化等方面进行积极探索,从而为其他地区大城市治理提供样本;浙江作为第一个城市居委会诞生地,作为"两山理论"的发源地,正以"三地一窗口"的要求,推进党组织领导下的基层治理制度创新,从而为基层治理制度创新转化为治理效能提供示范;江苏瞄准社区行政化问题,率先探索"政社互动"基层治理模式,之后又探索"大数据+网格化+铁脚板"现代社会治理模

1

式,对其他地方具有较强的借鉴意义;安徽作为农村改革的发源地,积极探索"以村民小组或自然村为自治单元试点"改革,注重农村社区治理与乡村振兴战略的有机融合,为乡村治理新路径建设提供借鉴模式。

二是长三角地区基层治理具有整体性,注重跨区域基层治理一体化建设。长三角"三省一市"高度重视基层治理工作,把基层治理相关内容积极嵌入长三角一体化战略中来,通过举办长三角地区"民政论坛"和加强相互之间的调研学习,强化协调机制与一体化机制建设,尤其是长三角生态绿色一体化发展示范区,通过探索建立长三角一体化示范区应急管理全领域常态化互动合作协议、举办长三角社会工作参与社区治理论坛、举办社区治理与服务创新项目创投大赛等方式,率先推进跨区域基层治理一体化建设,这对同类地区推进基层治理跨区域有机整合、联动发展具有很强的示范作用,有助于打造毗邻地区基层治理共同体。

三是长三角地区基层治理具有创新性,注重把制度优势转化为治理效能。纵观"三省一市"基层治理总报告,横观"三省一市"案例报告的进展,可以鲜明地发现,长三角地区基层治理已经从举措方法的建设与创新转向为制度机制的建设与创新,一方面它深度回应了党的十九届四中全会所提出的"把我国制度优势更好转化为国家治理效能"的要求,另一方面它也为基层治理前瞻性、有效性、针对性探索提供了新方向、新路径。这些重要制度机制的探索,围绕完善党组织领导基层治理制度展开,涉及全域治理与乡镇服务能力建设、社会联动与民主协商、精密智治、邻里与微治理、农村社区治理等制度建设与制度创新层面,方向正确、重点突出、层次分明、逻辑清晰,充分展示了长三角地区基层治理创新能力与创新水平。

本书由浙江省民政厅主编,并成立了由上海市民政局、江苏省民政厅、浙江省民政厅、安徽省民政厅四家单位相关人员和浙江大学、浙江财经大学等相关专家组成的编委会。民政部基层政权建设与社区治理司给予指导和帮助,"三省一市"民政部门推荐了所在地方的优秀案例,浙江省马云公益基金会对本书编撰出版工作给予大力支持,浙江大学出版社具体负责出版工作。在此,谨向他们表示敬意和衷心感谢!

《长三角基层治理蓝皮书》编委会

2020 年 8 月 15 日

目　录

第四篇　精密智治制度创新案例

第五篇　邻里与微治理制度创新案例

第六篇　农村社区治理制度创新案例

第一篇

"三省一市"基层治理制度创新
总报告

浙江：基层治理 制度先行

浙江是中国革命红船起航地、改革开放先行地、习近平新时代中国特色社会主义思想重要萌发地，承担着"努力成为新时代全面展示中国特色社会主义制度优越性的重要窗口"的时代重任。当前，浙江立足"三个地"政治优势，正在努力把基层治理制度创新作为新时代全面展示中国特色社会主义制度优越性的重要窗口之一。

一、加强与创新基层治理制度的背景

治国安邦重在基层，基层是国家治理的根基，基层治理是党领导下基层政府治理与基层社会治理的有机衔接。浙江省历届省委、省政府高度重视基层治理工作，2001 年全面实施社区体制改革，推进城市社区建设；2007 年省委、省政府下发《关于推进和谐社区建设的意见》；2008 年率先全国以省委、省政府名义下发《关于推进农村社区建设的意见》，全面推进农村社区建设；2015年省委十三届七次全会作出《全面加强基层党组织和基层政权建设的决定》；2018 年省委、省政府下发《关于加强和完善城乡社区治理的实施意见》，推动城乡社区治理向纵深发展；2019 年省委十四届六次全会审议通过《高水平推进省域治理现代化的决定》，全面部署建设浙江特色的基层治理体系；2020年，在疫情防控期间，浙江省在全国率先出台《关于进一步落实激励关爱新冠肺炎疫情防控一线社区工作者举措的通知》，以七项举措鼓励支持社区工作者敢于担当、冲锋在前，坚决打赢疫情防控阻击战。

全省各级坚定不移沿着"八八战略"走下去，坚持一张蓝图绘到底，一任接着一任干，基层治理体系不断完善，基层治理能力不断增强，诸暨"枫桥经验"创新发展，武义"后陈经验"、安吉"两山转化"、桐乡"三治融合"和宁海"小微权力清单三十六条"等经验做法或被写入党的报告，或被吸收到国家法律之中，在全国推广。作为浙江将改革向纵深推进的一块金字招牌的"最多跑一次"改革被写入政府工作报告，农村基层党建"浙江二十条"被中央组织部印发，基层治理体系"四个平台"建设受到中央政法委高度肯定，在全国产生重要影响。

在激发社会活力引导多方力量参与上，浙江于2014年在全国省级层面首个出台推进社区、社会组织、社会工作"三社联动"政策文件，把"三社联动"工作纳入平安浙江考核，全省89个县（市、区）均以党委、政府名义出台实施意见，形成政社互动、"三社联动"的理念和格局；出台社会组织培育发展政策，普遍推行项目资助、资金补贴、场地提供、政策辅导等做法，加快培育生活服务类、公益慈善类、居民互助类和平安类社区社会组织，在社会治理、公共服务、公益慈善、美丽乡村建设、五水共治、农村扶贫等方面发挥积极作用。

总体来说，在这一阶段浙江省基层治理工作基础较好、成效明显，但与此同时，我们又要看到随着党和国家对基层治理的新要求、人民群众对美好生活的新期待、数字社会的来临、长三角一体化建设的新使命、疫情防控常态化等要素的叠加，迫切需要我们进一步加大基层治理体制机制改革的力度，在制度建设与制度创新上补足短板、拉高标杆、提升优势，进而把制度优势转化为治理效能。

新时代党和国家进一步明确党组织领导下的城乡基层治理体系建设路径。党的十九大明确提出"坚持党对一切工作的领导"，党的十九届四中全会进一步明确提出"健全党组织领导的自治、法治、德治相结合的城乡基层治理体系"，要求"把我国制度优势更好转化为国家治理效能"，中央印发的《中国共产党农村工作条例》提出"坚持党对农村工作的全面领导"，"村党组织书记应当通过法定程序担任村民委员会主任和村级集体经济组织、合作经济组织负责人，推行村'两委'班子成员交叉任职"。这意味着进入新时代后，党和国家从顶层设计上明确了基层治理的方向与路径，即走党领导下的城乡基层治理道路，并把这一道路制度化，从而把制度优势转化为治理效能。为此，新时代的基层治理必须从之前的党建引领走向党的领导，从机制方法建设与创新走向制度建设与制度创新。

人民群众对美好生活的新期待要求基层治理要以"建设人人有责、人人尽责、人人享有的社会治理共同体"为己任。进入新时代后，我国社会主要矛盾已经转化为人民日益增长的美好生活需要和不平衡不充分的发展之间的矛盾。它要求秉持以人民为中心的发展思想，把改善人民生活、增进人民福祉作为一切工作的出发点和落脚点。把这一思想贯穿到基层治理各个环节,意味着治理与服务、动员和参与、安全与自由要有机结合,即要建设人人有责、人人尽责、人人享有的社会治理共同体。它在基层的表现要建立负责任和有效回应的政府、供给公平与效率相结合的公共服务、便捷化的商业服务、居民广泛参与的志愿互助服务、注重民主协商和社会协同、良善的邻里关系等,这意味着要进一步加强理念创新与制度创新,瞄准当下、展望未来,探索多方主体参与机制、社区服务综合体建设、邻里关系建设等重要议题。

数字社会来临和疫情防控常态化迫切需要对基层治理进行数字化转型。尽管浙江省在数字政府、数字经济、数字社会建设上起步较早、基础较好,如依托数字技术助推政府体制机制改革推出了"最多跑一次"改革和基层治理体系"四个平台"建设,各地级市也建立了"城市大脑",但仍然存在着信息整合、部门分隔、上下合力不够等问题。更为重要的是基层数字治理,尤其是社区数字治理,并不是政府数字治理及平台延伸到社区就可以了,它更偏重服务与参与,并以此促进民主协商、社会协同和公众参与。不然,基层数字治理在基层的实践形态就可能出现(事实上已经出现)数字技术"悬浮"在基层治理上,表现为信息无效与信息孤岛、政府信息"内卷化"、基层负担增加、社区不爱用不好用、居民用了没有便捷感幸福感等问题。为此,需要从数字社会的社会技术、治理主体与治理制度交互的系统性方向上探索基层治理的数字化转型路径与机制。

长三角一体化建设的新使命要求各地基层治理要取长补短、示范区要率先推进基层治理一体化。进入新时代后,党中央把长三角一体化上升为国家战略,并以生态绿色一体化示范区建设探索长三角规划管理、生态保护、土地管理、要素流动、财税分享、公共服务、公共信用等方面的一体化制度和一体化发展机制,从而为长三角地区全面深化改革、实现高质量一体化发展提供示范。长三角一体化建设,特别是示范区建设,不仅是经济与要素的一体化,而且涉及公共服务、数字长三角、公共信用等基层治理的一体化。特别是此次疫情防控进一步表明,流调信息,数据的收集、分享和应用,是基层政府和社区有效防控的基础。因此,长三角地区的基层治理必须取长补短,示范区更应在公共服务、社区服务、公益创投、社会组织培育及社会工作人才、基层数字治理等方面深化一体化制度与一体化机制建设。

二、基层治理制度建设与创新的主要做法

进入新时代后,浙江省以推动基层治理体系与治理能力现代化为导向,以满足人民群众对美好生活向往为目标,以深化党的领导为根本,不断强化"三地一窗口"的使命担当,推动基层治理从机制方法创新迈向理念制度创新,深入推进党领导下的基层治理制度建设、基层治理数字化转型、省级城乡社区治理与服务创新实验区制度建设、未来社区建设、"五治一体"的农村社区治理制度建设、示范区基层治理一体化制度建设,初步走出了一条"党领、政转、社增、民参、技撑"的新时代基层治理新路子。

(一)完善和创新党领导下的基层治理制度,构建"一元多方"基层治理格局

1. 提高基层党组织的领导力和执行力。在农村全面推行基层党组织底线管理,滚动推进示范村、提升村、基础村和示范乡镇、提升乡镇的逐级提档,推动基层党组织"全面进步、全面过硬";在城市依托《关于加强新时代城市基层党建工作的意见》《关于深化街道体制改革完善城市基层治理体系的意见》《关于进一步加强专职社区工作者队伍建设的指导意见》等"1+2"文件,推动形成区街统领、行业引领、区域融合、上下联动的城市基层党建工作格局。加强村社区党组织领导核心地位,深化区域化党建,推行社区"大党委制",加强村社区党组织对村社各类组织和各项事务的领导,加强开发区(产业集聚区)、镇改街、村改居、新建社区、商圈、楼宇的党建工作,加强社区党组织对居委会、业委会的领导;在城市社区,探索实施社区党组织、社会组织党组织、支部党员、居民党员交叉任职机制,构建多维立体的大党建格局。

2. 推进乡镇街道体制改革。引导乡镇街道聚焦主责主业,把工作重心转移到基层党建上来,转移到做好公共服务、公共管理、公共安全上来,转移到为经济社会提供良好发展环境上来。逐步取消街道招商引资职能,强化街道(乡镇)党(工)委统揽协调能力,赋予其规划参与权、综合管理权、重大决策和重大项目建议权,以及对部门派驻机构人员日常管理考核和负责人任免征得同意等职权。推进经济发达镇强镇扩权,赋予强镇部分县级职能。

3. 强化"三社联动"政策创制。加强社区工作者队伍建设,2018年省委办公厅、省政府办公厅出台《关于进一步加强专职社区工作者队伍建设的指导意

见》,以职业化、专业化、规范化为方向,加强专职社区工作者队伍建设,完善专职社区工作者激励保障机制,构建"三岗十八级"工资体系;率全国之先构建社区工作领军人才选拔培养机制,在全省范围内开展社区工作领军人才遴选活动,建立全省首批200名优秀社区工作者领军人才库,搭建业务培训、对口见学等交流平台,进一步带动社区工作者队伍建设。规范提升社会组织参与基层治理,2018年连续出台《关于进一步规范提升社会组织参与社会治理工作的实施意见》《关于大力培育发展社区社会组织的指导意见》,普遍推行项目资助、资金补贴、场地提供、政策辅导等做法,加快培育自治类、平安类、服务类、文体类社区社会组织;2020年出台《浙江省社会组织党群服务中心建设标准(试行)》,从政治功能突出、实体化运作良好、工作机制健全、职责功能完善、资金保障到位五个方面百分制设定量化标准,规范建设模式和运行机制,建立社会组织党群服务中心,实现社会组织和社会组织党组织同步孵化、同步指导、同步发展;2020年还将出台《关于推进社区社会组织参与基层社会治理的决定(草案)》。推动社会工作机制创新,出台《关于开展首批乡镇(街道)社会工作站建设的通知》,从乡镇(街道)工作站定位与职能要求、场所与人员配置、运行流程与标准等方面提出制度建设内容,到2020年底建立300个乡镇(街道)社会工作站,为困难群众和特殊群体提供社会工作服务,培育发展社会组织和志愿者队伍,提升基本民生兜底保障和基层社会治理水平;出台《做好首批省内社会工作服务机构"牵手同行计划"实施工作的通知》,遴选12家优秀社会工作服务机构结对加快发展地区12家成长型社会工作服务机构,支持实施12个社会工作服务项目,培养120名一线社会工作专业人才,促进结对地区社会工作服务发展。

(二)构建精密智控与精准服务相结合的基层智慧治理体系,推动基层治理数字化转型

1.打造"一图一码一指数"精密智控治理模式。浙江省依托大数据网络化架起快速抗疫防线,以县域为单位设置疫情风险五色图,用红、橙、黄、蓝、绿5种颜色反映高、较高、中、较低、低5个疫情风险等级,"每日一报"让全社会知晓各县域疫情动态;在全国率先推出健康码,用"红黄绿"三色二维码作为数字健康证明,绿码可凭码通行,红码和黄码则需要按规定隔离并健康打卡,为公众安全出行和跨域流动提供一体化数字凭证;为评价横向各地防输入,防集聚和着力通畅物流、人流、商流,推出"管控指数和畅通指数",充分发挥对疫情防控与复工复产的统筹牵引。全面实施"一图一码一指数"，有效推动了全省疫情防控模式从封闭管控向精密智控转变。

2.构建从"城市大脑"到"社区微脑"数字赋能立体平台。为推进城市治理数字化转型，浙江省充分运用数字经济、数字技术的优势，要求地方打造"城市大脑"，推动实现一图展示治理动态、一体联动应急指挥、一键驱动智能分析、一站提供公共服务等。杭州于2016年率全国之先提出建设"城市大脑"，到2019年底，"城市大脑"逻辑构架不断完善，逐渐形成了警务、交通、城管、文旅、卫健、房管、应急、市场监管、农业、环保、基层治理等11大系统、48个应用场景。为保障城市大脑赋能城市治理，杭州将以立法形式率先出台《杭州城市大脑赋能城市治理促进条例》。为进一步推进基层治理数字化转型，浙江省率全国之先提出建设"社区微脑"，着手打造"社区微脑"智治平台，探索"全要素精密智控、全周期精准服务、全流程闭环管理、全维度治理场景、全内容数字生态、全业务融合平台"等"六全"为核心的社区治理场景，并选择全国街道服务管理创新实验区——下城区进行试点。目前，下城区已开发出"杭州社区智治在线——下城平台"，整体界面包括及居民信息、社区管家、民情走访、信息排查、疫情防控、指挥查询、民生服务、民情指数、百姓议事等九大功能模块，平台能实现与城市大脑、基层治理"四个平台"等数字化平台之间的信息快速流转，并且打通民政、社保、城管等部门的数据以及小区物业、智能安防、市政服务、社会服务机构等的信息系统，构建实时动态基础资源数据库。

3.推动"最多跑一次"改革从集成政府服务延伸到集成社会治理。浙江省从组织、资源、机制等方面强化"最多跑一次"改革的社会治理功能，有效引导基层社会治理从传统走向智能、从粗放走向精细、从各自为政走向系统集成。梳理和优化办事事项及流程，对省市县三级政府部门的办事事项进行系统梳理，通过简政放权、优化流程、精简环节、网上办理实现"最多跑一次"；对适用依据、办理流程、申请材料、办理时限、表单内容等标准进行统一，结合权力事项下放和网上申办等常态化运作，实现"全域联办"和"一网通办"。加强数据互联互通，打破原有政务服务信息"数据孤岛"，利用互联网，实现"数据多跑路、群众少跑腿"；在线下行政服务中心普遍推行"一窗受理、集成服务"改革，将审批服务业务统一整合到综合窗口受理，后台分类审批，统一窗口出件。如全省民政领域100%的事项实行"最多跑一次"，136个事项完成与省政务服务网对接实现网上办，127个事项实现"掌上办"，11个民生事项实现"一证通办"。2019年，省民政厅会同省委改革办、跑改办和大数据管理局联合下发《浙江省深化"最多跑一次"改革推进民政服务"码上办"行动方案》，加快推进民政领域"码上办",面向居民群众办事事项实现手机上申请办理。健全五级服务体系,以基层治理四个平台建设为支撑,以综合指挥室为枢纽,加强镇街便民服务平台建设,按照"能进则进、应进少进"的原则,把直接面向基层群众的各类事项纳入,形成省市县乡村五级联动的基层服务体系。

(三)加强省级城乡社区治理与服务创新实验区制度建设,有效推进社区治理体制机制创新

2016年,浙江省参照民政部做法开展省级"社区治理与服务创新实验区"建设,围绕城乡社区治理中的突出问题和关键环节,采用"小、精、准"局部突破方式设计实验主题,强化对问题的解决能力与实验的可复制性。为进一步提升省级实验区引领、带动全省城乡社区治理创新的能力与水平,浙江省近年来在"三个"做法上进行了制度创新。

1.问题导向与局部突破相结合。首先,申报单位进一步向基层延伸。充分发挥基层政府的平台整合功能,将实验层级从县级延伸至镇街,第一批省级实验区镇街7个,占15个实验区的46.7%,第二批实验区镇街14个,占19个实验区的73.7%。其次,实验主题采用"小切口"进入路径。以问题导向设计实验主题、以局部突破规划方案,注重前瞻性、实操性与针对性,强化对问题的解决能力与实验的可复制性。如在居民自治领域,围绕如何激发居民自治的基础性与拓展性功能问题,江干区探索"居委会领导下'一委 N 坊'社区自治体系",以网格为单位组建邻里坊推动"一格一坊、坊网结合",使网格管理与居民自治"微单元"有机结合。在社区服务领域,围绕如何提升社区公共服务标准化问题,西湖区探索城乡社区公共服务地方标准;围绕如何推进专业社会工作引领社区服务专业化问题,海宁市探索专业社会工作引领社区项目化机制。在"三社联动"机制构建领域,围绕如何发挥联动机制功能,平湖市当湖街道探索构建"三级友邻"的网络体系。

2.地方自主与专家介入相衔接。首先,建立专家全周期介入机制。组建由浙江大学等科研院校专家学者参与的实验区专家团队,采用"一对一""一对多""多对一"等捆绑结对方式确立指导专家,从实验前中后三个维度进行全程介入与把关。实验前,专家团队对初步的实验申报材料进行评估,并与地方协同导入专家智力研究成果,使实验主题更明确。实验中,指导专家定期不定期进驻实验区,改进和提升实验过程中的治理机制,提出改进意见和完善方案。实验后,在第三方评估的基础上,省民政厅联合专家团队,分组系统总结实验

情况并进一步提出改进措施，推进相关实验区"后实验"治理机制建设。其次，倡导共识性实验创新机制。明确地方创新的自主性与专家的角色定位，推动专家的专业化知识与地方的本土性实践有机结合。如龙泉市宝溪乡在导入专家"社区营造"理念后，建立了农村社区文化营造协会，打造出了"文化为基、治理为本的美丽乡村社区营造"实验样态，成为农村社区营造与经济建设共生发展的样本。绍兴越城区搭建"五邻社"联合会互助自治平台，打造多方主体利益联动、价值共享、可续发展的社会组织参与社区治理"越城模式"。

3.框架目标与调适改进相匹配。首先，设立框架目标，适时调适空间。实验区根据实验主题设置"中观层次"的框架目标，结合实验的动态进程与上级政府及同行评估对框架目标进行修正或改进。如温州市五马街道"以政社互动大网格推进社区治理现代化"为实验主题，原框架目标是以"实体网格、活力网格、满意网格、智慧网格"来推动，在实验过程中，发现可以基于街坊"德治"文化传统和现代温州"人人慈善"理念，发展"德治标准"促进政社互动，进而设置了"德治建设促政社互动"的框架目标，成为浙江省德治嵌入城乡社区治理创新的典范。其次，强化政策措施，持续改进力度。每个实验区注重与框架目标比照来改进措施，定期向省民政厅汇报实施进度、参与同行评估，在此过程中不断改进政策措施。如余杭区作为"众人的事情众人商量"之"两众"理论发源地，探索"'1＋3'基层协商治理模式"，即建立1个"邻里议事协商中心"协商主体和3个协商要素，在实验过程反思与同行专家评估后，增加了"协商效果"维度，形成了《城乡社区协商工作规范》地方标准。

（四）全面启动未来社区建设试点，打造有归属感、舒适感和未来感的新型城市功能单元

为改善大民生、驱动大投资、带动大产业、促进大转型，满足人民群众对美好生活的需求，在2019年浙江省"两会"上，"未来社区"建设被写入《政府工作报告》，同年省政府正式印发《浙江省未来社区建设试点工作方案》，为浙江未来社区建设提出了明确的工作目标和建设要求。杭州市上城区始版桥社区等首批24个未来社区被列为试点创建单位，计划到2021年底培育建设省级未来社区试点100个左右。

未来社区建设以"139"为集成框架体系，即以人民美好生活向往为中心，在聚焦人本化、生态化、数字化三维价值坐标的基础上，以和睦共治、绿色集约、智慧共享为内涵特征，突出高品质生活主轴，构建以未来邻里、教育、健康、

创业、建筑、交通、低碳、服务和治理等九大场景创新为重点的集成系统,以此打造有归属感、舒适感和未来感的新型城市功能单元,引领生活方式变革。

未来社区试点项目分为改造更新和规划新建两大类型,主要以改造更新为主。其中改造更新类以20世纪70—90年代老旧小区为主体,鼓励采取全拆重建和插花式改修建等方式进行,规划新建类依托省重大发展平台,高铁、轨道交通站点,人口集聚潜力大等要求选择试点。目前,杭州瓜山社区、瓜沥社区已初步完成未来社区物理空间建设。未来社区建设的重要特点体现在:

1. 物理空间规划与社会空间规划同步进行。把社区治理与服务前置到城市有机更新之中,避免了房地产开发过程中商品房小区所产生的治理与服务"后置"问题。如把"三化九场景"作为一个整体进行规划,围绕人的全生命周期对高品质生活需求设置教育、健康、交通、创业及社区各类服务等,可以较好解决房地产开发与之后治理不相衔接的问题。这也是世界上主流发达国家在推进诸如MPC社区、智慧社区、TOD社区、生态社区等未来社区建设的通行做法。

2. 社区的未来性与技术性、生态性的有机结合。浙江的未来社区的未来性主要是一种"趋向引导性",它要充分考虑经济社会未来发展态势、城市可持续发展特性、科技的技术演进路径及其制度创新与可为性,为此浙江省在选择未来社区试点项目时关注了人口集聚程度、土地开发程度与经济承受力、创业场景中的产业类型等要素,并要求对既有的制度与政策进行改进与优化,从而提升"趋向引导性"有效落地的可能性。同时,高度关注了智慧技术、自然生态系统与社会生态系统之间的关系,以此平衡技术刚性与居民互动温度之间的关系。

3. 社区关系性、生活性甚至生产性相衔接。这有助于把城市有机更新与社区营造很好地结合起来。浙江省未来社区建设高度关注关系性和生活性的建构,如邻里场景的打造,不仅要有"邻里中心"这一物理载体,还要有邻里生活机制,从而营造交往、交融、交心的人文环境及构建"远亲不如近邻"的未来邻里场景。同时,要打造"全生活链"的社区服务体系,打造"优质生活零距离"的未来服务场景。此外,为顺应未来生活与就业融合的趋势,未来社区还专门设置创业就业公办设施与环境及人才公寓,构建"大众创新"未来创业场景。

4. 在治理与服务上关切了"混合社区"融合治理模式。未来社区居住人群主要是本地居民(改造更新中老旧小区居民、规划新建中本土居民)、商品房购买人群和创业创新人才三类居民,不同的人群特质要在社区中构建出生活共同体和治理共同体,必须从社区治理体制机制、方式方法上探索"混合型社区"

融合治理模式。如杭州市针对未来社区人群混合性特点，提出要通过空间融合、服务融合、活动融合、组织融合等融合机制，促进未来社区生活共同体的形成。

（五）推进"五治一体"的农村社区治理模式，使治理现代化与乡村振新战略有机融合

进入新时代后，浙江省农村社区治理进一步朝向"自治、法治、德治、共治、善治"五治一体的基层社会治理模式迈进，把治理贯穿到引领农村新经济、新参与、新服务、新文化、新环境五大空间建设之中，扎扎实实推进"内容之治"与"程序之治"的制度建设与制度创新，推动治理现代化与乡村振兴战略有机融合。

1.打造党领导下的"五治一体"的农村社区治理模式。深化村民自治机制建设。全面推行村党组织主导的村务联席会议制度和"五议两公开"制度，确保了民主决策和民主管理的有效落实；创新村民代表履职制度，积极推广三门县"村民代表履职规范化"建设的经验，把村民代表选好、管好、用好，不断提高党员在村民代表中的比例；加强城乡社区协商制度建设，进一步明确了协商程序、规范了协商形式、明确了协商主体，涌现了象山县"村民说事"、余杭区"众人的事情由众人商量办"、浦江县协商委员会、德清乡贤参事会、富阳区"小队议事会"等协商品牌。不断强化依法治村规范建设。制定实施了《浙江省村务监督委员会工作规程（试行）》，全面规范村务监督委员会的运行机制；切实做实做好农村社区依法治理工作，开展了全省"民主法治村"评选表彰活动；加强矛盾纠纷化解机制建设，以县域为单位，全面推进社会矛盾纠纷调处化解中心建设，积极推进社区社会组织积极参与综治工作和矛盾纠纷化解工作。强化德治执行力。在新一轮的村规民约修订过程中，以"与党委政府中心工作结合起来、与村民日常生活结合起来"的两结合提升村规民约时代性和针对性，以"法德利"兼济提升村规民约的执行力。各地普遍建立"百姓参政团""法律服务团""道德评判团""市民监督团"，充分发挥道德评判团作用。如玉环市结合土地整治工作制定了《土地管理村规民约》；衢州市针对疫情防控把使用公筷公勺纳入《衢州有礼市民公约》等；萧山区、江山市、桐乡市还成立了村规民约监督执行机构；一些地方还把村规民约执行与社会信用体系相挂钩，取得了很好的实效。提升社会力量参与的共治机制。积极推进政府向社会力量购买服务向农村延伸，推动镇街建立社会组织培育中心，加强农村社区社会组织建

设,广泛建立乡贤理事会等社区社会组织,试点镇街设置社会工作服务站,加强农村社会工作室和社会工作人才建设。积极推进乡村智治建设。以龙游的"龙游通"、温州的"村情通"为模板,鼓励和支持以地级市或县域为单位开发农村社区智慧平台,强化社区和居民应用场景模块的设计与使用。

2.以治理引领新经济、新参与、新服务、新文化、新环境"五大空间"建设。进入新时代后,以杭州为典型代表的浙江农村社区治理已从早期的借鉴城市社区治理与服务理念发展到突出农村社区的特色与品质、整体性提升农村经济、政治、社会、文化、环境的新阶段。以发展农村新经济、新产业及其新经营组织方式,拓展新经济空间,强化村党组织领导下的村民自治对农村新经济、新产业的统筹规划能力,推动农村社会企业、专业合作社、农村社区商会等组织形态的实体化发展。以"五美"为指向,指导田园社区环境营造分类标准,提升新环境空间,即以提升社区服务设施实现机能美、以提升点线面的乡村美学实现视觉美、以农村公益与邻里建设的村民参与提升社会美、以农村文化礼堂长效建设提升精神美。构建多方参与机制和民主协商机制,建设新治理空间。通过培育社区社会组织和经济服务类组织,推动农村社区协商机制建设,提升村民的参与渠道与参与能力。推进社区服务公共性和社区服务社会化运行方式,发展新服务空间。推动农村社区便民服务中心向综合体化的党群服务中心转型,推进政府购买社会力量服务向农村社区延伸。打造富有浙江乡土特色、独具魅力的社区文化共同体,营造新文化空间。通过构建农村文化礼堂长效机制,加强农村社区特色文化品牌建设,探索文化生产力建设,发挥文化柔性治理功能,全力提升农村文化公共服务水平。

(六)积极推进示范区基层治理一体化制度建设,使基层治理成为长三角一体化的重要组成部分

为深入贯彻浙江省委、嘉兴市委关于举全省、全市之力支持长三角生态绿色一体化发展示范区嘉善片区建设的部署要求,嘉善以高标定位、靶向发力和机制创新,积极探索推进示范区基层治理一体化制度建设。

1.聚力"一体化",高起点谋划顶层设计。坚持把一体化示范区建设作为首要政治任务和最大发展机遇,科学编制《嘉善县推进长三角生态绿色一体化发展示范区建设方案》,将养老服务、社会救助、社会治理等民政工作作为重要内容写进方案,最大限度体现基层治理一体化的重要性。注重上下左右联动,嘉兴市民政局召开民政系统助力嘉善示范区建设推进会,明确嘉善在精准保

障、和谐自治、幸福颐养、暖心服务、智慧民政、改革创新等"九个方面"上当好示范；市、县两级民政部门分别成立推进长三角示范区建设专项工作领导小组，研究确定一批改革创新重点项目和重点工作，明确牵头领导和完成时限；省、市民政部门领导多次带队到上海、江苏考察民政工作和基层治理现代化工作，奠定深度合作基础。紧扣长三角国土空间规划总体布局，委托浙江省发展规划研究院、浙江工业大学等编制《民政设施建设专项规划》《社区服务体系专项规划》，并纳入示范区国土空间规划。

2.靶向发力，着力构建城乡社区"共治圈"。坚持把城乡社区和社会组织作为社会治理体系的基石，不断强化"三治融合""三社联动"双轮驱动，全力打造社区治理新引擎。全域推进省级社区治理和服务创新实验区建设，聘请上海、杭州专业团队担任督导顾问。启动实施社区服务设施建设三年行动计划，高标准打造"上海之窗、枫南智慧小镇"未来社区，借鉴引入苏州"邻里中心"模式建设一批社区服务综合体。大力推动长三角区域社会组织和社会工作发展，举办长三角社会工作参与社区治理论坛、社区治理与服务创新项目创投大赛，助推长三角产业发展、科技创新和社会治理。

3.机制创新，高标准推动联动治理。建立人才联培机制，研究制定社会工作人才评价标准及资格互认机制，加快建立人才实训基地，推动三地人才融合发展。建立城乡社区结对共建机制，定期安排社区工作者交流挂职，去年以来，结对共建社区12个，三地互挂城乡社区干部26人。建立社区服务项目共推机制，举办"青浦·吴江·嘉善"长三角社区治理与服务创新项目创投大赛，推出小区客厅、社工人才培养等十大服务项目，吸引青浦、吴江8个社会组织来嘉善创投。建立社会工作融合机制。组建由浙江大学、中共浙江省委党校等高等院校专家学者组成的智囊团，开展长三角社会工作一体化发展政策研究；积极探索长三角一体化背景下的社会工作发展规律，形成具有权威性的区域一体化社会工作路径；开设青浦、吴江和嘉善三地学习教育精品路线16条，涵盖80个特色鲜明的阵地。构建疫情防控"五联"工作体系。通过数据信息联享、交通开口联防、生活物资联保、防疫宣传联动、应急机制联建，合力打赢长三角毗邻地区疫情联防联控阻击战。结合此次疫情防控，探索建立长三角一体化示范区应急管理全领域常态化互动合作协议，加快实现协调联络、信息共享、联动执法、宣传交流、应急资源共享等方面全方位协同联动。

到目前为止，嘉善已建立毗邻地区社区发展、社会组织联动、社会养老等一体化联动协作机制30余项，以"面上开花"带动"点上出彩"。如在此次疫情防控中,依托嘉善疫情防控 APP 分析系统,全面梳理排查本地重点人员信息,并与上海金山、青浦和江苏吴江等周边毗邻地区共享共用,深入开展"大数据"分析研判,累计分析研判数据 26.3 万条。

三、基层治理制度转化为治理效能

基层治理制度建设与制度创新的成效关键在于它能否及多大程度上转化为治理效能。而治理的效能主要体现在能不能实现治理的目标、能不能提升治理的效率、能不能提升治理的评价。就浙江省推进基层治理制度建设与制度创新而言,它在实现治理目标、治理效率和治理评价上取得了积极成效,具体体现在以下几个方面。

(一)党组织领导下的基层治理体系成为基层治理创新高地

通过落实和完善党的领导、激发和创新多方参与,显著提升了党组织领导下的基层治理体系与治理能力现代化,党的执政基础进一步夯实、基层政权进一步巩固、"一元多方"治理格局进一步形成。

1.基层党组织纵向一体化和横向整合化的组织体系较好形成,党在基层治理中总揽全局、协调各方的功能进一步发挥。通过构建乡镇(街道)党(工)委—社区(村)党组织—网格党支部(或党小组)三级组织体系,基层党组织纵向领导能力进一步强化。通过推行区域化党建,全面推行社区"大党委制",村社党组织对城乡社区各类组织横向领导能力进一步增强。如在阵地建设上,村社全面设置党群服务中心,湖州还在全国率先出台《党群服务中心设置和运行规范》地方标准,全域推进开放式、集约化、共享性的党群服务中心建设,全力打造"8 分钟党员活动圈";在基层党组织建设上,全面推动规范化制度化建设,嘉兴还出台了《关于全面推进基层党组织标准化规范化建设的指导意见(试行)》,以及村、社区、"两新"组织等九个领域的基层党组织规范化建设标准,即"1+9"系列文件,全力推进基层党组织标准化规范化建设。在新冠肺炎疫情防控期间,城乡社区发挥"大党委"的"轴心"功能,创新出"街道+社区+小区+物业"的"红色管家""红色宣讲""红色代办"等一系列红色服务,在疫情防控的关键时刻发挥了凝心聚力的积极作用;充分发挥党员先锋模范作用,积极带领居民开展社区自治、提供公益服务等,构建起人人参与、人人负责、人人防控的群防群治体系,实现服务群众全覆盖。

2.党组织领导下的"三社联动"机制较好形成,社会协同能力显著增强。在基层党组织统筹领导下,通过夯实社区基础平台、强化社会组织参与、提升社会工作支撑、增强志愿公益协力,构建空间、信息、资源、项目、服务"五大"联动机制,基层治理的社会协同力显著增强。社区基础平台进一步夯实,全面解决城市社区工作服务用房,全省社区服务用房总面积557万平方米,个均超过1000平方米;城市社区服务中心已全覆盖,全省村级社区服务中心约1.9万个,覆盖率约为98%。社会组织参与基层治理进一步强化,目前全省经民政部门登记的社会组织70302家,每万人拥有社会组织数约11.7个,备案类社区社会组织总数已达20.4万个,其中城市社区7.6万个、农村社区12.8万个,平均保有量分别达到18个和8个,如杭州的"武林大妈""平安大姐"、绍兴的"红枫义警"、舟山的"东海渔嫂"、温州的"禁毒协会"、湖州的"乡贤参事会""和事佬协会"等在化解矛盾、社区服务、乡村振兴、慈善救援、服务特殊群体等领域发挥重大作用;此外,还产生了诸多的农村社区商会、社区基金会、社会企业等新型社区社会组织。社会工作人才支撑和志愿公益参与进一步提升,目前全省共有6.5万名社会工作师和助理社会工作师、1502万名注册志愿者,在纠纷调解、信访化解、社区禁毒、社区矫正等领域发挥了积极作用;创新开展慈善基地建设,目前全省县级慈善基地共有93个,在精准扶贫、帮扶困难人群、开展慈善服务等方面发挥重要作用。

(二)精密智治成为基层治理"新名片"

通过构建精密智控与精准服务相结合的基层智慧治理体系,从治理主体、治理技术、治理场景三个维度进行实践探索,激发了多方主体参与的整体性治理,构建了高效、精准、快速回应和分析研判的智慧治理机制,强化了治理场景的居民受益,有效推动了基层治理数字化转型。

1.精密智治的治理主体逐步从政府主体单维式治理走向多方主体整体性治理。浙江省基层智慧治理已经从电子政府时代的"以政府为中心"逐渐走向数字时代的"以居民为中心",其理念强调"政府管用、社区有用、居民爱用",尤其是"社区微脑""龙游通""村情通""邻里通""城市眼云共治系统"等社区治理平台,从建设到运行无不强调以居民需求和服务为出发点,无不强调以促进多方主体在其中的参与为着力点,如在线上已经介入了或准备介入社区组织、社会组织、社会工作和志愿者端口,在线下强调在基层党组织领导下多方主体参与支持线上服务事项流程化建设。更为重要的是,通过数字驾驶舱的建设,以平台的综合指挥中心推动上下左右各类主体围绕事项的整体性治理,有助于解决治理碎片化的问题。

2.精密智治的治理技术构建了高效、精准、快速回应和分析研判的智慧治理机制。浙江省基层智慧治理近年来特别强调运用最先进的新一代数字技术,如大数据、云计算、人口智能和区块链等,同时强调这些技术在引入过程中设计和研发团队必须深入基层,采取跟踪方式,与专家及基层工作者深度交流,使得研发和设计的产品前瞻性、针对性和实用性更强。如拱墅区小河街道的"城市眼云共治系统",运用全球 AI 行为识别技术,与社区、商家、行政执法、市场监管等多方街域自治相结合,以大数据分析为指导,以"城市眼"对监控点实时监控,以"云"获取数据后的节点分析,以"共治"促进线下各方共同参与治理。该模式针对城市街域管理,对机动车违停、违规宣传物、垃圾堆放、出店经营、人员异常聚集等八大类行为进行识别,准确率达到 90% 以上。特别是此次疫情防控中,实施的"一图一码一指数"精密智控治理模式,对全省的疫情防控和复工复产起到了重要支撑作用。以杭州为例,疫情期间,通过疫情防控系统累计下发 306 批核查数据,累计核查 4.3 万人次,累计管控 28 万人次,最高峰 2 月 6 日的管控人数达到 6.22 万人。杭州首推的健康码,已经推广到全国,成为全国防疫的数字化标配。

3.精密智治的治理场景提升了居民受益广度、速度和力度。如杭州的城市大脑目前有 48 个应用场景、社区智治在线则有九大功能模块,涵盖从城市治理与服务到社区治理与服务再到小区治理与物业服务功能,特别是社区智治在线,在精准服务维度包括了智慧养老、停车管理、应急管理、邻里互助、物业管理、家政服务、垃圾分类、助残助困、流动人口管理、社区环境等,居民只要在线上点一点,即可获得多维智慧服务。基于服务流程标准化建设,平台会自动检测各服务单位和主体快速回应居民需求的能力,居民得到有效服务的时间大大缩短。以上城区"平安 365"社会治理平台为例,通过构建"信息采集传输—任务案卷建立—任务调度派遣—任务案卷处理—处理情况反馈—现场核实结案—系统综合评价"7 步流程法,将社会治理与服务流程化、可视化,各单位平均相应时间为 0.84 小时,群众满意度达到 94.2%。

(三)实验区成为城乡社区治理"新引擎"

浙江省以"三个做法"推进实验区的制度创新,极大提升了实验的前瞻性、针对性和可复制性,显著增强了城乡社区治理体制机制创新能力,受到党委政府和人民群众的高度认可。目前，国家级、省级实验区已成为引领浙江省城乡社区治理创新的"新引擎"，其成效主要体现在五个方面：

1. 从社区物理空间打造迈向社会空间创设。即从注重设施设备和物理环境的硬创新，迈向到对社区软硬并重的创新，更加关注对社区治理社会空间的创新。如湖州市出台《幸福邻里中心建设与服务管理规范》地方标准，进一步整合便民服务中心、养老服务照料中心、避灾中心、文化书屋、文化礼堂、体育场所等服务设施，改变以往各部门业务单线下延到基层所造成的服务区域分散、服务功能单一、服务设施闲置的状况，实现统一标准建设，统一运营管理，并通过引入社会组织专业化运营的方式，提升社区治理和服务水平。

2. 从实验形式翻新迈向实验内核创新。从原社区管理方式、技巧、服务流程等环节、形式上的变化，迈向对社区治理组织、功能、制度等要素和机制创新。如嘉兴市秀洲区新塍镇探索"社会机制驱动社区发展"，在全国较早设置社区发展基金会和商会互助基金，在政府购买社会力量服务的基础上尝试探索社会购买社会力量服务新机制，建立镇级社会组织发展基地，探索建立空间、信息、利益、资源、行动五大"三社联动"机制，"塍益580"志愿服务覆盖全镇并向嘉兴市推广。

3. 从碎片化经验迈向整体性创制。从社区治理环节或项目的碎片化创新，迈向提升社区治理能力和水平的系统化、整体性创新。如宁波市鄞州区探索创建了"365全域社区治理"模式，即围绕大治理、共治理、善治理3大主题，推进区域化党建服务、常态化协商服务、源头化平安服务、多元化文化服务、智慧化信息服务、优质化民生服务6大工程，强化组织齐抓共管、民情闭环共解、队伍双向共建、资源联动共享、两网融合共治5大机制。

4. 从城市偏向迈向城乡并重。基于浙江省当前城镇化率已达到68％的实际，从"重城市轻农村"的传统思路，迈向推动城乡社区同步创新。如安吉县创新完善以法规、村规、家规"三规协同"为抓手的工作载体，制定出台了全国首个乡村治理工作地方标准规范——《乡村治理工作规范》；推进自治延伸工作，建设村级事务管理运行信息系统，出台村级"小微权力清单"，建立"点题公开"和"疑问反馈"制度，按程序及时有效回应群众关切的问题；全力推进"三社联动"机制，成立全省首家三社创新发展学院，制定《关于推进"三社联动"创新社会治理的若干意见》，从13个方面分别制定可行性方案，落实政策规定，激发社会组织参与社会治理的活力。

5. 从单极化突破迈向融合性创新。从社区治理创新初级阶段容易聚焦于某个单一方面，迈向更加注重融合性创新，有效破解基层治理复杂事务易出现偏差的问题。如宁波市江北区文教街道通过街道级公益组织——和音坊社区服务中心,推动社区教育融入社区治理机制建设,打造"教治"融通发展创新模式。

通过实验区建设,涌现出了杭州江干区"双网共生社区治理"、德清县"幸福邻里中心"、平湖市"三级友邻"网络体系等优秀案例,宁波市鄞州区百丈街道划船社区"365"工作法、杭州市下城区王马社区"66810"为民服务工作法、嘉兴桐乡市杨家门社区"4个三"工作法等入选全国100个优秀社区工作法。预计到2020年底,浙江省将建成首批15个"省级社区治理与服务创新实验区"、四批共8个"全国社区治理与服务创新实验区"、两批共2个"全国街道服务管理创新实验区"。第二批19个"省级社区治理与服务创新实验区"和首批3个"全国农村社区治理实验区"正在有序推进;第三批省级实验区刚刚启动申报工作。

(四)未来社区成为社区建设"新蓝海"

尽管浙江省未来社区建设总体上还处于起步阶段,但其理念先进性、规划前瞻性、对体制机制改革性上极具时代特征和未来特征,受到政府和社会各界的广泛关注。其"三化九场景"的框架设计,不仅能使居民享受到高品质的社区生活,还能促进新技术、新材料的研发与使用,同时创业、健康、教育等的融入还能促进创业就业,对发展经济和实现就业有积极引导功能。目前,浙江省已启动第二批未来社区试点申报工作。更为重要的是,浙江省未来社区建设无论是理念还是建设方式,都已经产生了积极的溢出效应。

1.理念溢出。当前,未来社区建设理念已经从24个试点社区拓展为全省下一阶段社区建设重点需要探索的方向,其人本化、生态化和数字化三价值维度和基于"全生活链"社区服务特性,成为全省社区建设与社区治理的共识。以上虞的"善伴邻"社区服务综合体为例,它以未来社区的"全生活链"社区服务为导向,把政府基本公共服务、市场的商业服务和社会的志愿互助服务有机集成。其中南丰"善伴邻"社区服务综合体,建有400平方米以上的党群服务中心、500平方米的社区服务便民中心、500平方米以上的社会组织服务中心、150平方米的儿童活动中心、1500平方米以上的社区居家养老服务中心、500平方米以上的社区卫生室、1500~2000平方米的大通超市、1500~2000平方米的农贸市场、3000平方米以上的场外运动休闲场所等共计19个功能处室,以社区大党委领导下的共建共治共享机制,提供从幼童到老年的全生命周期服务。滨江区以未来社区为导向,提出建设集服务、生活、自治、养老、托幼为一体,具有党群公共服务、居民活动、邻里之家、居民议事等功能的"美好生活共同体",满足社区居民日益增长的美好生活需要;同时,滨江区还成立了全省首家"国际社会工作学院",致力于未来社区、智慧治理、社会联动等理念与技术的设计研发和实践应用。

2. 做法溢出。试点的未来社区都是城市社区,但其经济与社会建设同步规划、可持续发展标准、三大价值维度的操作化及试点推进等做法是可以结合乡村振兴战略推广到农村的。当前,衢州、杭州市余杭区等已开始起点启动乡村版未来社区建设。衢州在全省率先推出乡村未来社区建设,如衢江区莲花乡村国际未来社区作为衢州 6 个试点之一,锚定乡土化和田园化,打造"依山水、顺地势、路蜿蜒、人易行、低密度、密路网、组团状、屋错落",形成山、水、林、田、湖、建筑协调呼应的大地艺术景观;在交通结构上,将形成基于农业园 4A 景区的农业观光环,打通村镇连接道路、实现配套共享的村镇生活环以及串联山水资源的大社区绿道环;以产业导入、治理创新为抓手,农村新型社群重构为切入点,追求未来社区居民高品质生产生活服务;将实现 5G 时代"软硬件"全面布局,硬件上全面实现 5G 基站全覆盖,软件上依托微信、微博等超级APP 打造社区智慧服务体系,打造"线下自然田园生态家园,线上移动智慧万物互联"。

(五)"五治一体"农村社区治理模式成为农村基层治理"新样态"

"五治一体"农村社区治理模式,既创新了"三治结合"治理机制,又根据经济社会发展情况及数字社会来临的特性,提出了多方力量参与的共治和数字赋能的智治,同时把"五治一体"引领到发展农村新经济、新参与、新服务、新文化、新环境五大空间建设之中,有助于提升治理现代化与乡村振兴战略契合度。

1. 创新农村社区分类指导分层提升。自 2018 年以来,持续推进农村社区分类指导分层提升工作,按照"五治一体"农村社区治理模式,研究制定《浙江省农村社区建设测评指标体系》,共 50 项内容基本涵盖了农村社区建设"设施、服务和治理"三大核心要素。通过测评划分出引领型、完善型和提升型农村社区,通过抓"引领型"树立全省农村社区的建设方向和目标,着力补齐"完善型"社区短板,全力支持改造一批落后的"提升型"社区。截至 2020 年,全省已公布两批共680个省级引领型农村社区,形成了杭州的田园社区、东阳的"五个家园"、江山的"五美社区"等乡村治理和社区建设新模式;全省有8个县(区)、镇、村入选全国首批农村幸福示范社区,居全国首位。

2.率先探索了"逆城市化"趋势下的农村社区治理模式。2015年,习近平总书记在杭州调研时,要求杭州在全国率先探索"逆城市化"发展问题,之后习近平总书记在参加十三届全国人大一次会议广东代表团审议时,又提出城镇化、逆城镇化要相得益彰、相辅相成。为深入贯彻习近平总书记关于"逆城市化"发展的重要论述,深度把握"逆城市化"发展态势对乡村经济社会形态与治理结构的深刻影响,杭州市明确提出要以"逆城市化"发展态势来探索农村社区治理模式。其中,杭州出台的《关于进一步推进农村社区建设的实施意见》,成为民政部民阅文件。通过3年的建设,当前浙江省农村社区普遍注意到了"逆城市化"发展态势和乡村经济转型的特质,在基层党组织带领下,在政府的帮扶下,通过发展民宿经济、养老产业、物业经济、新型旅游经济业态、有机生态农业、创意农业、农业综合体、家庭农场、农业遗产走廊、传统村落文化保护与活化经济、农民创意产业等新经济、新产业等来提升集体经济和农民收入。如桐庐白云村,通过以环境入股的方式,吸引外来投资6亿元发展民宿经济和新型旅游经济业态。注重多方参与,推进"三社联动"机制,农村社区商会、乡贤理事会等社区社会组织不断成立,一些外来资本和外来人口较多的农村社区,还建立了外来资本方、村集体经济方和村民代表方相结合的议事协商组织。积极推进新服务空间,建立居家养老照料中心、文化教育等社区服务圈,基本形成"20分钟服务圈"。打造新文化空间,全省已建成农村文化礼堂14341家,500人以上行政村覆盖率超74.5%。营造新环境空间,按照"村点出彩、线上美丽、面上洁净"的要求,加强村庄整体规划,推进垃圾革命和厕所革命,宜居环境大为改善。

随着"五治一体"的农村社区治理模式的推进,浙江省创建和形成了五大特色品牌:以杭州市为代表的"田园社区"建设,以安吉县为代表的"美丽乡村"建设,以海盐县沈荡镇为代表的"四型社区"建设,以江山市为代表的"五美社区"建设和以龙泉市宝溪乡为代表的"山乡社区"营造。

四、进一步推进基层治理制度创新的重点与措施

浙江省基层治理制度创新要以打造"重要窗口"为导向,加快完善社区治

理制度体系、加快完善社区治理组织体系，构建完善城乡社区智慧治理体系，深化社区治理和服务创新实验区建设，提升参与未来社区建设力度，分类分层推进农村社区建设，推进基层直接民主制度化、规范化、程序化，加强社区工作者队伍建设，建立社区服务综合体建设与运行标准，引导社会组织、社会工作专业人才参与基层治理，积极打造基层治理共同体，率先实现社区治理体系和治理能力现代化，打造社区治理"浙江样板"。

（一）加快完善社区治理制度体系

加快构建法律完善、政策配套、"两约"有效的城乡社区治理制度体系，确保社区治理有序规范推进。适时推进浙江省村民自治两个地方性法规和城市居民委员会组织法实施办法修订制订工作，加强教育引导，发动广大居民积极参与。研究建立惩恶扬善机制，探索推进社区治理领域立法，以统一立法形式规范小区停车、晾晒衣物、绿地管理、噪音管控、宠物遛放、垃圾分类处置等事项，破解社区治理难题。推动法治服务和法治力量进入社区，不断提升居民法治意识。研究建立社区治理动态监测体系，有效防控社会风险。提高村规民约、社区公约的针对性、执行刚性和约束力，提升居民参与社区公共安全、公共服务、公共管理的主动性。制定出台社区工作者管理办法，完善社区工作者招聘录用、规范管理、教育培训、薪酬待遇与考核激励制度，进一步落实"三岗十八级"薪酬保障制度，加强对省级领军人才及新任社区干部的教育培训，打造一支与基层治理现代化水平相适应的社区工作者队伍。

（二）加快完善社区治理组织体系

坚持把加强基层党的建设、巩固党的执政基础贯穿城乡社区治理始终，突出乡镇（街道）党（工）委统筹协调能力，按照"扁平化"治理要求，完善"基层治理四平台"功能，加快推进乡镇（街道）政府转变职能，总的方向是"一上一下"，即经济职能适当上收、社会治理重心下移。加强和改进基层党组织对社区各类组织和各项工作的领导，精心谋划和组织新一届村社组织换届选举，全面推进村党组织书记和村民委员会主任"一肩挑"，大力推进村两委成员交叉兼职，建立村社干部资格条件常态化联合审查机制，切实把那些不符合条件人员清理出队伍。大力推进乡镇（街道）社区社会组织培育中心和社会工作站建设，依法登记的枢纽型、支持型社区社会组织覆盖所有镇街和城市社区。加强社区党组织、自治组织对业主委员会、物业服务企业的指导监督，构建社区党组织领导下的小区治理制度。

(三)构建完善城乡社区智慧治理体系

按照智慧治理"主体—技术—制度—场景"四要素有机结合的系统性改革思路,强化多方主体的参与性、提升技术的嵌入性、创新制度的针对性、锚定场景的应用性,统筹谋划构建和完善城乡社区智慧治理体系。深入总结和提炼杭州社区智治平台建设经验,全力支持下城区国家实验区实践运用,固强补弱,不断完善,待成熟后逐步在全市全省推广。进一步探索打通与城市大脑、基层治理四个平台之间的信息共享,进一步打通社区智慧治理与小区物业管理之间的关系,进一步打破基层治理"信息孤岛"现象,加快智慧终端应用和感应数据上报,建立基层治理基础数据库,实现同类同时数据"最多报一次",为城乡社区减负提效。建成"浙江省村(社区)基层组织信息管理系统",实现村(社区)基础信息数据信息化,业务处理网络化,业务监管智能化,有效提升村(社区)基层组织管理效能。

(四)深化社区治理和服务创新实验区制度建设

持续推进国家级、省级实验区建设,指导实验区完善配套的制度机制、综合服务设施建设、人才队伍建设、创新服务功能的制度支撑等,提升治理和服务水平。进一步明确党委领导、民政搭台、部门协力、上下协同、专家助力、居民参与的实验区工作机制,重点突破部门协力机制和居民参与机制。探索国家实验区联动省级实验区带动地方社区治理创新的工作机制,通过考察学习、制度覆盖、做法推广、挂职学习、品牌共建等方式,全力推动实验区联动示范功能的发挥。以"典型问题、全局意识、国家视角"探索实验内容,及时总结提炼经验做法,巩固实验区建设成果,围绕政策创制和制度创新为全省、全国提供可复制、可借鉴、可推广的做法经验,为"重要窗口"建设提供浙江样板。

(五)深化党组织领导下的村民自治制度

推进基层直接民主制度化、规范化、程序化。高质量、高标准完成新一轮村社组织换届选举工作,全面推行一肩挑,为新时代基层治理提供坚持组织保障。进一步完善、规范基层协商民主,健全基层党组织领导的基层群众自治机制,在城乡社区治理中广泛实行群众自我管理、自我服务、自我教育、自我监督,进一步激发基层群众自治活力。建立健全新一轮村社组织换届后全新班子运行机制，指导做好村规模调整后的新村融合发展，逐步实现组织建设全面加强、资金资产资源"三资"融合、集体经济发展壮大，治理能力不断提升。继续推进农村社区分类指导分层提升，以规范化、标准化建设为动力，着力打造一批引领型农村社区，发挥典型引路、辐射带动的作用，增强农村社区自治和服务功能。

（六）提升参与未来社区建设的力度

系统谋划未来社区治理场景、邻里场景和服务场景的制度与机制建设，构建党组织领导下的"政府导治、居民自治、平台数治"未来治理机制；积极探索邻里组织化机制、邻里服务化机制、邻里社交化机制、邻里活动化机制，形成"与邻为善、与邻为伴"的未来邻里新机制；以人的全生命周期服务为导向，充分满足居民参与和美好生活的需求，打造具有公共性、参与性、温度感的未来服务机制。加强未来社区的社区工作者队伍建设，培育和引入专业化的社会组织和社会工作者，探索专业化志愿服务队伍建设，探索志愿公益服务与社会信用体系有机衔接关系，提前谋划"混合型"社区融合治理新机制建设，使未来社区成为美好生活共同体的典范。

（七）建立社区服务综合体建设与运行标准

按照场所集中、功能集成、人员集约、开放共享的原则，建立一批具有生态、智能、健康、智慧、共享等特点的社区服务综合体，突出托幼、养老、助残、物业、家政、商业等领域社区服务，营造邻里和睦、守望相助的生活共同体，打造一批体现特色的"居民会客厅"。积极引导社会组织、社会工作者参与基层治理和社区服务综合体运行。与高等院校合作，制定出台社区服务综合体建设与运行标准，使社区服务综合体成为"治理服务地标、美好生活家园"。推动"最多跑一次"改革向城乡社区延伸，推进社区公共服务标准化建设，优化社区服务流程，促进城乡社区服务项目、服务标准相衔接，逐步实现均等化。

（浙江省民政厅）

上海:大城治理 基层开始

党的十九届四中全会后,习近平总书记的首次地方考察选择在上海,并重点聚焦"治理"。上海是全国最大的经济中心城市,也是世界超大城市的代表,"走出一条符合超大城市特点和规律的社会治理新路子,是关系上海发展的大问题"。考察期间,习近平总书记特别强调:"人民城市人民建,人民城市为人民。在城市建设中,一定要贯彻以人民为中心的发展思想,合理安排生产、生活、生态空间,努力扩大公共空间,让城市成为老百姓宜业宜居的乐园。""城市治理的'最后一公里'就在社区。社区是党委和政府联系群众、服务群众的神经末梢,要及时感知社区居民的操心事、烦心事、揪心事,一件一件加以解决。""要坚持共建共治共享,坚持重心下移、力量下沉,不断提高基本公共服务水平和质量,让群众有更多获得感、幸福感、安全感。"习近平总书记的重要讲话,为上海在新时代进一步深化基层社会治理创新指明了前进方向和战略重点,提供了行动纲领和根本遵循。

一、上海基层治理面临的形势

上海,常住人口 2400 多万,实有人口 3000 多万;地上高楼林立,24 米以上高层建筑有 3.65 万栋;地下管网密布,地铁里程世界第一,每天客流 1000 多万人次。21 世纪以来,特别是 2010 年以来,随着上海经济社会快速发展,基层社会治理中碰到了许多亟待解决的新情况新问题。

(一)社会人群及结构发生深刻变化,需要在创新基层社会治理中直面治理难题,夯实基层基础

一是上海人口总量进一步增长,人口密度过大,给社会治理带来巨大压

力。特别是外来人口大量增加,非沪籍常住人口占比超 40%,既为城市发展带来活力,但也给社会融合带来较大困难。二是老龄化程度进一步加深,上海早于全国 20 年进入老龄社会。2020 年户籍老年人口达 519 万人,占比达36%,高出全国 18 个百分点;同时,家庭小型化,单身家庭、单亲家庭、空巢家庭等不断增多,家庭功能弱化,如何有效应对此类问题成为社会治理的重要课题。三是职业选择和劳动就业市场化,"社会人"成为就业主体,"90 后""00后"新人进入职场,思想和生活方式进一步多元化,个体的利益诉求日益增强、差异明显,既对基层社会管理服务提出新要求,也增加了社会再组织化的难度。四是"人户分离"现象进一步突出,上海户籍人口中"人户分离"有 552 万人,占比将近一半,带来新的治理难题。

(二)社会治理环境发生深刻变动,需要在创新基层社会治理中顺应发展趋势,迎接新的挑战

一是世界面临百年未有之大变局,全球治理体系变革加速推进,我国经济发展进入新常态,对产业、就业、消费及群众生活造成新的影响,并不可避免地向基层社会治理领域传导,需要基层做好压力纾解和托底保障。二是互联网、大数据、智能化迅速发展,社会网络化、网络社会化不断加深,知识传播、信息沟通与人际交往的方式发生深刻转变,社会治理的主体、对象、内容更加复杂多变,这些不仅是技术问题,更是复杂的社会治理问题。三是实施"长三角一体化"国家战略,需要打破区域壁垒,探索一体化的制度体系和治理路径,推动形成跨区域共建共治共享机制,将对区域内产业发展、人口流动、民生服务等社会治理内容产生重大影响,这是推进基层社会治理中面临的新课题。四是上海市部分区域治理复杂程度加深,中心城区边界不断向外拓展,城市导入人口向郊区转移;城郊结合部出现大型镇和大型居住社区,多种社区形态并存;远郊地区出现"空心村""空壳村",一些"城中村"违建现象严重;等等。城乡布局、居住空间布局明显变化,给基层社会治理增加了难度。

(三)人民群众日益增长的美好生活需要,需要在基层社会治理中精准对接需求,推动人的全面发展

一是需求层次和内容复杂多样。随着经济发展水平持续进步,群众需求层次进一步提高,内容进一步多样化,更加注重提高生活水平和改善生活质量,追求身心等方面的成长与和谐,对生活品位、文化滋养、精神关怀、价值实现等更高层次需求开始凸显。二是思想意识明显变化。在国际化、信息化发展迅速的背景下,人们自由表达的意愿、民主意识、法治意识、权利意识、参与意识大大增强,思想意识的独立性、多样性、多变性特征日益明显。三是需求差异不断凸显。不同地域(如中心城区、近郊、远郊地区等),不同居住结构(如老旧公房、高档商品房等),不同人群(如白领群体、老年群体等)的需求特点各不相同,相互之间甚至存在冲突,体现出多元化、多层次、差异化、个性化特征。如何解决新的社会主要矛盾,精准对接需求、有效引导需求,推动人的全面发展,对创新基层社会治理提出了更高要求。

(四)实现由"管理"向"治理"转变,需要在创新基层社会治理中更新思想观念,优化治理模式

习近平总书记指出,"治理"与"管理"一字之差,体现的是系统治理、依法治理、源头治理、综合施策。加强基层社会治理,要求我们解放思想,更新观念,创新理念,摆脱对传统社会管理的路径依赖,以治理思维代替管理思维。这既是对新形势新挑战的积极应对,也是对基层治理具体实践的更高要求,特别是对基层社区工作者能力素质的更高要求。目前,基层还存在对新型的治理理念、治理模式不了解、不掌握,对新型的治理技术、治理方法不想用、不会用等情况,还需要进一步完善体制机制,加强培训宣贯和考核激励等,不断促进治理理念的转变和治理能力的提升。需要不断优化党建引领基层治理机制,增进价值认同;推进精细化治理,真正把准居民需求,提供更多更精准的服务;健全基层服务管理平台,及时反映和回应人民群众各方面各层次利益诉求;加强统筹协调,实现政府治理与社会自我调节、居民自治良性互动,组织动员社会各方面力量广泛参与社会治理,不断提升社会治理的社会化、法治化、智能化和专业化水平。

(五)上海谱写"新时代人民城市新篇章",需要在创新基层社会治理中服务战略目标,激发城市活力

进入新时代,上海要贯彻"人民城市人民建,人民城市为人民"的重要理念,加快建设国际经济、金融、贸易、航运、科技创新中心,努力建设卓越的全球城市和具有世界影响力的社会主义现代化国际大都市。要对标国际最高标准、最好水平,探索和开拓人民城市建设新境界,努力打造人人都有人生出彩机会的城市、人人都能有序参与治理的城市、人人都能享有品质生活的城市、

人人都能切实感受温度的城市、人人都能拥有归属认同的城市。要把握人民城市的生命体征，牢固树立全生命周期的意识，不断优化治理方式和治理流程，以绣花般功夫推进城市精细化管理，确保城市各领域、各环节、各方面运行更顺畅、更高效、更可持续。要把握人民城市的主体力量，打造共建共治共享的社会治理共同体，强化人民群众参与的制度化保障，畅通渠道平台、完善协商民主、加强基层治理，更好保障人民群众有序参与。要坚持党建引领，更好发挥基层党组织在推动共治自治中的组织领导作用，更好强化街镇、社区在基层治理中的基础性作用，共同推进社区"微治理"，持续完善家门口服务体系，激活城市治理的"神经末梢"。这些都对建设符合超大城市特点和规律的基层社会治理体系提出了更高目标和要求。

（六）坚持平战结合完善城市治理体系，需要在创新基层社会治理中补短板强弱项，持续提升抵御风险能力

新冠肺炎疫情防控的大战大考是一面镜子，既反映了我国国家治理体系和治理能力多方面的显著优势，也暴露了有待加强的某些弱项短板。习近平总书记强调，要针对这次疫情暴露出来的短板和不足，抓紧补短板、堵漏洞、强弱项，该坚持的坚持，该完善的完善，该建立的建立，该落实的落实。本次城乡社区疫情防控有效应对了各种挑战，牢牢兜住了基层网底，成为打赢疫情防控人民战争、总体战、阻击战的重要基础。但是也暴露出居村党组织统筹协调作用发挥不明显、群众工作不深入、基层基础基本工作不扎实、社区各类组织协调运转不畅、应急物资保障体系不健全、法治意识诚信意识不够等问题。为此，要建立完善社区应急管理机制，强化社区应急工作保障，加强宣传培训和应急演练，提升对自然灾害、事故灾难、公共卫生事件、社会安全事件的预防和处置能力。要牢固树立全生命周期的意识，不断优化治理方式和治理流程，进一步提升社区治理规范化、精细化水平。

二、基层治理制度建设的开展

街道、乡镇和居村是基层社会治理的主阵地。加强基层社会治理是关系上海发展的基础性、全局性重要工作。近年来，上海坚持以习近平新时代中国特色社会主义重要思想为指导，牢牢把握社会治理的核心是人、重心在城乡社区、关键是体制创新的要求，坚决破除体制机制弊端，推进传统社会管理向现

代社会治理转变,进一步完善基层社会治理体系,进一步提高基层社会治理能力,使基层社会在深刻变革中既充满活力又和谐有序,努力走出一条符合中国国情、上海特点和现代社会治理规律的超大城市基层社会治理新路。

(一)推进原则

一是坚持党的领导。这是推进基层社会治理创新的根本保证。充分发挥基层党组织的战斗堡垒作用,充分发挥广大党员的先锋模范作用,把党的建设贯穿于基层社会治理的各方面和全过程,提高基层队伍的治理能力,确保基层社会治理的正确方向。二是坚持核心是人。把服务群众、增进人民福祉作为推进基层社会治理的根本出发点和落脚点,围绕群众关心的民生问题,建立健全多层次社区公共服务体系,满足群众多样化服务需求。开展形式多样的基层民主协商,推进社区协商民主制度化、规范化、程序化。三是坚持重心下移。尽可能将资源、服务和管理放到基层,理顺条块关系,加强综合保障,使基层有职有权有物,更好地为群众提供精准有效的服务和管理。四是坚持改革创新。既重视顶层设计,又要加强基层微创新、微改革。开展分类指导,鼓励不同地区结合自身实际大胆探索,不断丰富完善具体工作举措和政策体系。五是坚持多方共治。提高基层社会治理的整体性、协同性,更好发挥基层自治和各类社会力量有序参与社会治理的重要作用,整合各种力量所掌握的资源,搭建社区共享空间、信息交互、项目对接、人才发展等各类"共治平台",拓宽社会空间,激发社会活力,实现"和谐共治"。六是坚持精细化治理。上海的基层社会治理已经进入精细化治理阶段,需要通过社区分类治理,精准识别治理对象,精细划分治理内容,差别化配置治理资源。要善于运用互联网大数据等信息技术手段,及时快速精准地回应人民群众的实际需求。深入开展智慧社区建设,支持开发面向居民生活的社区应用场景。加强居社互动,推动线下治理向"互联网+"社区治理拓展。

(二)推进历程

党的十八大以来,上海顺应从大城市到特大城市、再到超大城市的转变,基层社会治理的理念和体系也在不断更新与突破。2014年,市委推进"创新社会治理加强基层建设"。在广泛深入调研的基础上,形成了"1+6"系列政策文件,"1"为《中共上海市委、上海市人民政府关于进一步创新社会治理加强基层建设的意见》,为总的指导意见,重在体现原则性和系统性;"6"个配套文件为专项政策,重在体现操作性和规范性,从街道、乡镇、居、村、区域化党建、社会组织、网格化管理、队伍建设、法治保障和组织保障等 10 个方面提出指导意见。经过连续多年的持续推进,上海基层治理领域发生了一系列深刻变化,初步探索形成了符合自身特点的超大城市基层社会治理之路。

2014—2018 年,习近平总书记连续五年参加全国人大上海代表团审议,提出"要持续用力、不断深化,提升社会治理能力,增强社会发展活力""要强化依法治理""要强化智能化管理""要加快补好短板""要发挥社会各方面作用"等要求。2018—2019 年,习近平总书记于进博会期间考察上海,提出:"一流城市要有一流治理。既要善于运用现代科技手段实现智能化,又要通过绣花般的细心、耐心、巧心提高精细化水平,绣出城市的品质品牌。"遵循习近平总书记的嘱托,市委成立专项调研组,深入开展社会治理智能化大调研,强化基层导向,聚焦智慧智能、集约集成、精准精细、联勤联动,精准高效织好社会治理"一张网"。根据调研成果,进一步加强顶层设计,做实一体化运作,完善会商机制,提升标准规范,不断提升基层社会治理体系智能化水平。

2020 年以来,为总结疫情防控经验成果,查找弥补短板不足,市委办公厅、市民政局等 11 个部门组织专题调研组,深入全市 35 个街镇和 85 个居村,广泛听取一线干部群众意见建议,邀请有关专家学者进行分析研讨。积极推动市委办公厅、市政府办公厅出台的《关于进一步提升社区治理规范化精细化水平的若干意见》。2020 年 6 月 17 日,市委市政府召开全市社区工作会议,及时总结固化社区疫情防控的经验做法,以居村为重心、以小区和村组为着力点,深化推进社区治理创新。着眼于让居村干部有实实在在的获得感,进一步明确基层队伍的权利、义务和保障。结合基层治理发展的新形势新要求,进一步厘清基层政府与基层群众自治组织的权责边界。坚持平战结合,进一步完善基层应急管理常态化机制。这些标志着上海推进城乡社区治理进入一个新的发展阶段。

(三)推进机制

上海市委市政府高度重视基层社会治理,要求全市各级抓落实、抓推进、抓主体责任,建立完善领导推进机制。一是成立市、区推进领导小组。市推进领导小组组长由市委副书记担任,副组长由市委组织部部长和副市长担任,各区相应成立工作推进领导小组。市领导小组办公室设在市委办公厅,共有 15 家成员单位组成。二是建立系列推进工作机制。每年召开全市工作推进会议,由市委市政府主要领导出席会议。每年制定下发年度工作要点,对各部门、各区、各街镇的职责任务进行部署。每月召开办公室主任工作例会,并根据需要不定期召开专题会议。建立联络员工作机制,每个领导小组成员单位和各区推进办指定一名联络员,由相关处室或部门的主要负责同志担任。建立简报工作制度,依托市委办公厅信息载体,编发专项简报材料,总结动态情况、工作举措、经验做法、问题建议等。制定专项督查制度,市委每季度督查责任牵头单位推进情况进度,列入相关部门、各区年度绩效考核。分专题开展评估检查,对一些重点问题,分期分批进行协调推进。

民政部门是基层社会治理创新实践的重要牵头部门。近年来,上海市民政部门勇于担当、积极作为,通过抓基础、建机制、搭平台,深入推进社区治理创新和各项社区民政民生工作有效落实。在市委推进"创新社会治理加强基层建设"分解细化的 376 项工作任务中,民政部门负责落实的有 186 项,占比 49%。在全市社区工作会议分解细化的 76 项工作任务中,民政部门负责落实的 27 项,占比 36%。在街镇体制改革、社区政务服务、社区自治共治、社会力量参与、基层队伍和法治建设、社会组织参与社会治理等方面,民政部门发挥了积极作用,不断夯实基层基础,促进社区治理体系和治理能力现代化。特别是在抗击新冠肺炎疫情过程中,民政局作为地区组组长单位,具体抓实属地防控责任,以居村为工作重心,加强对社区疫情联防联控工作的政策指导、工作协调、督促检查。推动加强社区封闭式管理、开展重点人员排查,做好居家隔离观察管理,加强社区特殊群体关爱,保障社区口罩预约登记购买,做好入境人员疫情防控等,为遏制疫情扩散、保障群众生活做出了重要贡献。

三、和谐共治的制度创新

(一)完善党建引领共治格局

1.调整街道党建领导体制。将"1+3"中的"1"即"社区(街道)党工委"更名为"街道党工委"。原先的"3"调整为"2",即保留"行政党组",撤销"综合党委"和"居民区党委",新建"社区党委",切实加强区域化党建和"两新"组织党建、居民区党建工作。同时,将"社区党员服务中心"更名为"社区党群服务中心",进一步拓展服务区域内党组织和党员、群众的功能。

2.优化镇管社区架构。综合考虑公共管理有效性、公共服务可及性、居民参与便利性以及面积、人口规模适度性等因素,对不具备析出街道条件的郊区城镇,设定104个基本管理单元。为加强对镇所辖社区的服务和管理,依托基本管理单元,在镇与居委会之间探索设立社区党委和社区委员会,专门配备3~5个行政编制,重点配强社区党委书记,探索建立"镇管社区"组织架构和运作机制。社区党委发挥党的领导核心作用,社区委员会发挥协商议事的共治平台作用,在镇域范围内形成了以党建为引领,社区党委和社区委员会同频共振、协调推进,各方广泛参与的工作格局。

3.构建区域化党建格局。主要是"做实街镇、两头延伸"。区层面,全市16个区全部建立以区域化党建联席会、促进会等为主要载体的协调机构。街镇层面,通过"大工委制"、社区党委兼职委员制、社区代表会议等不同的组织化方式,发挥引领作用。社区党委作为负责协调资源、协商推进、协同落实党建工作的"区域平台",负责区域化党建和"两新"组织党建、居民区党建工作,推进社区共治。居村层面,全面推行"大党委制",绝大多数居村党组织通过设立"兼职委员",吸纳社区民警、业委会、物业公司、驻区单位、社会组织等方面党员代表参与基层自治共治。推动机关事业单位、国企、高校、"两新"组织等各领域党建全面加强,积极主动融入区域化党建。

4.优化网格化党建机制。综合考虑地域分布、党组织和党员规模、驻区单位数量以及城市管理网格等因素,依托街区、片区、社区、小区、楼组、单元等不同生态模式,灵活设置党建网格,构建纵向到底的精细化党建工作体系。适当划分划小党支部规模,完善党小组组织体系,将党建服务点设在网格,实现党的组织和工作全覆盖、无遗漏。加强资源配置和力量配备,鼓励基层党组织班子成员、党小组长和离退休党员等骨干担任网格长、网格员。依托网格化党建,推进党建网格、管理网格、服务网格的融合,推动需求在网格发现、资源在网格整合、问题在网格解决,提高服务党员、服务群众的精准化精细化水平。

5.健全"双报到""双报告"制度。驻区单位党组织到所在地基层党组织报到,同时组织和保障本单位在职党员到社区发挥作用。在职党员到基层党组织报到,并结合职业特点、专业特长和兴趣爱好等,在社区认领公益岗位,积极参加社区党组织开展的各项活动。驻区单位党组织向上级党组织报告参与社区活动和履行社会责任的情况,并纳入党建责任制述职评议内容。在职党员向所属党组织报告参与社区活动情况,并在所属党组织的组织生活会、民主评议党员等工作中进行通报。深化"双向联系""双向服务""双向认领""积分制激励"等机制,健全需求清单、资源清单、项目清单制度,促进资源共享、阵地共享、服务共享、信息共享。

(二)健全社区共治平台与共治制度

1.街镇层面

(1)社区代表会议和社区委员会制度。街道社区代表会议由街道社区各界代表参加,围绕涉及群众切身利益、关系社区持续发展的社区公共事务,广泛开展社区民主协商,推进社区共治,实现社区公共利益最大化的基层治理形式。社区委员会是社区代表会议闭会期间的常设机构。建立健全社区代表会议和社区委员会工作制度,优化议题形成、协商议事、评估评议等环节,激发各方参与主体的内生动力。例如:社区联席会议制度,定期由街道党工委牵头,街道办事处、区职能部门派出机构、驻区单位、社区委员会和部分社区代表共同参加,研究解决社区治理公共事务。公共议题形成制度,建立自下而上的议题产生机制,由社区代表开展调查、提出议题,提交相关专业委员会研究,组织开展议事协商。民主监督评议制度,组织社区代表对街道办事处及社区窗口、部门驻社区机构工作和社区企事业单位社会责任履行情况、社区代表会议贯彻落实情况等开展评议。

(2)约请制度。街镇有针对性地约请区有关职能部门、区属企事业单位,针对辖区重点难点工作和群众普遍关心的现实问题,开展现场答复或协商讨论。街镇可以召集由政府职能部门及其派出机构参加的联席会议,协调解决辖区各类公共服务、管理和安全事项。同时,对辖区内需要多部门协同解决的综合性事项,街镇有权对相关职能部门及其派出机构进行统筹协调、考核督办。

2.中间层面

社区服务综合体建设。近年来,上海鼓励各区按照"共享、集约、开放"原则,充分挖掘、综合利用现有各类服务空间和设施,建设功能复合的,面向老年人、未成年人、残疾人、来沪人员、外籍人士等多群体的社区综合服务设施网络。社区服务综合体因地制宜,可以在街镇层面设立,也可以一个街镇划分多个片区设立,也可以在居村委层面设立,嵌入社区,贴近居民,着力打通为民服务"最后一公里"。一方面,是综合为民服务平台。汇集各部门资源和驻区企事业单位资源,提供家门口的政务服务、养老服务、健康服务以及各类科教文卫、工青妇等服务。另一方面,是社区共治平台。建立社区民情接待室、部门约请站等,形成各方共同研究解决民生问题的直通车道;打造社区公共议事厅,推进基层协商共治,推动社区共建共治共享;同时,也作为民生政策宣讲、社区治理项目培育、社区志愿服务的重要平台。各区因地制宜，建设睦邻中心、邻里中心、邻里汇、家门口服务站、生活驿站等，促进居民交往交融，培育社区公共精神。

3.居村层面

（1）居民区联席会议、村民（代表）会议制度。居民委员会采取居民区联席会议形式，组织居民代表、业主委员会、物业服务企业、社区民警、志愿者以及居民区内企事业单位、社会组织、群众活动团队等的代表，就社区公共事务开展民主协商，并可以根据需要邀请街道办事处、乡镇政府或者区相关职能部门参加。在召开村民（代表）会议时，根据需要，可以邀请乡镇政府职能机构、驻村企事业单位、群众团体、社会组织和非本村户籍居民参加，开展民主协商。

（2）居民区"三会"制度。听证会是对政府有关部门、居委会在社区实施的实事项目或涉及社区成员公共利益的重大事项，在做出决策之前，由居委会组织社区成员代表召开会议，广泛讨论，并提出具体意见的会议制度。听证会旨在集中民智，有效推进民主决策、科学决策，力求把实事办实、好事办好。协调会是对涉及社区成员间的社会性、地区性、群众性和公益性事务以及一般矛盾、利益冲突，进行协商解决的会议制度。协调会旨在化解社区矛盾、维护社区稳定，在充分发扬民主的基础上依法保障社区成员的合法权益。评议会是组织社区成员代表对涉及社区成员公共利益的有关事项，街道职能部门及工作人员，居委、业委、物业及工作人员进行考核评议的制度。"三会"制度明确了协商内容、拓展了协商形式、规范了协商程序、提升了协商的实效性。在实践中，又进一步创新形成了与"三会"配套的"三制"，即听证会配套公示制、协调会配套责任制、评议会配套承诺制，"三会"制度体系进一步完善，成为民主协商、化解矛盾、依法治理、服务群众的有力支撑。

（3）"三驾马车"协同治理机制。一是加强党建引领，推动"三驾马车"协调运转。推动业委会、物业服务企业设立党支部或党的工作小组或由居民区党组织选派党建指导员，接受居民区党组织的领导或指导，实现党的组织和工作覆盖。推行居民区"两委"和业委会、物业服务企业双向进入、交叉任职。二是理顺居业关系。明确居民委员会加强对业主委员会的指导和监督，引导其以自治方式规范运作。居民委员会协助街道办事处或者乡镇人民政府、房屋行政管理部门做好业主委员会组建和换届选举的组织工作。对符合条件的居委会成员，通过合法程序担任业主委员会成员。推动居委会下设环境与物业管理专业委员会。三是加强对物业服务企业的监管。居委会指导业委会督促物业服务企业履行物业服务合同，在尚未选聘物业服务企业且未组建业主委员会的住宅小区,居民委员会组织居民做好公共区域物业管理工作。房管部门和街镇加强物业行业监管,推广物业管理服务的规范化标准,构建物业企业综合评价和考核奖惩机制,推动物业服务水平不断提升。

(三)推动社会组织参与社区治理

社会组织是上海社会治理创新的重要主体和依托。近年来,上海不断创新体制机制,制定并实施《关于进一步推进社会组织参与社会治理的工作方案》,通过培育发展社区社会组织,加强社会组织服务平台建设,完善政府购买服务等,推进社会组织在社会治理中发挥积极作用。

1.培育发展社区社会组织。一是降低登记门槛。加大对社区生活服务类、社区公益慈善类、社区文体活动类和社区专业调处类等四类社区社会组织的培育扶持力度。主要包括:降低开办资金数额,直接登记后各区成立的社会组织中30%的开办(注册)资金下降到1万元、3万元和5万元,个别区最低门槛为3000元;放宽办公场所要求,对草根社会组织,办公条件从"一间房"降低为"一张桌";试行"先照后证"制,探索下延社会组织登记权限。二是建设社会组织孵化基地。全市建成各类社会组织孵化基地25家,办公场地面积共计6万余平方米,累计投入资金逾1亿元,为初创阶段的社区社会组织提供场地设备、能力建设和小额补贴等支持。三是加大资金扶持。制定鼓励公益性社会组织参与社区民生服务的指导意见,从场地、租金和配套服务等方面加大对社区公益组织的扶持力度。多数区设立了规模不等的发展资金,扶持社会组织发展和壮大。

2.建设社会组织服务平台。加强社会组织服务中心建设。目前,上海共建成社会组织服务中心239家,实现市、区、街镇三级全覆盖,在引导社会组织参与社会治理方面发挥综合服务平台作用。实施标准化推进,制定上海市街(镇)社会组织服务中心建设指南地方标准,对机构名称、组织架构、登记管理、运作模式、工作职责等方面进行规范。开展社会组织服务中心专项评估,制定专门指标,细化建设和管理要求,促进中心社会化、实体化、规范化运作,提升服务能力和水平。加强社区社会组织联合会建设。鼓励街镇因地制宜、依法成立社会组织联合会,发挥在党建引领、调查研究、反映诉求和管理协调等方面功能,架起社会组织与党委、政府、企业及社会各界间的桥梁与纽带,促进政社合作、联动发展、行业规范。目前,全市已成立180家社会组织联合会。

3.完善政府购买社会组织服务制度。出台进一步建立健全本市政府购买服务制度、进一步支持和规范本市社会组织承接政府购买服务工作等系列文件。一是建立全市统一的政府购买服务管理平台。实行全市政府购买服务资源共享，并向社会公众开放，实现从预算到采购和绩效评价的全过程信息公开。目前，已在全市逐步推开。二是优化社会组织推荐目录。为解决"购买主体找不到好社会组织的问题"，市民政局每年发布承接政府购买服务的社会组织推荐目录，并不断细化推荐条件，发布新版推荐目录，纳入目录的社会组织整体实力较强，社会公信度高，运作管理规范，评估等级均在3A级以上，且具有丰富的项目实施经验，并配套提供被推荐社会组织已实施的项目资料，供购买主体参考使用。三是优化政府购买社会组织绩效评价。出台本市有关政府购买社会组织服务项目绩效评价管理办法，区分购买主体的购买绩效和社会组织的服务绩效，重点评价购买需求的确定情况、对社会组织的选用情况、服务合同的履行和管理情况、项目经费的使用情况，以及项目的社会效益、公众和服务对象满意度。绩效评价结果作为购买主体编报预算、财政部门安排预算的重要依据，并与社会组织等级评估和信用管理挂钩。

4.培育发展社区基金会。上海积极推进街镇社区发展基金（会）建设，引导多方主体参与社区治理，拓展社会资源参与社区治理的渠道。目前，全市已登记注册社区基金会81家，原始资金总量达到亿元。其中，普陀、虹口、徐汇、杨浦等四个中心城区率先实现街镇社区基金会全覆盖。一是整合社会资源。通过社区基金会实现"多方治理结构＋多重基金渠道＋多样公益项目"，拓展社会资金支持社会力量参与社区治理途径。根据原始资金的来源方式，分为政府主导、企业发起、多方合作。政府主导的由街道发起，原始资金依赖于社区居民自治金。企业发起的原始资金来源于2家或以上企业。多方合作的原始资金由街道、居委、企业、居民多方出资。二是服务社区民生。基金会支持社区社会组织和群众活动团队的发展，资助社区公益服务项目和自治共治项目，帮助社区特殊群体和困难家庭，资助和开展其他社区公益事业。三是注重社区代表性。社区基金会理事会和监事（会）人选主要由捐赠人、发起人、基层群众性自治组织代表、社区单位代表、社区社会组织代表，以及街道（乡镇）代表等通过协商组成。理事会、监事会是基金会最高的决策层，发挥决策以及引入资源的作用。下设的秘书处由秘书长来带领团队执行理事会的相关决议以及开展日常的事务。四是发动多方参与。社区基金会资助或开展公益项目，以项目化方式进行运作。前期通过区域化社区党建平台、社区代表会议、基金会微信公众号等多种方式，收集社区需求信息，充分听取社区各方建议和意见。鼓励社区居民自发设计项目并进行申请，给予项目资助津贴，培养社区居民自我服务的意识。通过"自下而上"产生公益项目,确保公益项目符合社区发展需要,形成社区共同利益和共同意识。

四、精密智治的制度创新

(一)推进社区政务服务智能化

上海的"社区事务受理服务中心"是在街镇层面集中为市民个人提供政务服务的社区综合性服务机构,是政府为民办事的一线窗口。目前,全市共建有287个社区事务受理服务中心(含67个分中心),汇集了12个部门的187项个人政务服务事项,年受理居民各类政务服务事项超过1100万人次。多年来,上海民政始终坚持把居民群众的诉求作为第一信号,把居民群众的服务需求作为第一目标,持续推进社区政务服务智能化建设,全面提升社区政务服务品质。

1."全市通办"。市民政局牵头开发社区事务受理信息系统,打造受理系统区级平台、升级完善市级运管平台、改造对接委办局系统,实现"条线数据整合、运管平台上移、业务数据沉淀"。2018年以来,为解决社区事务受理事项需要向户籍所在地提出申请,导致不少居民不得不往返奔波、费时费力的难题,回应市民"就近办事"的普遍需求,市民政局积极推进"全市通办"。探索实行"收受分离"工作模式,居民群众在任意一个受理中心提交办事申请后,信息交互平台将申请材料流转至申请人户籍地(或居住地)受理中心受理,由收件地或相关职能部门将结果反馈申请人。"收受分离"模式有效解决了因政策不统一、跨区资金结算等影响事项通办的瓶颈问题,以信息手段实现跨区域受理服务、异地间数据交换以及反馈,实现"任何一处都能申请,任何一处均可反馈"。目前,全部社区政务服务事项实现"全市通办",真正让数据多跑腿、让群众少跑腿,政务服务效率明显提升。

2."一网通办"。为进一步方便居民群众办事,在实现"全市通办"基础上,上海民政按照市政府的统一部署,推进"线上线下"深度融合,社区事务"一网通办"。牵头12个委办局开展事项梳理和业务流程改造,将社区事务受理平台对接上海政务"一网通办"总门户。市民打开"中国上海"门户网站进入"一网通办"专栏,点击"个人社区事务服务"模块,即可在线办理12个部门的186个事项。推行"电子亮证"。通过对接市"电子证照库",在线下受理大厅推行

"电子亮证"，市民办事常用的身份证、户口簿、居住证、结婚证等 20 余种证照可实现原件免交。开发"掌上办事"功能。依托"随申办"APP 一网通办移动平台，开发社区政务服务"掌上办事"功能，在移动端实现在线预约、办事查询、电子亮证等功能。2020 年 2 月份以来，市民政局联合 8 个部门将社区事务受理中办理频次高、办事总量多的 50 个事项逐一进行梳理，通过电子证照调用、数据共享核验、双向物流等手段，实现"材料零提交，办理零跑动"，推动实现"在线办、掌上办、指尖办、随身办"的"不见面办理"方式。同时，进一步加强综合类自助终端建设，推动智能服务终端进楼宇、进社区、进居村，实现多条线、多业务的政务服务事项集成办理。

3."长三角通办"。全面实施"长三角一体化"发展国家战略，积极推动长三角地区个人政务服务"一网通办"。将"收受分离"模式纳入《长三角政务在线服务一体化工作实施方案》，助力推进长三角政务服务"跨省通办"。牵头开展三省一市个人政务服务事项清单梳理，完成受理系统升级改造，开发长三角"一网通办"信息传输模块。指导各区在受理中心试点开设"长三角通办"专窗，规范日常运行，并逐步扩大专窗范围。目前，全市 16 个区共开设 54 个社区事务受理长三角个人政务"一网通办"线下专窗。首批开通 21 项个人政务服务事项，在上海市、杭州市、苏州市等 14 个城市实现长三角"一网通办"，包括办理跨省异地就医登记备案相关手续、社保咨询和参保情况查询打印、敬老卡申领及发放、婚姻登记档案查询等项目，其中上海提供 20 项、浙江 4 城提供 11 项、江苏 1 城提供 9 项、安徽 8 城提供 7 项。

(二)实现社区"一网统管"

推动大数据、物联网、人工智能等新一代信息技术与城市管理、社会治理深度融合。依托城市运行"一网统管"，提升线上线下协同的精准治理能力。强化社区网格化管理的实战应用支撑，实现"一网统管"全域覆盖、智能派单、分层分级、依责承接，推动"高效处置一件事"。依托移动应用，支持居村和单位、园区、楼宇等参与社会治理。

1.加强智能基础设施建设。依托市区两级电子政务云建设，统筹算力、存储、网络资源。建设城运主题数据库建设，强化数据赋能运用，加快电子政务外网与部门业务专网整合。加强神经元和感知端统筹建设、科学部署、联网上云和高效应用。加快城市空间、城市部件、城市运行动态的数字化，推进治理要素数据"一张图"。建立统一的地名地址标准和数据库，叠加各类城市运行管理要素数据,实现地理数据资源有序关联。全面汇集三维地图、轨道交通、道路实况、大客流、食品安全、水电气等公共数据,支撑各级精细化管理。

2.开发智能应用场景。强化城市综合管理智能化应用,探索创新地下管线、玻璃幕墙、深基坑、群租治理、修缮工程、历史建筑保护、老旧电梯、架空线、地面沉降等热点难点问题的智能应用场景和数字化解决方案。在部分社区试点布设摄像头、物联网传感器,全面覆盖"小区消防水泵水压感知、重点场所烟感、电梯运行状态、食品质量快检、用电电弧过载预警、独居老人居家照护"等领域近百个应用场景,实现实时感知、快速反应,用"智慧"科技把社区治理触角延伸到"神经末梢"。

3.完善运行机制。街镇平台依托网格化系统,打造"社区大脑"联合指挥中心,形成基层综合执法和联勤联动的新机制。覆盖网格中心、综治中心、应急中心、物管中心、民生保障中心五个中心职能领域,把公安、城管、房管、市容等执法力量整合集中办公,实现一口汇集、一口派单、一口跟踪、一口考核、一口督办、一口指挥,24小时实时感知、快速反应,全面提升社区治理效能。

(三)建设"社区云"平台

近年来,不少区、街镇都在社区治理的信息化、智能化方面做了大量探索。但因为各政府部门间信息不互通,基础数据库难以共享等,导致数据碎片化、标准不一致。很多程序、应用无法通过统一的信息平台对基层治理进行支撑,有时反而会因为程序、应用、平台过多,而加重基层负担。在此背景下,市民政局积极研发推行"社区云"项目,推动"智能化+社区治理"的融合,努力打造社区治理智能化的"上海品牌"。

1.部署模式。"社区云"按照市、区、街镇、居村四级架构。市民政局依托市大数据中心提供数据支撑,搭建"社区云"平台,并通过市、区、街镇三级管理,汇集居村数据和民情民意,实现大数据查询统计、分析预警和决策支持等功能。在居村层面,统一将"社区云"作为居村信息工作平台,集管理、服务、互动等功能为一体,为居村依法自治共治、依法协助行政事务提供智能化保障。同时,嵌入网格化功能,融入"一网统管"平台,实现联动处置。

2.建设目标。紧紧围绕"实战中管用、基层干部爱用、群众感到受用"的建设目标,在功能上实现"五个统一"。统一系统入口,采用"前台一口登录,后台条线接入"的模式,整合居村信息系统入口,居村干部通过一套账户、密码即可登录所有系统,按岗位分工授权系统权限。统一数据采集,开发应用"通用数据采集器"，实现居村数据一口采集、自动生成表单，大幅减少各类填表系统。统一数据管理应用，开发社区基础信息管理模块，方便居（村）委实时掌握社区内的人、事、地、情、物等基本信息和群众需求民意，做到"五清"（社区基本情况清、重点群体情况清、流动人口动态清、驻区单位资源清、矛盾诉求隐患清），为社区精细化治理和精准化服务提供大数据支撑。统一为民服务知识库，汇集政策法规、工作案例、"12345 热线点点通"、"全岗通"应知应会等"社区治理"知识库，为社区工作者服务群众提供便捷查询。统一社区工作者移动应用，为社区工作者移动办公提供支撑，具备社区工作者移动走访打卡登记、社区基础信息查询、业务知识库查询、工作交流互动等功能。

3. 建设内容。"社区云"的框架结构为"1＋2＋X"。其中的"1"指的是一个全市统一的"社区治理主题数据库"，上接大数据中心，下接各区、街镇和居村，横向连通各政府职能部门，将来可以为社区精细化治理、精准化服务提供大数据支撑；"2"指的是两个应用平台，即面向居村干部的"社区治理"平台和面向居民的"居社互动"平台；"X"代表开放性，各区现有的社区治理平台，各街镇现有的特色应用程序，各政府条线部门现有的应用，经过改造，统统可以接入。对各委办局而言，"社区云"能快速获取社区数据，下沉服务资源。今后所有涉及基层工作的信息，均可线上一键采集，不需要单独开发应用，重复下发指令，可以极大地提高工作效率，减轻基层负担。对区、街镇来说，"社区云"接入城市运行管理平台，有助于区和街镇汇集社区数据和民情民意，提供决策支持和末端处置通道。对居村干部和社区工作者而言，"社区云"的"社区治理"工作平台，是一个减负增能的工具，给予大数据、知识库、移动办公等全方位支撑。居村干部既有权从统一的居民信息库中下载信息，也有权及时完善更新信息库，实现居民信息的精准化，从而为居村依法自治共治、依法协助行政事务提供智能化保障，更有助于未来实现"信息找人"与"政策找人"，助力精准化服务、智能化治理。对居民而言，通过"社区云"的"居社互动"平台，依托"居务公开""社区公告""在线服务""自治议事""邻里互动"等功能版块，可以进行线上社情民意表达和参与社区治理。尤其是在"议事厅"版块，居民群众可以直接对社区公共议题进行投票、发表意见，比如是否加装电梯、如何解决小区停车难、垃圾如何便捷分类等，实现居村与居民的零距离沟通交流，从而打造"互联网＋"社区自治共治的崭新模式，不断提升社区治理的精度和温度。

五、强化基层治理工作保障

(一)加强队伍保障

1.实施居村党组织书记"班长工程"。对居民区书记,建立一套更为完善的管理保障制度,就业年龄段居民区书记实行"事业岗位、事业待遇",连续任职满两届、表现优秀,经过规定程序使用事业编制。对村党组织书记,选派优秀机关、事业单位干部到村任职,加大对优秀村干部定向招录公务员和事业编制人员力度。

2.创新社区工作者队伍职业体系。加强顶层设计,制定了《上海市社区工作者管理办法》《关于建设专业化社区工作者队伍的实施意见》《社区工作者职业化薪酬体系指导意见》等文件。以职业化、专业化、规范化为方向,在居民区和街镇中心两个层面,对直接从事社区管理服务工作的人员,建立社区工作者队伍职业体系。实行全市统一的"三岗十八级"职业化薪酬体系,每个社区工作者随着工作年限增加、岗位提升、能力素质提高,岗位等级随之提高。建立社区工作者绩效考核评议制度,突出工作实绩和群众评价,考核评价结果与社区工作者岗位等级调整、薪酬待遇、奖励惩戒、续聘解聘等挂钩。将社区工作者纳入人才培训规划,形成市级骨干培训、区级专题培训、街镇全员轮训三级培训网络,健全人才全面成长的专业发展体系。

3.培育社区治理骨干队伍。社区中各类骨干、草根领袖、社区达人等等,是开展自治共治的重要力量。近年来,上海在社区治理中大力发掘各类社区骨干人才,培育各类社区活动团队,并通过这些骨干力量链接群众、服务群众、动员更多的群众参与社区自治共治。加强党小组长、居村民小组长、楼组长、妇女小组长等队伍建设,调动他们工作积极性,及时传达政策、感知民意、了解诉求、服务居民。加强党建引领业委会队伍建设,开展业务培训和规范化考核。培养社工带团队的能力,加强社区各类群众活动团队建设,提供资金场地等支持,带动居民参与,激发社区活力。加强社区党员及志愿者团队建设,畅通志愿服务渠道,组织居村民经常性开展公益慈善活动,培育社区公共精神。

（二）推进减负增能

1.制定两份清单。上海针对居村委会承接行政事务多、不合理证明多等突出问题，制定出台《关于规范管理本市居委会和村委会协助行政事务的指导意见》和《关于规范管理本市居委会印章使用的指导意见》，实行"两份清单"，即：居村委会依法依规协助行政事务清单和居委会印章使用清单，居村协助行政事务事项从140多项精简为40多项，印章使用事项从122项精简为22项。明确凡不属于清单范围的，各部门和单位不得将行政事务转嫁给居村委会，不得要求居委会出具证明。2020年全市社区工作会议明确，建立准入机制，居村协助的行政事务必须经过严格审核把关，不得以任何形式将居村的协助责任变为主体责任，不得就协助事务对居村单独进行考核，不得随意对居村增设"一票否决"事项。建立违规下沉居村协助事务举报查处制度。进一步清理面向居村的评比达标和创建示范活动，进一步清理规范居村各类台账、挂牌、制度上墙和工作排名，进一步清理整合各类微信工作群和政务 APP。

2.落实经费保障。落实居委会两项经费：一项是居委会工作经费一般每年不低于 10 万元，另一项是认真落实居民区服务群众专项经费。同时，在资金使用程序和范围上，给予居委会更大自主权。在村一级建立两项保障机制：一项是落实村级组织基本运转经费保障机制，一般每年高于 50 万元；另一项是探索建立村干部分类分级工作报酬制度，并建立动态调整机制。另外，探索建立"自治金"制度，在街道设立"自治金"，为居民区自下而上产生的项目提供资金保障。

（三）完善法治保障

1.推动出台地方性法规。上海将完善基层治理法治保障纳入市人大年度立法规划项目统筹推进。近年来，由市民政局提出立法建议并起草建议草案，经由多部门全过程参与，经"三审三读"，将实践经验通过法定程序固化为法规条文，使重大改革于法有据，构建了上海创新社会治理、加强基层基础的法律保障体系。修订《街道办事处条例》。围绕完善街道办事处职能、理顺条块关系、推进社区共治、指导基层自治、加强履职保障等内容，进行全面修订，为街道赋权增能，确保街道办事处权责一致。修订《上海市实施〈中华人民共和国村民委员会组织法〉办法》。针对村民会议向村民代表会议授权方式、农村社区建设、村级民主监督评议、村级组织运转经费的保障机制和村委会撤销建制程序等方面,作较大幅度修订完善。制定《上海市居民委员会工作条例》。是全国首部有关居委会工作的地方性法规,强调居委会作为基层群众性自治组织,重点厘清居委会工作职责、工作关系、工作机制和工作保障。

2. 推动法规有效施行。相关地方性法规出台后,市民政局积极推进宣传贯彻,确保法规落地见效。一是加强法规宣传。配合市人大召开新闻发布会,就法规出台的背景意义、主要内容,在本市各主流媒体、政府网站、微信公众号等进行全方位、立体式的宣传报道;专门印发通知,要求各区民政局、各街道、各居村开展宣传培训工作,全面熟悉掌握具体条文内容,推动法规贯彻落实。印制发放近2万册单行本下发到基层,为社会各界知晓和运用法规打牢基础。二是开展法规培训活动。民政局负责同志专门到有关区的中心组学习会上作专题解读。在每年开展的街镇部门负责人培训班、居村委主任培训班、社区工作者培训班中,将相关地方性法规作为重要内容进行解读培训,提升基层工作中知法懂法用法的能力。三是配合市人大开展执法检查评估。2019年开展《居委会工作条例》《〈村委会组织法〉实施办法》执法检查评估,2020年开展《街道办事处条例》执法检查评估,及时发现和推动解决法规施行中存在的问题,促使各方了解法规、掌握法规、运用法规,不断提升基层社会治理的法治化水平。

(上海市民政局)

江苏:政社互动 现代治理

近 15 年,特别是党的十八大以来,江苏省委省政府以习近平新时代中国特色社会主义思想为指引,认真贯彻中央部署,围绕"强富美高"新江苏建设,将全面加强党的建设、加强和完善社会治理和发展社会主义民主政治有机结合,主动破解发展难题,锐意创新驱动,基层社会治理不断探索前行,大体上经历了行政推动—政社互动—现代治理的创新发展历程。其间,全国和谐社区建设示范创建、"政社互动"基层体制改革、全国社区(街道)治理创新实验区建设等各阶段、多领域工作居于全国领先地位。太仓市"政社互动"、南京市秦淮区"减负增效"、无锡市"扁平化"、南通市"大调解"、连云港市"三委一会"等案例全国知名,镌刻了一幅幅江苏基层社会治理创新的生动画卷。

一、发展历程

(一)强化行政推动,培育基层社会治理发展动能

江苏是全国较早以政府主导推动社区建设的省份。1986 年,南京市秦淮区双塘街道率先启动社区服务;1999 年,全国社区建设的帷幕又在南京市正式拉开。"十一五"伊始,提出"苏南领先、苏中争先、苏北跨越、全国率先"的社区建设思路,先后荣获多项全国评比创建成果,数量位居全国之首。

1.政府引导先行先试,奋力破解社区建设难题。一是率先实现自治达标。在全面建设小康社会指标体系中,居委会和村委会的依法自治达标率 2 个指标 2004 年首批达标。二是率先建设农村社区。2006 年总结推广吴江等地利用农村社区服务平台整合闲置资源的典型经验,在全国率先启动农村社区建设。三是率先实现城乡并进。2007 年省民政厅先后在苏南、苏中、苏北召开

专题会议,确立"生产发展、服务完善、管理民主、安定文明、和谐并进、全面小康"的城乡社区建设总体目标,推动社区建设走向城乡统筹发展。

2.坚持政策文件创制,提供社区建设制度支撑。继 2007 年省政府下发《关于加强社区服务促进和谐社区建设的意见》之后,2011 年,省委、省政府出台《关于加强新形势下城乡社区建设的意见》,为全省城乡社区建设发展提供了行动指南。各地结合本地实际,相继以党委政府名义出台实施意见,开启了全省社区建设发展新的里程碑。

3.注重体制机制创新,推动城乡社区良性发展。积极探索社区体制机制创新,形成"以党建促社建、以机制促发展、以建设促功能、以投入促保障"的发展思路。一是推广建立社区"一委一居一站一办"管理服务模式。至 2011 年底,全省城乡社区覆盖率分别达 65% 和 35%。二是推行社区党建"网格化"管理方式。把党建触角向驻区单位、新社会组织、社会拓展,充分发挥党组织统揽全局、协调各方的领导核心作用。三是完善村(居)民自治机制。探索建立听证会、协调会和评议以及村(居)务公开等制度,通过社区论坛、社区对话、民意恳谈等载体,引导群众充分行使"四个民主"的权利。

4.建立健全评价机制,保障和谐社区稳步发展。2008 年,制定《江苏省城乡和谐社区建设评价总则》,设立了 7 大类 30 项 80 个基本指标,将社区建设评价体系融入质量评价体系。2012 年,制定《省级和谐社区建设示范单位考评标准》《江苏省城乡和谐社区建设发展"十二五"规划》,将和谐社区建设达标率纳入了《江苏省基本实现现代化指标体系》,全省城乡社区建设步入了规范发展的新阶段。

(二)探索"政社互动",激发基层社会治理创新动力

1.创新"政社互动"管理机制。太仓市从 2008 年起,率先在全国开展了"政社互动"的创新探索。2012 年 12 月,民政部、中国社科院联合到太仓调研剖析"政社互动"管理模式,认为:实现政府行政管理与基层群众自治的有效衔接和良性互动,是一种创新社会管理方式,其发轫于太仓市、首创于江苏省、影响辐射到全国。

2.推广"政社互动""减负增效"。2013 年 7 月,省政府在太仓市召开"推行政社互动推动社会管理创新工作会议",同年 11 月印发《关于在全省推行"政社互动"推动社会管理创新的意见》,2014 年 11 月省委省政府"两办"印发《关于减轻城乡社区负担提升为民服务效能的意见》。2017 年底全省实现了

"政社互动"全覆盖；社区台账和挂牌减幅超过了85％；创建评比、工作任务、组织机构、盖章等减幅均在75％以上。通过"政社互动"和"减负增效"，进一步深化了行政体制改革，完善了基层民主制度，改进了政府提供公共服务方式，"政社互动"已成为社会领域的"江苏名片"。

3.探索推进"街居管理集成化改革"。在全面推行基层社会治理改革的过程中，南京、徐州等地进一步发展了"街居管理集成化改革"，通过加强街道办事处内设机构的归并整合，促进优化流程、精简高效，提高管理水平和运行质量。引领街道办事处"去机关化"乃至去"经济化"，强化社会管理、城市管理、综合执法等职能。科学合理配置街居管理服务资源，促进社区回归自治本位。

（三）创新现代治理，推进基层社会治理内涵发展

1.县域基层社会治理亮点纷呈。江苏已获评"全国社区治理和服务创新实验区"15家，"全国农村社区治理实验区"3家，"全国街道和服务管理创新实验区"2家。城市社区实验区第一、二批6家单位围绕县域范围的社区治理、服务、自治等方面开展实验，并形成综合经验做法；第三、第四批9家单位更加注重结合区域工作特色，开展主题创新，总结提炼的经验模式更加专业化、精准化。

2.注重基层多维治理创新。江苏基层治理创新主要因应各发展阶段不同特征和问题导向而展开。2011年，推行"一委一居一站一办"模式，明确解决人、财、物等基础问题；2013年至2016年，推广"政社互动""减负增效""协商民主""三社联动"等经验；2017年以来，注重对城乡社区、乡镇政府服务能力建设、基层党建、综合执法和公共服务配置标准等方面提出集成化政策措施。

3.市域基层社会治理创新取得初步进展。在县域治理创新的同时，各设区市积极探索市域基层社会治理创新的制度安排与有效模式。早在2012年，无锡市以"社区扁平化管理"为主题，全面开展"一平台三机制"为核心内容的社区扁平化管理创新实验。南京、苏州、扬州等地在"网格化治理""社区服务""三社联动""民主协商""智慧社区"等方面统筹推进，把社区治理与城市治理进行无缝对接，改革发展的系统性、整体性、协同性不断增强。各设区市正在开展市域社会治理现代化的探索实验，为全省"大数据＋网格化＋铁脚板"省域社会治理现代化创新模式奠定了良好基础。

二、推进举措

(一)加强组织领导,做好基层社会治理顶层设计

江苏省各级持续强化党政推力、落实部门责任、健全工作机制、提高保障水平,着力破解社区治理服务难题,确保全省社区建设不断实现跨越发展。

1.高度重视,领导到位。省委、省政府高度重视社区建设,加强党委领导,强化政府主体责任和主导作用,把社区建设作为基层社会治理作的重要抓手,坚持做到"五个纳入",即把社区建设纳入经济社会发展的总体规划,纳入精神文明建设目标,纳入政府年度目标考核体系,纳入省政府部门民生实事工程,纳入乡村振兴战略总体要求。省委、省政府经常研究社区建设的重大问题和政策措施,先后出台多部重要政策文件。各级党委政府把社区建设作为推进乡村振兴、构建和谐社会的基础工程,强化工作推进。

2.完善机制,责任到位。为进一步整合资源,加强统筹协调,省政府建立健全了江苏省城乡社区建设联席会议制度,细化分解了各成员单位的责任,形成了部门共同推动的良好机制。2006 年率先制定《江苏省和谐社区建设评价总则》,积极开展和谐社区建设达标工作。乡镇(街道)普遍实行领导挂钩社区责任制,确保领导责任落到实处,不断加大共驻共建力度,并通过建立居民群众评定部门社区工作的倒逼机制,把社区建设与部门年度工作挂钩,实行考核奖惩。

3.加大投入,保障到位。全省各级财政不断加大对社区建设的投入力度。从 2011 年起,通过省级财政 1 亿元引导资金,采取项目化的补助方式,对一部分社区综合服务平台项目,给予一定的奖励性支持。通过资金引导和项目运作,积极撬动各市、县(市、区)和乡镇(街道)财政投入。同时,不断加大对社区工作者的待遇落实力度,对城市社区"两委"成员及社区专职工作人员报酬,明确要求由县级以上地方人民政府统筹解决;对于农村社区党组织书记报酬,由县(市、区)统筹,建立专门账户,定期发到个人。同时,对经济欠发达地区由省财政转移支付,按照每年不低于 38 万元的标准执行。

4.精准施策,指挥到位。新冠疫情期间,专门成立由常务副省长任组长的社会及社区防控组,强化社区疫情防控的组织指挥、力量协调与综合保障,每日定时搜集分析掌握疫情数据,及时跟进精准指挥处置;每周组织疫情研判会

商,分析疫情动态进展,更新发布政策文件,推动全省疫情防控工作有序有力有效开展。各地做到精准施策、精准发力、精准督导,根据疫情发展和防控等级转换,及时转入常态化防控工作状态,突出防范化解境外输入风险,精准做好重点人群、重点场所、重点单位常态化防控,坚决防止疫情反弹逆转。

(二)创制法规政策,完善基层社会治理制度体系

1.积极修订地方性法规。2016年9月省十二届人大常委会颁布了修订后的《江苏省实施〈中华人民共和国村民委员会组织法〉办法》,2019年9月,省十三届人大常委会修订出台了《江苏省村民委员会选举办法》,这两部地方法规为发展农村基层民主,维护村民合法权益,保障换届选举工作,推进农村基层群众自治提供了强有力的法制保障。此外,省政府报请省人大作出决定,将全省本届村民委员会和城市居民委员会换届选举延期至2021年,与全省县、乡人民代表大会换届选举同步进行。

2.创新社会治理政策体系。2011年,省委省政府在全国率先制定了《关于加强新形势下城乡社区建设的意见》,部署了新时期全面提高城乡社区建设水平的目标任务。到2015年,全省90%的城市社区、80%的农村社区达到省级和谐社区标准。2013年以来,省委省政府又先后出台了关于推行"政社互动"、关于减轻城乡社区负担、关于加强城乡社区协商、关于加强城市社区治理与服务、关于创新网格化社会治理机制、关于加强农村社区治理与服务、关于加强乡镇政府服务能力建设、关于加强和规范村务监督委员会工作、关于建立完善基层"互联网政务服务"体系等一系列加强基层社会治理的政策文件;同时,省厅先后制定下发了村民委员会选举规程、关于完善"三社联动"机制意见、城乡社区服务体系建设规划等政策文件。

3.制定疫情防控专项政策。2020年初,新冠疫情防控工作开展以来,依据国务院关心关爱疫情一线城乡社区工作者措施要求,省委省政府出台了《落实中央应对疫情工作领导小组关于全面落实疫情防控一线城乡社区工作者关心关爱措施的具体办法的通知》,制定20条具体政策措施。省民政厅印发了《全省民政部门新型冠状病毒感染肺炎疫情防控措施》的通知,联合省卫健委下发了《关于进一步做好城乡社区新型冠状病毒感染的肺炎疫情防控工作的紧急通知》《关于深入学习贯彻习近平总书记重要指示精神进一步做好城乡社区疫情防控工作的通知》《新冠肺炎疫情社区防控与服务工作精准化精细化指导方案的通知》。

4.完善地方政策配套。各地积极创新相关政策制度。南京市委市政府出台社区工作者管理办法以及关于规范城市社区工作者薪酬管理、加强社会组织党建工作、支持街道深化三社联动机制建设等4个配套文件。徐州市委办印发全面推行"阳光村务"和加快新一轮经济薄弱村综合服务中心建设的意见。苏州市出台巩固深化"三社联动"创新推进城乡社区治理的实施意见。南通市九部门共同推行"八维两建两树工作法"。泰州市制定规范村级事务权力运行加强民主监督的实施意见。连云港市出台《连云港市村干部待遇保障管理办法》。盐城市、宿迁市制定了村级权力清单。常州市、淮安市分别建立村居信息网上公开、减轻城乡社区负担提升为民服务效能等制度机制。

(三)强化实验创新,引领基层社会治理率先探索

近年来,江苏省始终把实验区建设工作作为推进社区治理、提升服务水平的有力抓手,坚持以改革促发展、以创新促和谐,推动全省城乡社区治理和服务水平整体不断提升。2011年,民政部启动"全国社区治理和服务创新实验区"创建工作。2014年,参照民政部做法,启动省级实验区建设工作,国家级实验区一并参与建设。总体来说,江苏省实验区建设工作,主要呈现以下几个特点:

1.领导重视,高位推动。各地普遍将实验区建设工作纳入党委和政府的重要议事日程,做好实验区建设的科学规划、整体部署和细化落实。同时,建立健全党政主要领导同志负责、民政部门牵头、各相关部门分工负责、多方共同参与的领导协调机制,做实推进实验区建设工作的组织基础。南京市级设立"为民服务专项资金"、公益创投基金等系列资金,不断强化实验区财力支撑;徐州市云龙区成立以区委书记为第一组长,区长为组长,机关主要职能部门和所有街道的主要领导为组员的领导小组,全面把握和指导实验区工作。苏州市姑苏区每年安排实验区建设资金3000万元,用于社区平台载体建设、居民需求项目化运作、社会组织培育、社工培训等工作。

2.创新引领,稳步推进。各实验区立足于居民现实需求,坚持创新引领社区治理,各项实验目标和工作任务有序推进。目前,全省获评全国社区治理和服务创新实验区15家,总量保持全国第一。其中,南京市秦淮区、无锡市等第一、二、三批"全国社区治理和服务创新实验区"共11家,均已顺利通过民政部结项验收。南京市雨花台区、溧水区等4家第四批"全国社区治理和服务创新实验区",已通过民政部中期评估。南京市江宁区、鼓楼区分别获评第一、二批

"全国街道和服务管理创新实验区",总量为全国第一。南京市高淳区、常州市新北区、张家港市等3家获评"全国农村社区治理实验区",已通过民政部中期评估。

3.特色鲜明,亮点突出。各实验区紧紧围绕实验主题,突出自身特色,形成了一大批具有前瞻性、示范性、可推广的实验成果。南京市秦淮区"中心制－耦合型"社区治理,鼓楼区社区协商"六化"模式,建邺区"三委一中心"的社区组织架构,雨花台区"社会组织助力社会治理"模式,无锡市梁溪区"四联治理"模式,常州市天宁社会治理联动指挥平台,苏州市工业园区"智慧社区"建设,南通市通州区"多元治理"机制,连云港市海州区"一委三会"工作法,扬州市广陵区"3＋3"联动服务机制,泰州市海陵区"户助户治"社区微治理,充分展示了各地以实验区建设推动社区治理创新工作成效,促进了全省城乡社区治理水平的跨越提升。

(四)夯实基层基础,支撑基层社会治理稳步推进

1.制度保障不断完善。2011年,省委、省政府率先在全国出台了《关于加强新形势下城乡社区建设的意见》,对制约城乡社区建设发展的"人、财、物"等突出问题作了硬性规定。在经费保障上,将城乡社区建设"五项资金"纳入预算,省级财政城乡社区建设项目引导资金增加到1亿元,2017年,引导资金增加到1.05亿元;在人员待遇上,提出社区居委会成员报酬不低于上年当地城镇单位在岗职工平均工资水平;在资源配置上,推广建立社区"一委一居一站一办"新型服务管理体制,将人、财、物等公共资源直接下沉到社区。2017年、2018年,省委、省政府相继出台了先后出台了《关于加强城市社区治理与服务的意见》(苏发〔2017〕24号)、《关于加强农村社区治理与服务的意见》(苏发〔2018〕11号),全省城乡社区建设整体水平始终位于全国前列。

2.社区自治日趋规范。坚持"自治、互助、共建、分享"的发展理念,引领社区平台服务项目和自治事务逐步由"传统"向"现代"转型升级。大力推行社区"减负增效",减轻工作负担,强化自治功能,让村(社区)干部能够集中精力为群众服务。依托社区综合服务平台,积极创新服务管理方式,通过村(居)民自治创新,村(居)民自己的事自己议、自己定、自己办,切实保障了社区村(居)民自身利益。溧阳市"三制"民主管理制度、连云港海州区"一委三会"模式、盐城市"一核四翼五联"体制、镇江"135"民主议事制度、泰州"村(居)民直评村(居)官"活动等,进一步增强群众参与社区治理的积极性,最大限度激发基层

自治活力,促进基层和谐稳定。

3.服务内涵不断深化。坚持面向基层、服务群众,全面推行网格化服务,确保基层服务管理横向到边,纵向到底。2017年,省委、省政府印发《关于创新网格化社会治理机制的意见》(苏发〔2017〕57号),实现服务管理网格全覆盖。在抗击"新冠"疫情期间,全省各地强化社区网格化管理运行机制,有效整合联防联控、群防群治各方资源,扎实推动疫情防控责任措施落到每个网格、每户家庭和每个居民,真正织密扎牢"外防输入、内防扩散"的最有效防线。积极推行"一门受理、一站服务、全科社工",打破条线分割,实行"岗位兼容",让百姓"进一扇门、找一个人、办所有事"。大力发展市场化服务、便民利民服务、居民志愿互助服务等,构建多方主体有效衔接的社区综合服务体系,方便居民群众生产生活。

三、重点任务

(一)深化体制改革

近年来,全省上下坚持把改革创新作为提升社区治理水平的法宝,提炼推广了许多在全省乃至全国具有广泛影响力的社区治理创新点。全面建立"一委一居一站一办"服务管理体制,积极推广"政社互动"模式,构建"三社联动"机制,推进城乡社区协商民主,探索街居体制改革,为社区治理注入了生机和活力。

1.深度拓展"政社互动"和社区减负增效工作。2008年,太仓市在全国率先探索实践"政社互动",形成了基层政府转职能、自治组织增活力、居民群众得实惠的"政社互动"模式,社会各界广泛关注,被专家誉为我国行政体制改革的"第二次革命"、基层民主建设的"第二个里程碑",中央领导批示充分肯定,民政部向全国进行了总结推广。在社区减负增效和政府购买服务层面,2012年,南京市针对"党的群众路线教育实践活动"中群众反映较为强烈的社区负担过重问题,率先在全国出台社区减负7项规定,整合条线业务,统一创建考核,取消纸质台账,让居委会腾出更多时间去解决社区"柴米油盐酱醋茶"的自治难题,社区实现了"轻装上阵",向"自治"和"服务"本位回归。2018年以来,持续巩固"政社互动"全覆盖成果,深度加强"政社互动"的内涵建设。

2.持续深化"三社联动"机制。全省各地不断加大社区、社会组织、社会工

51

作"三社联动"推进力度,整合"三社"与志愿服务、社区养老、社区救助、防灾减灾、文体教育、医疗卫生等资源,打造"社区＋"平台,优化各级各类资源在城乡社区的配置融合,促进社区服务提质增效。各地充分利用社区平台,培育壮大社区社会组织,建立社会组织参与社区服务机制,完善社区工作者职业发展"三岗十八级"等级序列建设,逐步构建公共服务、志愿服务、便民利民服务和市场化服务相结合的社区服务体系,推动形成资源共享、优势互补、有机联动的良好局面。各地积极培育街道(乡镇)、县(市、区)层面"三社联动"典型,提炼并推广优秀实践成果,进一步放大"三社联动"示范辐射效应。

3.扎实推进乡镇政府服务能力建设。近年来,围绕贯彻落实中央和省委、省政府有关文件精神,指导各地把加强乡镇政府服务能力建设作为推进乡村治理体系和治理能力现代化、实施乡村振兴战略的一项重要内容,纳入《江苏省乡村振兴十项重点工程实施方案(2018—2022年)》基础性工程来抓,推动各级党委政府把乡镇政府服务能力建设摆在重要位置,加强组织领导,制定工作方案,培育先进典型,统筹推进落实。各地在出台实施意见、不断完善政策体系的基础上,准确把握加强乡镇政府服务能力建设的总体要求和主要目标,研究确定试点方案、试点主题、工作目标、实施步骤和保障措施等,切实将试点工作摆上重要位置。30个乡镇典型试点单位从深化乡镇政府配套改革、优化服务功能、创新公共服务供给方式、加强保障等方面扎实开展试点工作。

(二)推进治理创新

近年来,全省城乡社区治理工作深入贯彻落实中央和省委省政府关于推进基层社会治理体系和治理能力现代化的系列决策部署,主动对接省域治理体系和治理能力现代化,深化改革、持续创新驱动。

1.拓展基层社会治理试验。为全面提高基层社会治理现代化水平,省委省政府印发了关于加强街道社区与驻区单位党组织共驻共建互联互动、健全"大数据＋网格化＋铁脚板"机制推进社会治理现代化的政策文件,正在研究制定《江苏省城乡网格化服务管理办法》政府规章。在坚持基层社会治理现代化总体布局的基础上,各地突出重点抓好新型农村社区建设、乡村治理体系建设、街道集成化改革、社区治理创新实验等工作。目前,南京、苏州、南通、无锡、淮安、常州、扬州、徐州、泰州等市入选全国市域社会治理现代化第一期试点城市。

2.加强新型农村社区治理服务。针对新型农村社区建设发展过程中出现的新情况、新问题,各地坚持问题导向,强化规划引领,优化村庄布局,科学配置社区公共设施,积极推进城乡基本公共服务均等化。坚持因村制宜,注重分类施策,对于不同规模、不同地域、不同类型的新型农村社区,积极推广民主议事协商等机制,根据实际情况实行不同的管理方式,尊重农民意愿打造村(居)特色。鼓励县乡两级开展新型农村社区治理创新实验,激发基层群众自治活力,丰富基层治理服务创新经验,增强可持续发展能力。

3. 推进社区疫情防控精准化。"战时"社区能够在疫情防控大局中发挥有效作用,离不开"平时"社区治理的持续创新。省民政厅从 2015 年开始,连续 5 年开展全省基层社会治理创新成果评选,涌现出一大批着力破解社区治理难题、广受居民群众欢迎的基层社会治理创新成果。在这次疫情防控中,全省各地牢固树立"社区是防疫第一线"的责任意识,充分发挥创新成果经验在联防联控中的积极作用,织密扎牢社区防控安全网。各地持续采用人防、技防、群防相结合,利用大数据、开发小程序、创新无线电子门铃、无人机巡查等方式督促社区做好防疫工作。在县域疫情监测和风险评估基础上,细化完善城乡社区和小区防控风险等级,实施差异化精准防控举措。南京市高淳区充分发挥"党建引领+三治结合、适需服务+邻里守望"的"双+"特色优势,搭建起"纵到底、横到边、无盲区、无死角"的社区群防群控机制。连云港市连云区大力推行"1521"社区工作法,形成"村居党组织为核心、网格党支部为主体、片区党小组为骨干、党员中心户为前端"的四级联动网格化疫情防控组织体系,筑起社区疫情防控"防护墙"。徐州市贾汪区以马庄精神为引领,广泛采用小快板、三句半、数来宝等农民喜闻乐见的文艺形式,深化农村防疫宣传,深受农民群众喜爱。常州市钟楼区依托"社区天天乐"文化惠民优势,疫情期间举办"客厅舞王大赛"等线上活动,缓解居民紧张情绪。

(三)健全服务体系

近年来,根据省委省政府加强城乡社区建设治理的总体部署,江苏省通过"硬件改造"、"软件提升"和"创新方式"有机结合的推进方式,着力完善城乡社区服务体系建设,持续提升社区服务水平。

1. 注重软硬件建设相结合,持续提升社区综合服务能力。社区综合服务设施持续推进。2011 年以来,围绕每百户居民不低于 30 平方米的社区用房新标准,持续推进城乡社区综合服务设施建设,每年改造提升 300 个以上社区综合服务设施项目,新改扩建城乡社区服务用房面积近 6 万平方米以上,重点加强新型农村社区、经济薄弱村、老城区社区用房新建（改扩建），并贯彻落实《江苏省"十三五"时期基层基本公共服务功能配置标准（试行）》，社区综合服务功能配置水平进一步提升。"全科社工"服务模式进一步健全。各地积极推广"全科社工"创新社区服务模式，推行"综合受理、区域通办、一门服务、首问负责"工作机制，推动社区工作人员优化配置和服务效能提升；大力推行"一门受理、一站式服务、全科社工"。社区工作者职业化改革初见成效。各地积极推行社区工作者"三岗十八级"等薪酬管理制度。南京市建立了群众满意度占主要权重的社区工作者评价机制，进一步激发了社区工作者干事创业、改革创新的热情。同时，苏州、镇江等地积极整合社区服务资源，探索"中心＋社区""一站多居""联合工作站""邻里中心"等模式，提升社区服务效能。

2. 发展"公益创投""购买服务"，不断提高社区深度服务能力。一是健全"公益创投"方式和政府购买服务机制。扶持优秀社会组织的社区服务项目，大力支持社会组织面向社区开展的服务老年人、残疾人、青少年、救助帮困等社区公益项目，拓展以政府购买服务为保障、项目化运作为纽带的"三社联动"有效路径，更好地满足居民多样化、个性化的生产生活需求。二是引导城乡社区志愿服务常态化。依托城乡社区综合服务设施建立志愿服务工作室（站），搭建志愿者、服务对象、服务项目对接平台，逐步推行积分兑换、时间银行等新机制，引导志愿者开展以家政服务、文体活动、心理疏导、保健指导、法律咨询为主的志愿服务，逐步建立志愿服务供需有效对接机制和服务长效机制。截至 2019 年底，全省城乡社区已经普遍设置社会工作服务站，服务社区的社会工作专业人才达 6.58 万人，注册志愿者 1600 万人，培育社区社会组织 9.7 万家。三是拓展社区便民生活服务。各地完善城乡社区便民利民服务网络，推进"城市一刻钟""农村三公里"社区服务圈建设，支持引导各类社会力量兴办居民服务业，重点发展社区超市（便利店）、快递点（村邮站）、标准化菜店（场）等生活服务，广泛推行"线上＋线下"的社区服务模式。

3. 发展"互联网＋社区治理"，加强社区智慧治理服务。积极推进社区信息化建设。2012 年，省政府办公厅印发了《关于加快推进城乡社区信息化的意见》，统一部署了城乡社区综合管理和服务信息化建设，南京、无锡、苏州、南通、淮安、扬州 6 市以及 21 个县（市、区）由当地民政部门牵头开发了本地社区服务管理信息平台。南京市栖霞区的"掌上云社区"基层治理模式和徐州市鼓楼区的"建设智慧社区，打造社区云治理服务体系"成为在全国有一定影响力的社区治理典型。推动"互联网＋政务服务"向城乡社区延伸扎根，省内各地依托江苏政务服务网，完成江苏政务服务网向乡镇（街道）、村（社区）延伸，实现"互联网＋政务服务"基层全覆盖,健全完善"一号申请、一窗受理、一网通办"模式的村(社区)全科服务机制。探索"互联网＋居民自治",省级在全国率先创建《江苏社区网》互联网平台,各地城乡社区通过 QQ 群、微信群、微信公众号、社区 APP 等社区信息媒介,做实村(居)务公开和监督、深化社区协商、丰富"微自治"形式,扩大群众参与。

(四)完善自治机制

充分发挥基层党组织的领导核心作用,指导基层自治组织工作。坚持以党建带动和促进社区建设的深入发展,形成以社区党组织为核心、社区自治组织为主导、社区居民为主体、社区社会组织和驻区单位共同参与的社区治理体制机制。

1.推进基层民主政治建设。依法开展民主选举工作,全省完成了十一届村委会、六届居委会换届选举,通过民主选举,将一大批政治素质高、为人公道正派、带富能力强、作风过硬、善于做群众工作的村(居)委会成员遴选出来,为基层基础工作注入了强大力量,保证了党的路线方针政策在基层的有效贯彻落实。积极推行"四议两公开"模式,不断创新民主议事决策机制,广搭平台,上下联动,实现居民群众活动多样化、社区干部联系群众常态化。

2.深化村务公开和民主管理。《江苏省村务公开目录》《江苏省村务监督委员会工作规则(试行)》《关于加强和规范村务监督委员会工作的意见》等多个规范性文件的出台,从加强指导、服务和监督等多个方面,推动村务、财务、事务管理的制度化、规范化。各地建立健全村务监督组织,加大村务公开和民主管理工作力度,不断充实公开内容,规范公开形式,规定公开时间,统一公开形式,完善公开程序,提高公开质量,保证村务特别是财务和集体资产的公开透明,对农村社区居民普遍关心的热点问题,涉及切身利益的实际问题以及村里的重大问题,包括支农惠农政策、实事项目建设等都向村民公开。主动接受群众监督和各方监督,形成了"四位一体"监督,即村务监督委员会的专职监督、村民代表评议的群众监督、乡镇党委政府督办的组织监督、宣传报道情况通报的舆论监督,切实保障村民群众的知情权、参与权、表达权和监督权,群众满意度大幅提升。

3.增强社区自治活力。2015 年,省委办公厅、省政府办公厅印发《关于加强城乡社区协商的实施意见》,按照协商于民、协商为民的要求,以扩大有序参与、推进信息公开、加强议事协商、强化权力监督为重点,拓宽协商范围和渠道,丰富协商内容和形式,保障人民群众享有更多更切实的民主权利。太仓、邳州、溧阳、连云港、江阴等一些地方通过探索实践,形成了"政社互动""村级四权建设""百姓议事堂""一委三会""以民主促民生"等基层协商民主有效形式,最大限度地激发基层自治活力,促进基层和谐稳定。南京市玄武区"一核多元"协商治理框架、无锡市滨湖区的"民主协商四分法"、南通市"三有三会"协商机制、镇江市京口区"135"民主议事制度、睢宁县"三委四会"村务决策机制等21家创新成果,先后被《中国民政》、《中国社会报》、《社区天地》、《乡镇论坛》等报刊选登。张家港市被司法部确定为全国基层协商民主试点单位。

四、主要成效

(一)促进了治理服务精细化精准化

2012年以来,江苏省坚持以人民为中心的发展思想,把服务居民、造福居民作为基层社会治理的出发点和落脚点,通过精细化精准化的社会治理服务促进提升基层社会治理现代化水平。一方面推进治理精准化。以推进社区"减负增效"为抓手,促进社区向"自治"和"服务"回归本位;持续推行网格化服务管理,"大数据＋网格化＋铁脚板"机制初步形成,矛盾调解和群众诉求得到及时回应,疫情防控等应急机制普遍建立、治理机制更加精准及时有效;居民群众"微治理"平台广泛搭建,夯实了精细治理群众基础。另一方面推进服务精准化。按照每百户居民不低于30平方米的新标准强化了城乡社区综合服务设施建设,84％以上达到标准;健全了社区服务体系,广泛实行"一门受理、一站式服务、全科社工",人民群众的获得感、幸福感、安全感明显提高;鼓励各类市场主体开展社区便民利民服务,推动社会力量提供社区非基本公共服务,多样化的社区服务已成为城乡服务体系的重要基础;突出重点做好城乡接合部、拆迁安置小区、流动人口聚居地的社区服务工作,促进社区服务地域之间、城乡之间的均衡发展。

(二)强化了"三治"融合

不断健全党组织领导的自治、法治、德治相结合的城乡基层治理体系,助推基层治理体系和治理能力现代化取得更大成效。

1."自治"基础作用不断夯实。先后出台推行"政社互动""减负增效"、民主协商等多个法规政策,从制度层面保证群众自治组织规范运作、行稳致远;居民群众"五个民主"实践日益成熟,群众自治进一步向村(居)民小组、楼栋院落延伸,群众参与活力充分激发;城乡社会组织、社会工作专业人才、志愿者等多方主体力量显著加强,党组织领导的民事民议、民事民办、民事民管的多方共治理念深入人心。

2. "法治"保障作用日益巩固。推进民主法治示范村(社区)建设、村(居)规民(公)约修订,深入开展普法教育,健全组织学法、引导用法、带动守法的法治建设体系,基层干部群众尊法、学法、守法、用法的意识明显增强,办事依法、遇事找法、解决问题靠法的处事习惯正在养成。

3. "德治"先导作用充分彰显。引导城乡居民群众积极践行社会主义核心价值观,注重社会公德、职业道德、家庭美德、个人品德建设,营造崇德向善、诚信友爱的良好社会风尚。充分利用新时代文明实践站、文化礼堂、道德讲堂等文化活动场所和设施,组织开展文娱活动,有效提升居民文明素养。

(三)推进了可持续发展

2012 年以来,江苏省在推进宏观政策制定和法规创制方面力度较大,健全了城乡社区可持续发展的制度基础;各级党委政府高度重视、大力推行政社互动有助于健全街道大工委、社区大党委牵头的多方共治格局,激发了基层社会治理活力,形成了可持续发展的良好势头。一方面,以"减负增效"为纽带优化基层治理。目前,13 个省辖市均建立社区减负增效"三项制度",社区工作事项准入前普遍履行合法性审查和社会公示制度,广泛推行"权随责走、费随事转"和政府购买服务机制,较好地带动了各类组织协同治理、各类资源相互整合、各类需求公开透明、各类决策受到监督,群众参与度、满意度得到大幅度提升。另一方面,以创新发展激发基层活力机制。在持续加强"五个民主"建设基础上,不断培育发展基层社会内生力量,通过党建创新、"三社联动"、公益创投、"微自治"等方式,积极创新基层群众民主自治的实现形式,让群众真正体会和实践当家做主。涌现了"掌上云社区""社区天天乐""村民议事代表团制""马庄精神"等一大批基层群众自治的鲜活案例,解决了面广量大的群众烦心事,形成了共建共治共享的和谐发展局面。

(四)激发了社会活力

1. 凝心聚力,发挥党组织核心作用。推动"一突出四联动"机制建设,充分发挥基层党组织的战斗堡垒和党员的先锋模范作用,党组织的组织力、凝聚力、战斗力显著增强。新冠疫情防控阻击战中,全省各地全面构筑三级党组织核心网络,将党的阵地建到社区最前沿,更加精准高效地组织群众、服务群众,疫情防控与社区治理能力得到双加强。

2.搭建平台,激活社会组织活力。拓展社区社会组织参与社区管理服务、社工引领社区社会组织发展、社工融入社区岗位发挥专业化优势的新途径、新方式,形成相互促进、共同发展的良好态势。依托"政社互动""三社联动"等平台,引导社会组织积极参与社会治理,使社区治理由政府"独唱"向多方主体"合唱"转变。强化优质社会组织引进和本土培育孵化,推动社会组织有效参与社区治理服务。

3.汇聚力量,提升社区服务效能。充分尊重居民主体作用,大力倡导社区志愿服务,培育"奉献、友爱、互助、进步"的志愿服务精神;深化"微自治""微治理""互联网＋居民自治"等自治实践,带动了居民群众的广泛参与;开展"公益创投",并通过"社区＋专业社工""社工＋社会组织""社工＋义工"等联动机制,带动了社会各界有序、有效、有为地参与公益活动。

五、前瞻思路

(一)进一步强化党建引领

1.加强党对基层社会治理的全面领导。充分发挥党建引领在推动基层治理现代化中的重要作用,加强基层党组织政治引领,确保基层社会治理坚持正确政治方向。注重党组织推荐的优秀人选通过一定程序明确为各类组织负责人,依法把党的领导有关要求写入各类组织章程。

2.不断创新党建工作方法。创新党组织设置和活动方式,推进各领域党组织互联互动、健全体系。进一步推行街道党工委、社区大党委做法,提升党组织政治功能和组织力,将党的政治优势、组织优势转化为基层治理的工作优势。

3.强化党建引领的社会参与制度。全面推行村(社区)党组织书记和村(居)民委员会主任"一肩挑","两委"班子成员交叉任职,提高村(居)民委员会成员、村(居)民代表中党员的比例。进一步健全党组织领导的充满活力的基层群众自治机制,依托区域化党建平台推行街道、社区和驻区单位联建共建。

(二)进一步强化集成改革

按照"集中高效审批、强化监管服务、综合行政执法"的要求,切实为基层群众提供精准有效服务。

1.构建多方共治平台。强化基层党组织的领导核心作用,有效发挥基层政府主导作用,发挥基层群众性自治组织基础作用,统筹整合社会力量,形成基层党组织领导下的多方共治格局。

2.构建综合管理平台。按照权力下放、权责一致的原则,全面推进基层行政执法改革,探索基层综合执法有效形式。建立健全乡镇政府与县级执法部门的协作机制,强化乡镇政府在执法事项上的综合协调,全面提高社区综合治理水平。

3.构建便民服务平台。构建面向公众的一体化在线公共服务体系,采取"前台综合受理,后台分类办理,统一窗口出件"的服务流程,简化优化群众办事环节。创新服务设施运营机制和方式。加快社区公共服务体系建设,编制社区公共服务指导目录,提供清单式服务。

(三)进一步推进协同共治

1.进一步强化基层党组织的全面领导。大力推行区域化党建,推动党建工作区域联动、整体互动,实现社区资源大整合、各方大联动,提升基层社会协同共治的能力水平;推动基层党组织和党的活动向末端延伸,更加精准开展群众工作。

2.进一步提升基层政府服务管理能力。以建设人民满意的法治政府为目标,强化基层政府社会治理职责,健全综合治理机制。理顺乡镇(街道)机构与其上级部门关系,推动乡镇(街道)实现"审批服务一窗口、综合执法一队伍、基层治理一网格、指挥高度一中心"。

3.进一步引导社会力量参与基层社会治理。培育和发展专业型、公益型的社会组织,提高社会组织参与基层社会治理的积极性;进一步撬动社会资本,引导更多企业、志愿者参与城乡社区治理创新;强化居民群众的主体作用,进一步增强居民自治活力,激发居民参与治理、守护家园。

(四)进一步强化科技支撑

习近平总书记指出,"一流城市要有一流治理,要注重在科学化、精细化、智能化上下功夫"。基层社会治理领域应主动适应发展大势，提升社会治理信息化、数字化、智能化水平。要健全完善基层"互联网＋政务服务"，实现线上政务服务平台、线下实体政务大厅和村（社区）服务代办点的融合融通，全面实现政务服务网络化、标准化、均等化。要探索"互联网＋居民自治"，鼓励城乡社区通过 QQ 群、微信群、微信公众号、社区 APP 等社区信息媒介，做实村（居）务公开和监督、深化社区协商、丰富"微自治"形式，放手促进群众有序参与，有效拓展互联网时代的居民自治实现形式。要积极发展"互联网＋社区便民服务"，面向社区居家养老、儿童关爱、文体活动、家政服务、社区电子商务等方面，引导互联网企业和各类社会力量、市场主体参与社区便民服务，探索线上线下有机结合的社区服务模式。

（江苏省民政厅）

安徽：基层社区 多方共治

　　站在新的历史起点，安徽省紧跟新时代改革实践步伐，以乡村振兴为重要抓手，以基层社区为主要场域，以协商民主为基本手段，树创新标杆，谋发展之变，以创新"一子落"带动发展"全盘活"。始终坚持党建引领，加强社区基础设施建设，深入拓展网格化管理，推动社区信息化建设，强化社区自治功能，深化协商民主建设，创新乡村治理模式，健全社区服务体系，全面推进基层社会治理体系和治理能力现代化。着力做精做细服务、做强做实治理，切实打造了社会服务"零距离"，基层治理"全覆盖"，民生诉求"快响应"的基层社会治理新局面，走出了一条独具时代特征和安徽特色的创新治理之路。

一、安徽基层社会治理开创新局面

　　安徽省承东启西、沿江近海，地跨长江、淮河、新安江三大流域，与长三角无缝对接，是拥有 7119 万多户籍人口的人口大省，文化底蕴深厚，资源禀赋优越，创新活力强劲。近年来，安徽省直面时代之问、发展之需、人民之盼，积极践行新发展理念，在基层社会治理方面取得了一系列成就。省委省政府领导多次在基层调研、审议文件和批示指示中指出，要积极顺应人民对美好生活的向往，着力打造共建共治共享的治理格局，加快推进全省社区治理体系和治理能力现代化。各地结合实际，以人民为中心，不断完善党委领导、政府负责、民主协商、社会协同、公众参与、法治保障、科技支撑的社会治理体系。一个纵向层级贯通、横向部门协同，政社互联互动的基层社会治理格局在安徽省逐步形成；一套党建引领下的重心下沉、服务靠前、夯实基层力量、强化信息支撑、自治法治德治融合的城乡社区治理体系逐步建立；一座座文明和谐的幸福之城、如诗如画的美丽乡村跃然于新时代画卷之上。

(一)共建:治理主体作用日益彰显

1.基层党组织领导核心作用充分发挥。将加强基层党的建设、巩固党的执政基础作为贯穿基层建设和社区治理的一条主线。突出基层党组织领导核心作用,大力推行村(社区)党组织书记和村(居)民委员会主任"一肩挑",全省行政村"一肩挑"9050人、占比59.2%,城市社区"一肩挑"1478人、占比55.9%。强化党建引领,推动村(社区)党组织把工作重心转移到基层党的建设上来,转移到做好公共服务、公共管理、公共安全工作上来,转移到为经济社会发展提供良好公共环境上来,党的路线方针政策在全省城乡社区得到有效落实。

2.基层政府主导作用明显增强。各地政府切实履行主导职责,加强对城乡社区治理的政策支持、财力物力保障和能力建设指导,加强对基层群众性自治组织建设的指导规范,不断提高依法指导城乡社区治理的能力和水平。在6个县(市、区)、81个乡镇开展全省乡镇政府服务能力建设试点活动。各地普遍制定社区居民委员会依法履行职责主要事项和依法协助政府工作主要事项两份清单,依法厘清社区权责边界,社区减负增效取得新进展。

3.基层自治组织基础作用持续巩固。基层群众性自治组织规范化建设不断加强,居民自治与网格化服务管理有效衔接,民主选举、民主协商、民主决策、民主管理、民主监督持续完善,群众性自治组织开展社区协商、服务社区居民能力进一步增强。村(居)民委员会换届选举观察员制度、定岗制度、一票选举"三项制度"改革深入推进,权利平等、机会公平、规则公开的基层民主选举环境日益完善,基层民主政治实践步伐不断加速,全省共选举产生村和社区"两委"班子成员12.15万人。村(居)务监督委员会建设持续加强,村(居)务公开和民主管理有序推进,全省86%的县(市、区)制定了村务公开目录。

4.社会力量的协同作用更加明显。社区、社会组织、社会工作"三社联动"深入推进,社区发现居民需求、统筹设计服务项目、支持社会组织承接、引导专业社会工作团队参与的工作体系逐步完善。社区社会组织和专业社工机构在引导社会成员参与社区服务、居家养老、风险评估、矛盾调解、社区矫正、青少年教育管理等方面发挥积极作用,实现社区层面"三社联动"常态化、制度化、标准化发展。截至目前,全省依法登记管理社会组织33490个(社会团体14963个、社会服务机构18352个、基金会175个)。社区内企事业单位、政府部门等社会力量参与社区治理积极性、主动性有效激发,新冠肺炎疫情防控期间,全省共有机关干部 34 万多人、社会力量 75 万多人下沉社区参与疫情防控,为织密社区疫情联防联控、群防群控防线贡献了重要力量。

(二)共治:治理能力显著提升

1.社区居民参与能力不断增强。积极引导居民依法有序参与社区治理,合肥市成立了市、区、街道(大社区)三级社区治理学院,开展社区治理服务人才培养,鼓励引导居民骨干发起成立社区社会组织,在社区治理中发挥积极作用。包河区万年埠街道社区治理学院,共孵化培育社区社会组织 35 个,服务内容包含居民互助、楼栋自治、便民利民、志愿服务、养老助老、文体康乐等多个领域,成为社区治理一支生机勃勃的内生力量。既有民主又有集中、既尊重多数人意愿又保护少数人合法权益的城乡社区协商机制更加完善,持续开展城乡社区协商示范点创建活动,已确定蚌埠市蚌山区等 16 个县(市、区)、黄山市黟县渔亭镇等 22 个乡镇(街道)、滁州市全椒县襄河镇八波村等 246 个社区(村)为全省城乡社区协商示范单位,形成了蚌埠"六事"协商机制、天长"11355"社区协商治理模式等一大批优秀协商工作法和协商案例。

2.信息应用能力明显提升。按照分级分类推进新型智慧城市建设要求,积极探索智慧社区建设。依托"数字江淮"等重点工程,持续完善社区公共服务综合信息平台建设,实现市级社区公共服务综合信息平台全覆盖。一体化社区信息服务站、社区信息亭、社区信息服务自助终端等公益性信息服务设施建设得到进一步加强,实现服务项目、资源、信息多平台交互和多终端同步,发布地方标准《智慧社区建设指南》,着力打造设施智能、服务便捷、管理精细、环境宜居的智慧社区。印发《安徽省智慧社区建设试点工作方案(2018—2020)》,深入推进省级智慧社区建设试点,已开展三批试点活动,积极促进信息和资源有效共享,着力提升社区治理智能化水平。

3.社区服务供给能力显著提高。加大社会工作专业人才配备使用力度,开发社区社会工作专业岗位 1.9 万个,推动实现城乡社区社会工作者全覆盖。全省 365 家社会工作服务机构活跃在社区服务一线,持证社会工作专业人才1.3 万人,其中三分之二以上在社区工作,成为开展社区服务、建设和谐社区的骨干力量。制定政府购买社区服务指导性目录,完善政府购买服务政策措施,鼓励和引导基层群众性自治组织、经济组织和各类市场主体参与社区服务供给。

(三)共享:治理效能明显增强

1.社区综合服务设施建设提速增效。按照居民"15分钟生活圈"的活动半径,服务3万人左右的区域规模,设置社区综合服务中心,打破原有街道、社区区域界线,由县区政府作为主体进行统筹规划,各类公共服务、志愿服务、专业社会工作服务、共治协商服务、市场化服务等统一进入,直接面对居民提供多元化服务。铜陵市投入2亿余元,新建、改造65个"邻里中心"和50个社区养老服务站,为居民提供娱乐、协商、维修、居家养老等一揽子服务;合肥市包河区坚持需求导向,持续完善社区公共服务设施配套规划建设,大力推进社区"两级中心"(社区中心、睦邻中心)建设,为社区居民提供了更为精准高效的服务。

2.社区文化建设深入人心。组织开展全省村规民约和居民公约"大体检",将社会主义核心价值观融入村规民约和居民公约,内化为居民群众的道德情感,外化为服务社会的行动自觉,重视发挥道德教化作用,建立健全社区道德评议机制。投入3000余万元,实施"爱邻联盟"服务项目,以社区居民为服务对象,开展各类互动活动和自助服务,提升社区凝聚力,强化居民归属感、提高居民对社区事务的参与度,积极营造与邻为德、与邻为誉、与邻为亲、与邻为乐的现代社区精神。深化拓展新时代文明实践中心建设,建成新时代文明实践中心(所、站)2万多个,全国试点县(市、区)23个。通过文明实践活动,培育文明乡风、良好家风、淳朴民风,让党的创新理论"飞入寻常百姓家",更好地满足社区居民日益增长的精神文化需求。大力表彰社区好人好事,发展社区志愿服务,倡导移风易俗,形成与邻为善、以邻为伴、守望相助的良好社会氛围。

3.社区资源配置合理优化。充分发挥社区规划专业人才作用,广泛吸纳居民群众参与,科学确定社区发展项目、建设任务和资源需求。探索建立基层政府面向城乡社区的治理资源统筹机制,推动人财物和责权利对称下沉到城乡社区,增强城乡社区统筹使用人财物等资源的自主权。逐步建立基层政府组织社区居民在社区资源配置公共政策决策和执行过程中,有序参与听证、开展民主评议的机制。建立机关企事业单位履行社区治理责任评价体系,推动机关企事业单位积极参与城乡社区服务、环境治理、社区治安综合治理等活动,面向城乡社区开放文化、教育、体育等活动设施。

二、安徽基层社会治理谋划新体系

"经国序民,正其制度。"制度建设是提升基层社会治理能力水平的重要保障和有力支撑。安徽省从取得的基层社会治理经验和治理成果出发,针对当前面临的主要问题,深入学习贯彻习近平总书记的重要论述,坚持党对基层社会治理的领导,坚持人民群众在基层社会治理中的中心地位,坚持"三治融合",积极探索创新基层社会治理方式和运行机制,不断提升推进新时代基层社会治理的政治站位、思想认识和行动自觉。

(一)始终坚持党在基层社会治理中的核心地位

基层社会治理,必须走中国特色社会主义道路,毫不动摇地坚持党的领导,加强党的建设,巩固党的执政基础。

1.健全完善基层治理制度体系。坚决贯彻落实党中央国务院、省委省政府关于加强和完善城乡社区治理、加强乡镇政府服务能力建设等文件精神,深入推进基层治理体制创新、制度创新和实践创新。成立了城乡社区治理工作领导小组、加强乡镇政府服务能力建设工作领导小组等组织机构,领导和加强基层社会治理。省级层面先后出台《关于深入推进农村社区建设试点工作的实施意见》《关于加强乡镇政府服务能力建设的实施意见》《关于加强和完善城乡社区治理的实施意见》等重要文件,推动和指导全省基层社会治理。

2020 年初,新冠肺炎疫情发生后,为进一步发挥城乡社区在疫情防控中的积极作用,先后印发《关于进一步做好城乡社区组织开展新型冠状病毒感染的肺炎疫情防控工作的通知》《关于进一步激励引导基层党员干部和医务工作者在疫情防控一线担当作为的若干措施》《关于进一步落实疫情防控一线城乡社区工作者关心关爱措施的有关意见》等系列政策文件,激励引导基层力量参与疫情防控,将基层治理优势转化为疫情防控效能,取得了良好成效。

2.加强基层党组织能力建设。适应社会群体结构和组织架构的变化,着眼强化社区党组织的引领作用,突出政治功能,发挥基层党组织优势,整合各类治理资源,构建党建引领的基层社会治理新机制。区县层面,成立基层党建工作领导小组,加强基层党建工作的组织实施、资源配置和督查指导。街乡层面,建立联建共建委员会,定期召开部门联席会,推动传统社区党建与驻区单位党建、新兴领域党建的有效融合。社区层面,探索推行党组织兼职委员制,聘请驻区单位、物业公司、业主委员会、社区组织的党员负责人为兼职委员，对需要协调解决的社区"大事"、关系民生福祉的"实事"、基层无力解决的"难事"进行共议共商，不断增强城乡社区党组织的凝聚力和战斗力。

3.坚持优化基层党组织服务机制。创新基层党组织及党员为群众服务的途径和方式，全力打造服务型基层党组织。落实鼓励激励、容错纠错、能上能下的"三项机制"，选优配强街乡社区领导班子，注重选拔党性强、能力强、善协调、会服务的党员担任基层党组织书记。将街乡社区干部纳入区级干部队伍建设总体规划，坚持基层选拔一批、社会选优一批、组织选派一批，打造专业队伍，整体提升服务能力。搭建社区智慧化党建平台，精准对接群众需求，实现服务事项数字化申请、交互式审核、跨部门办理，力求让群众生活和办事更方便。推进社工队伍服务精准化、社会组织服务个性化、党员志愿者服务常态化，征集居民"微心愿"，优化"菜单式"服务，确保群众在社区生活得舒心快乐。

（二）始终坚持人民群众在基层社会治理中的中心地位

坚持将人民群众的诉求作为第一信号，将人民群众的需求作为第一目标，将人民群众的满意度作为检验工作成效第一标准，把实现好维护好发展好人民群众的根本利益作为首要目的，构建城乡社区服务体系，真正使基层社会治理成为服务人民、造福人民的民心工程。

1.建立以人民群众需求为导向的服务体系。创新城乡基层社会治理的目的，就是"让老百姓过上好日子"。安徽省始终坚持推动以人民群众实际生活需求为导向的社区公共服务体系建设，把解决好人民关心的突出问题、提升群众的幸福感作为基层社会治理创新的重点。通过健全城乡社区服务机构，编制城乡社区公共服务指导目录，在服务内容、服务主体、服务方式等方面做好文章。将城乡社区服务纳入政府购买服务指导性目录，完善政府购买服务政策措施，通过市场、社会、社区等多方来源拓宽社区公共服务供给的形式，通过有效的需求征集渠道和民意反馈渠道扩大社区服务内容的覆盖面，通过加快推进农村社区建设试点，增加农村社区公共服务供给，促进城乡社区服务项目、标准相衔接，逐步实现均等化，真正做到人人参与、人人尽力、人人享有。

2.建设精准化、精细化、专业化、标准化的行动体系。为解决人民日益增长的美好生活需要与不平衡不充分发展之间的矛盾，补齐社会建设的短板。安徽省坚持以精准化、精细化、专业化、标准化为目标优化社区服务行动体系，管好用好社区多方主体联动互动的治理平台，把社区居民的精准需求摆在前面,把提升服务质量摆在重要位置,借助于专业化力量,提供更具标准化的社区服务。新冠肺炎疫情期间,合肥市包河区滨湖世纪社区利用"移动端＋大数据"手段,实现精准分类防控和疫情动态监测,调取社区信息平台中65周岁以上老人、留守儿童、残疾人等特殊居民信息,分类施策,包保到户解决居民实际需求。加强对城乡社区服务团队的管理和培训,强化服务队伍的常态化运作和可持续发展,提高整体的服务管理效能。重视优化社区服务队伍,包括优化来源渠道、优化评价考核、优化激励保障等,改善农村社区工作者队伍结构,提升服务质量和管理效能。

3. 健全以人民群众满意为标准的评价体系。社区是居民的家,评价基层社会治理的好坏,社区居民最有发言权。安徽省坚持把人民群众满意不满意、拥护不拥护作为社区治理成效的根本标准,建立健全以人民群众满意为标准的评价体系,持续开展社区减负增效专项行动,让基层和社区组织把更多精力投入到直接影响居民安全感、幸福感和满意度的组织建设、社区服务、制度建设、文化建设、公共设施、人居环境等内容上来。推进社区协商纵深发展,开展常态化协商、事项化协商以及区域化协商等多种形式协商,引导社区居民通过多种渠道参与基层社会治理成效考评,使人民群众成为基层社会治理的参与者、见证者、评价者。马鞍山市雨山区安民街道鹊桥社区坚持"社区的事居民议、社区的家居民当",每年底组织召开社区居民议事会,对112项社区服务事项进行评议打分,将打分结果作为社区评先评优的重要依据,通过居民民主评议倒逼社区做优做细服务,有效提升社区服务质效。

(三)始终坚持建构"三治融合"的社会治理体系

尊重居民群众的主体地位,把民主选举、民主协商、民主决策、民主管理、民主监督的实践贯穿于基层社会治理的全过程和各方面。依法推进基层社会治理,充分发挥自治章程、村规民约、居民公约等"软法之治"的积极作用,不断培养居民群众的规则思维、程序思维和法治认同,使人民群众成为社会主义法治的忠实崇尚者、自觉遵守者和坚定捍卫者。

1. 保障人民群众在基层社会治理中的主体地位。相信和依靠群众,直接关系到党的路线、方针、政策落实到基层,关系到党的各项工作能否得到有效开展。安徽省始终坚持贯彻落实群众路线,充分发挥人民群众主人翁精神,依法进行自我管理、自我服务、自我教育、自我监督,充分相信人民、走进群众、依靠人民,凡是群众能办的事情放手让群众去办,坚决破除和摒弃束缚群众手脚的各种条条框框。想问题、办事情、作决策,虚心听取群众意见,集中群众智慧,形成的决策、部署充分体现群众意愿,维护群众利益。

2.提升社区工作者依法治理的能力水平。基层是依法治国的根基,基层法治建设是法治中国建设的基石。安徽省坚持贯彻落实《村民委员会组织法》《城市居民委员会组织法》等国家法律法规,推动修订完善《安徽省实施〈中华人民共和国村民委员会组织法〉办法》等地方性法律法规,推动基层社会形成办事依法、遇事找法、解决问题用法、化解矛盾靠法的良好法治环境。在国家"民主法治示范村(社区)"创建基础上,开展省、市、县三级"民主法治示范村(社区)创建活动,全省先后命名7个批次742家"民主法治示范村(社区)"。进一步发挥基层干警和基层法律服务工作者作用,强化基层法治队伍建设。通过常态化培训等方式,提高社区工作者依靠法治力量实现基层社会治理有序推进的本领,通过在法治轨道上统筹社会力量、平衡社会利益、调节社会关系、规范社会行为、化解社会矛盾,达到以良法促发展、保善治的效果。

3.坚持自治、法治、德治相结合的治理体系。以自治增活力、以法治强保障、以德治扬正气。充分发挥基层党组织、基层政府、驻区单位、社区社会组织和社区居民等"三治"主体作用,通过建立基层民主、群众参与、社会协同的自治建设体系,实现民事民议、民事民办、民事民管;建立组织学法、引导用法、带动守法的法治建设体系,实现遇事找法、办事依法、解决问题用法、化解矛盾靠法;建立以规立德、以文养德、以评树德的德治建设体系,推进社会公德、职业道德、家庭美德、个人品德建设。引导广大城乡社区居民知行合一,实现政府治理和社会调节、居民自治的良性互动,构建形成自治、法治、德治相结合的城乡社区治理体系。

三、安徽基层社会治理探索新路径

安徽省大力推进社会治理创新,以社会治理体制改革为抓手,立足实际、直面问题、完善政策、狠抓落实,探索形成了一批理论创新、实践创新、制度创新成果。

(一)融合:联动乡村振兴

乡村振兴战略是党的十九大提出的一项重大战略,是关系全面建设社会主义现代化国家的全局性、历史性任务,是新时代"三农"工作总抓手。党的十九大报告指出:必须始终把解决好"三农"问题作为全党工作重中之重,提出产业兴旺、生态宜居、乡风文明、治理有效、生活富裕的总要求。党的十九届四中全会进一步提出"健全党组织领导的自治、法治、德治相结合的城乡基层治理体系"。习近平总书记多次强调,"要夯实乡村治理这个根基"。安徽省委省政府全面贯彻党中央决策及相关文件会议精神,2019年9月,印发《关于贯彻〈中共中央办公厅国务院办公厅关于加强和改进乡村治理的指导意见〉的实施意见》,明确17项重点任务,进一步健全乡村治理体系,推动治理重心下移,以治理有效推动乡村振兴,从理论创新、实践创新、制度创新等多重角度推进乡村振兴战略。全省各地结合自身实际,大胆创新,积极探索乡村治理新路径。

1."三治融合"促乡村治理体系建设。安徽省从2020年开始开展乡村治理试点示范创建活动,确保到2022年,每个市创建1个乡村治理试点示范县,每个县创建1个乡村治理试点示范乡(镇),每个乡镇创建1个乡村治理试点示范村。通过试点创建和示范引领,充分发挥基层党组织的领导作用、村民自治的基础作用、基层法治的保障作用、乡村德治的支撑作用、社会力量的协同作用,健全和完善乡村治理体系。旌德县总结推广新时代"枫桥经验",通过筑堡垒、当表率、谋服务打造党建引领,通过立村规、倡民主、搭平台促进自治有序,通过遵规范、促守法、保平安推动法治有力,通过论是非、树新风、立楷模营造德治有效,形成了"旌德善治"的治理新路子。巢湖市以"协商议事"为抓手,推进农村自治;以"公开公平"为重点,加强农村法治;以"家风晾晒"为关键,抓活农村德治,形成具有巢湖特色的"三治融合"乡村治理体系。

2."以村民小组或自然村为自治单元试点"促乡村治理重心下移。2017年1月,安徽省委省政府印发《关于以村民小组或自然村为基本单元的村民自治试点方案》,全椒县石沛镇大季村被确定为全国试点单位,黄山市黟县宏村镇雉山村卢村自然村等5个村(社区、自然村、村民小组)被确定为省级试点单位。合肥市、淮北市、凤阳县、枞阳县等同步开展了市级或县级试点工作。大季村根据试点方案要求,反复探索,形成了在行政村和自然村片区两个层面以"党领民治、两级联动、复合自治"为主要特征、以促进治理有效实现为主要治理目标的"全椒样本",受到了民政部充分肯定。肥东县选择了20个村(社区)开展试点,5.7万多村民参与,产生了85个村民理事会和1272名理事会成员,通过加强村民小组或自然村党组织建设、发挥村民理事会在群众自治中的作用等途径,保障村民能够在关系切身利益的问题上充分表达意愿、开展民主协商议事、参与监督管理等自治活动,真正实现农村有人管事、有章理事、有钱办事。通过开展以村民小组、自然村为基本单元的村民自治试点,进一步缩小了村民自治半径,治理重心、管理、服务、资源进一步下移,村民自我管理、自我教育、自我服务意识进一步增强,乡村治理结构更加优化。

3.“固本强基”促乡村治理有效。2020 年 3 月,中共安徽省委印发了《贯彻〈中国共产党农村工作条例〉实施办法》,把近年来安徽省“三农”工作中已经成熟的政策举措、行之有效的经验做法,上升为党内法规固定下来、长期坚持,从制度机制上把加强党对农村工作的全面领导落实到各个方面、各个环节。在此之前,安徽省各地对如何加强基层党的领导,推动乡村治理进行了许多有益探索。淮北市创新推行“一组一会”,“一组”就是在村民小组或自然村设置党支部(党小组),“一会”就是因地制宜配套组建村民理事会,全市共调整设置2235 个党组织,配套 2274 个村民理事会,充分发挥基层党组织的政治引领和村民理事会的协商议事作用,探索了一条以党建引领和自治、法治、德治融合的乡村善治新路子。2018 年,阜阳市委出台了《关于实施“固本强基十大工程”强化乡村振兴战略政治保障的意见》,配套下发 10 个实施方案,通过加强对村级小微权力监督、推进城乡公共服务均等化、推动党内监督向基层延伸、完善村干部激励保障机制等措施全面加强新形势下基层党风廉政建设,夯实农村基层基础工作,积极构建乡村治理新体系。

(二)精细：聚焦社区服务

习近平总书记指出,要改革创新,完善基层治理,加强社区服务能力建设,更好为群众提供精准化精细化服务。安徽省通过制度、标准、体系、技术、人员及文化等各方面的锻造,将精细化治理融入社会治理的各个领域和环节。全省各地坚持问题导向,将社会治理做细做精做实,不断提升人民群众的幸福感和满意度。

1.智能化：提升社会治理精细化效率。科技创新治理体系和治理能力现代化是国家治理体系和治理能力现代化的重要内容和基础支撑。社区治理智能化有助于优化社区治理成本,满足居民个性化诉求,助力政府科学决策。目前,安徽省智慧社区建设试点实现 16 个市全覆盖。各地在省级智慧社区建设试点的基础上,结合地方特点开展市级试点探索,截至 2019 年底全省共有市级智慧社区建设试点单位 53 家。黄山市整合市级 11 大类权力(公共服务)清单 1378 个服务事项,建立社会管理视频资源共享平台,整合开通“一站通”线下办事,实现“网上办事大厅”市、县、乡、村四级全覆盖,着力提升公共服务质量和社会治理智能化水平,走出一条集约化智能化社会治理的新路子。铜陵市开展"We 社区"项目建设,推动社区协同、民生服务、社区共治由微信平台"一口接入",通过"多网融合""一网多员",为居民提供精细化社区服务。

2.专业化:提升社会治理精细化效绩。坚持需求导向,不断完善政府购买服务机制,优化政府购买服务流程,编写《关于深化民政领域购买服务改革的意见》,细化购买服务指导性目录。近年来,省级福彩公益金共支出 1.6 亿元,通过购买专业社会服务,实施了"江淮社工行动""睦邻家园"等一批社区公益服务项目。大力培育社会组织和专业社会工作机构参与社区治理,打造了"共享阳光""成长相伴""同舟共济"等专业服务品牌,覆盖全省 16 个市 59 个县区。注重加强城乡社区工作者队伍建设,持续完善社区工作者培养、选拔、评价、使用、激励机制建设,加大专业社会工作知识教育培训力度,推动社区工作者向专业社会工作者转型。

3.社会化:提升社会治理精细化效能。充分发挥社区基础平台作用、社区社会组织的服务载体作用、社会工作专业人才的骨干作用,将推进"三社联动"试点建设作为创新社会治理、完善社会服务、延伸民政臂力、做好群众工作的有力抓手,探索提炼"三社联动"安徽样本。2018 年以来,统筹中央和省级福彩公益金 1013 万元实施"三社联动"试点工程和社会工作介入社区治理能力提升计划,按照"党委领导、政府负责、多方参与、项目运作、联动治理"的工作思路,构筑"三社联动"协同机制。截至目前,试点工程累计在 16 个试点街道搭建社会工作服务中心、站点 31 个,开发设置社会工作岗位 50 个,培育社区社会组织 168 个,实施各类社会工作和志愿服务项目 48 个,注册志愿者参与社区志愿服务活动率平均达 31%。

(三)多方:增强公众参与

党的十九届四中全会指出,加强社会治理制度建设要"完善党委领导、政府负责、民主协商、社会协同、公众参与、法治保障、科技支撑的社会治理体制"。各地着力强化民主协商在社区治理中的重要作用,使社区各类主体自主、平等、理性地组织起来,通过沟通与对话参与社区公共事务,有效化解矛盾冲突,在协商中达成共识,实现基层社会从"管理"到"治理"的转变。

1.广泛化:以社区协商扩大公众参与。在全省推广蚌埠市社区协商试点的成功经验,鼓励各地结合实际,全面深化试点工作。蚌埠市探索总结了"点事、提事、议事、决事、办事、评事"的"六事"协商机制,形成了协商主体多方化、协商全程组织化、协商内容分类化、协商成果项目化、协商推进积分化的社区协商"五化工作法"，推动基层社会治理由"为民做主"向"由民做主"转变，形成社区居民普遍关注、广泛参与的基层民主自治新局面。天长市总结形成了"11355"社区协商治理模式：1个主体，即村（社区）协商委员会；1套目录，即围绕乡村振兴战略设立的协商参考目录；3个层级，即乡镇（街道）、村（社区）和自然村（村民小组）三级协商机制；5步5单，即协商事项的采集、交办、办理、公示、评议及对应的处理清单。全市共解决协商事项3226起，取得了良好的经济效益和社会效果。

2.多层化：以乡贤治理丰富公众参与。针对部分村级自治组织存在的空架子、空运转、空白点的"三空"现象，安徽省不断挖掘基层社会治理新途径，创新乡贤参与基层社会治理方式方法，完善乡贤志愿站工作机制，发挥乡贤在社会治理中的独特作用。宿州市泗县建立了完善的"乡贤志愿工作站"工作制度和运行机制，共有1056名"现代乡贤"活跃在基层一线，171个乡贤志愿工作站已累计接待群众咨询11400余人次，调解矛盾纠纷974件，处理信访问题417件，向村"两委"反馈群众意见建议5800多条。乡贤在乡村治理中的"润滑剂""黏合剂""桥梁纽带"作用不断发挥，取得了良好成效。

3.制度化：以村规民约规范公众参与。滁州市通过科学制定、合理运用村规民约，有效扩大村民参与乡村治理渠道，推动群众积极参与、自觉规范，实现村务管理"由民做主"，逐步形成农村村居协同共治的新模式。邀请具有一定威望的退休干部、教师等参与制定、修订村规民约，将集体资源管理、平安乡村、环境治理、纠纷调处、文明新风等写入村规民约，调动村民参与村务治理积极性，增强主人翁意识。以村规民约等"软制度"规范"微权力"、治理"微腐败"，鼓励村民自治组织开展村规民约评议活动。大力弘扬先进村户事迹、彰显文明村户风采，形成一批村民积极参与乡村治理，共同维护乡村秩序的先进单位。全椒县襄河镇八波村成功创建国家级农村社区建设试点示范单位。

四、安徽基层社会治理展现新图景

安徽省勇于担当、积极作为，推进多方共治，加强基层社会治理的统筹协同，全面依法治理，强化基层社会治理的法治保障，坚持以德化人，深化基层社会治理的德治内涵，完善村民自治，充实基层社会治理的社会力量，大力创新"智治"，提升基层社会治理的专业能力，在新时代走出一条具有徽风皖韵的基层社会治理之路。

(一)治理基础不断夯实

引导社区党组织加强自身建设,强化基层党组织政治功能、服务功能和统筹协调功能。创新基层民主选举方式,严把村和社区"两委"班子人选条件,全省村"两委"成员中高中及以上学历的 76959 人、占 77.9%,较上届提高 12.9%;社区"两委"成员大专及以上学历的 16860 人、占 76.2%,较上届提高 12.9%。全省城市社区综合服务设施实现全覆盖,每百户城市居民平均拥有社区服务用房面积达到 30 平方米;87 个县(市、区)从县域层面统筹布局乡村基础设施和公共服务设施建设,农村社区一站式服务大厅实现全覆盖,建成标准化社区服务中心 12275 个,覆盖率达 80%。全省城市社区养老服务设施配建面积 190.6 万平方米,城市社区养老服务站覆盖率超 60%,为居民群众获得基本公共服务创造了更好条件。

(二)体制机制不断健全

建立完善党委领导、政府主导、社区自治组织牵头、社会各方力量广泛参与的社区多方共治机制。培育"有事好商量,众人的事情由众人商量"的协商议事文化,社区居民参与社区公共事务的能力和水平不断提升。铜陵市铜官区、芜湖市和合肥市包河区先后被确定为全国社区治理和服务创新实验区。稳步推进社区减负增效,实施社区"减牌子、减事务、减考核"行动,据不完全统计,各地社区门前挂牌减少至 3~4 块,社区承担事务减少至 30~60 项,对社区考核项目平均减少 20 多个,社区服务与自治功能进一步提升。扎实完成基层群众性自治组织特别法人统一社会信用代码赋码工作,全省所有村(居)民委员会均拥有"特别法人身份证",为村和社区依法开展民事活动提供了法律保障。

(三)创新活力不断增强

各地积极开展社区管理体制改革试点工作,以网格化服务管理为基础,以信息化技术为支撑,着力夯实治理基础,激发社会活力。合肥市积极构建区域统筹、条块协同、上下联动、共建共享的党建引领基层治理体系,在街道成立大工委(社区大党委),街道内设机构实行"大部制",建立"街道党群服务中心""社区党群服务中心""片区党群服务中心"三级服务设施。街道执行上级党委政府任务、开展为民服务、组织居民自治的能力和水平得到有效提升。铜陵市以构建"党建引领、政社互动、多方共治"的社区治理新体系为目标，推进新一轮社区治理改革，通过搭建基层区域化党建联盟，强化物业服务管理，规范居委会特别法人参加社会活动，引导社会工作介入社区治理等有效手段，不断创新多方参与的社区治理制度，有效增强社区治理能力，居民对社区工作满意度和幸福感显著提升。铜陵市深化社区治理改革的做法荣获"首届长三角城市治理最佳案例奖"。合肥市庐阳区、巢湖市、铜陵市义安区、怀宁县、天长市等5家单位被民政部确认为首批全国农村社区治理实验区。淮北市"一组一会三治融合"基层农村社区治理案例入选《中国农村社区治理报告(2019)》。

(四)社区疫情防控取得积极成效

社区防控是新冠肺炎疫情防控的基础环节，是打赢疫情防控阻击战的决定因素。各地按照"党政牵头、社区动员，实施网格化、地毯式管理"要求，落实以社区(村)防控为主的综合防控措施和工作机制。全省18.6万名城乡社区工作者始终坚守在1.8万个城乡社区阵地，坚决落实"外防输入、内防反弹"的工作要求，累计工作3亿多小时，摸排居民3261万人次，劝返306万余人，发放各类生活物资2亿多元，为遏制疫情扩散蔓延、保障群众生活、化解基层矛盾纠纷、助力复工复产做出重要贡献。2020年3月，向民政部选送城乡社区疫情防控先进典型人物134人，其中因公殉职5人，因疫情防控受伤或患病9人。

五、安徽基层社会治理展望新方向

新时代绘就新图景，新时代开启新征程。安徽省将始终坚持党建引领，突出人民主体地位，深刻理解共建共治共享社区治理格局的丰富内涵，系统认识自治法治德治社区治理体系的深远意义，精准把握人民群众对美好生活的需求，着力提升基层社会治理社会化法治化智能化专业化水平，推进安徽城乡社区治理体系和治理能力现代化。

(一)聚焦政策落实，完善体制机制

坚决贯彻党的十九大和十九届二中、三中、四中全会精神，牢牢把握习近平总书记关于基层社会治理的重要论述和视察安徽时的重要讲话精神，推动党中央国务院、省委省政府关于创新城乡社区治理，提升乡镇服务能力等文件

精神在安徽落地开花。深入推进城乡社区治理体制创新、制度创新和实践创新,不断增强社区自我管理服务功能。采取多种方式引导社区居民参与社区治理,提升社区居民参与社区治理能力,推进社区治理主体多方化。培育社区社会组织,构建社区居民参与社区治理有效网络,通过居民的广泛、有序、积极参与,为社区治理注入民主活力,实现政府治理和社会自我调节、居民自治良性互动。明确社区治理功能定位,加强社区自治规范和社区自治能力建设,推进社区治理方式多样化。引入市场机制,充分发挥市场竞争的优势,提高社区治理效率。进一步完善社区服务功能,不断丰富和满足社区居民日益增长的美好生活需求,推动社区治理整体水平不断提升。

(二)深化"三社联动",推进协同发展

将社区社会组织发展纳入社区发展总体规划,深化"三社联动"协同机制,推动社区社会组织更好融入和服务社区发展。采取政府购买服务、设立项目资金、补贴活动经费等措施,加大对社区社会组织扶持培育力度。通过培育社区枢纽型社会组织和设立孵化基地等方式,帮助社区社会组织做大做强。加强专业社工人才队伍建设,逐步增加社区自治组织、社会组织吸纳使用专业社工人才的数量,积极推动社会工作专业理念、知识、方法在社区工作中的普及应用。继续实施全省"三社联动"试点工程建设,创新基层社会管理方式,完善基层社会管理体制,增强基层社会管理实效。

(三)狠抓队伍建设,夯实基层基础

夯实党执政的组织基础,建设高素质基层党组织带头人队伍。制定支持社区治理专门化职业化规范化队伍建设的政策体系,建立健全社区治理专门人才的培养、考评、激励机制,打造一支数量充足、结构合理、素质优良、熟悉法律、掌握治理方法、善于做群众工作的专业化队伍。逐步建立和完善社区工作者常态化培训制度,提高社区工作者专业化职业化水平。制定合理的薪酬政策,用事业留人、用感情留人、用待遇留人,营造重视、关心和支持社区工作者队伍的良好氛围,使社区工作者在政治上有地位、收入上有保障、工作上有干劲。

(四)推进工作创新,抓好试点示范

以社区体制改革创新为载体,治理结构社会化为基础,治理手段智能化为

导向,治理机制法治化为保障,治理水平专业化为抓手,实现城乡社区共建共治共享、法治智治善治新局面。持续推进城乡社区协商示范创建、智慧社区和智慧养老试点、农村社区建设试点、"三治融合"乡村治理试点示范创建等工作,确保在政策制度、工作机制、标准规范、管理服务模式等方面取得创制创新成果,不断提升社区治理和居民服务的智能化、精细化水平。提炼可推广可复制可操作、各具特色、百花齐放的社区工作方法,及时把有效的改革经验上升为政策措施,探索出一条符合安徽实际的创新之路。

（五）强化信息支撑,打造智慧社区

运用互联网、物联网、大数据、云计算、人工智能等现代信息技术,深化社区网格化数字管理模式应用,构建线上治理与线下治理交互融合的基层社会治理技术支撑体系,推进智慧社区建设。大力推进信息共享、业务协同、部门联动、上下贯通,整合各部门信息,构建共享信息数据库,实现"一网通办、一门受理、最多跑一次",打通居民服务"最后一公里"。进一步完善集社区公共服务、商业服务、社会组织、公益和志愿服务为一体的综合信息系统,提供智慧化社区服务。

（六）加强组织领导,提供坚强保障

重点推进乡镇、街道和城乡社区党组织联动机制建设,切实加强党对城乡社区治理的政治引领、组织引领、能力引领和机制引领。强化基层党组织政治功能,引导基层党组织聚焦主责主业。强化基层党组织服务功能,推进基层服务型党组织建设,坚持和完善党员承诺践诺、向社区报到和设岗定责制度,整合资源开展"组团式服务",广泛开展以党员为骨干的各类志愿服务,形成以党组织为核心、全社会共同参与的服务格局。强化基层党组织统筹协调功能,赋予基层党组织在城乡社区治理中相应职责职权,加强对基层各类组织和各项工作的统一领导,支持其他各类组织依法依规行使职权。加强对广大群众的教育引导,开展深入细致的思想政治工作,最大限度凝聚基层改革发展稳定的正能量。

（安徽省民政厅）

第二篇

全域治理与乡镇政府服务能力建设制度创新案例

上海市浦东新区:以绣针之功筑大城之基 探索社区治理规范化精细化路径

一、背景及缘起

浦东开发开放 30 年,经历了从郊野滩涂到现代化城区的巨大变化,城乡社区在社会治理中的重心地位和兜底作用日益凸显。2017 年,习近平总书记提出"城市管理应该像绣花一样精细",2018 年 11 月,习近平总书记考察上海来到浦东,再次提出城市治理精细化命题,为浦东新区社会治理服务发展进一步指明方向。作为上海市特大城区,浦东社区治理规范化精细化之路伴随经济社会的大变革大发展,呈现出特有个性及难点。主要可以概括为:

第一,"新而特"的发展特质。浦东之"新"表现在开发历史较短,是一个典型的"新城新区"。自 20 世纪 90 年代开发开放以来,浦东新区完整地经历了从建设到管建并举,再到精细化治理的城市发展过程,完整地展示了国际化大都市新城区从出生到成长的全过程。浦东之"特"表现在新区的快速崛起压缩了各类经济社会问题的呈现周期,使得浦东新区的城市管理始终面临着急剧变化的社会,由此造就了浦东新区特殊的经济社会发展条件。例如,由于人口导入流量大、速度快,所带来的突出的城市管理与社会治理问题。30 年间,浦东新区常住人口由 1990 年的 138.82 万人到 2018 年的 555.02 万人,增长了近 3 倍,其增长来源既有上海其他城区的人口,也有大量的外地人口,以及相当数量的外籍人口。强异质性的人口结构形成了陌生人社会,增加了社会治理的复杂性和难度。

第二,"大而全"的区域特征。浦东新区面积 1210.41 平方公里,是国际化大都市上海的巨型城区。占地面积之广,造就了浦东新区丰富的资源区域,江海之滨,河流纵横,古镇老村,人文景观和现代化的城市公共设施一应俱全,随着民生投入的持续增加与基本公共服务的持续改进,便利的营商环境和法制环境,高水准的旅游设施与服务,使浦东新区"大而全"的城市生态更趋丰满。浦东新区既有上海城市化程度最高的CBD区域,也有一般城区、城市化程度低的郊区与广大的农村地区,几乎涵盖了一座独立城市的所有风貌类型。高水准的国际社区、新建的大型居住区和老旧小区同时矗立在这片广袤的城市空间,高档的金融区、科创城、集中连片的居住区与农田果园一应俱全,构筑了一个"大而全"的特殊区域。而基础设施分布与公共服务水平的差异,人口构成的多元多类,各区域功能与发展水平参差不齐等,则给浦东新区的城市管理带来了挑战。

第三,"快而散"的演变特性。浦东新区在城市化进程上,呈现出"快速"和"散杂"的特点。仅仅用了30年时间,浦东就从一片农田成长为具有全球影响力的新城区。这种大规模、超高速的城市化进程在推动浦东沧海桑田般变迁,并取得巨大成就的同时,也使得其城区呈现"散杂"的特征。一是空间上的"散杂"。城市与乡村交错,开发区与集镇区交叉,产业区与居住区交接,大型动迁居住社区与新建小区交界,以及同一开发区或同一社区的飞地式布局,加之一些在快速开发中遗留的边角地等,这种"散、杂、乱"的空间形态给城市精细化管理带来了诸多的挑战。二是人员上的"散杂"。浦东的人口构成中,既有浦东本地居民和动迁农民、浦西动迁人口、外省市务工者、新上海人、农村居民,又有来自港澳台地区的同胞和海外侨胞,以及其他外籍人口等,构成了浦东纷繁复杂的人口结构,城市精细化管理难度可想而知。

综上所述,历经城市化发展重大变迁,各种社会问题与治理挑战不断累积,对浦东新区建立与之相适应的社会治理体系提出要求,驱使浦东新区先行先试,不断完善社区治理体制机制,坚持用"绣花功夫"破解治理难题,努力探索大城治理的浦东方案。

二、举措及机制

(一)重心下移、资源下沉,着力破解基层治理难题

1.统筹镇核心发展权、下沉区域管理权。针对浦东城乡二元结构显著,管理幅度大,条块分割,缺乏协调等问题,2017年,按照突出重点、注重效能的原则,将镇里的发展规划权、镇级招商引资权、镇园区转型发展权、区域开发权和

公共设施基本建设权5个方面的核心发展权统筹到区里,同时按照"应放尽放、能放尽放"的原则,将人事考核权、征得同意权、规划参与权、重大决策和重大项目建议权、综合管理权、绿化市容管理权房屋管理权、法治建设统筹推进权8个方面的管理权下沉到镇里,通过"一上一下""一收一放",进一步做实镇一级政府的公共服务、管理、安全职能,做优做强镇域经济,提升区域发展的质量和效益,发挥镇在区域管理和城乡社区治理创新方面的主体作用。同时,实行"职责下沉准入"制度,要求区级职能部门不得随意将工作职责下沉到镇,确需下沉的,需由区委、区政府严格把关,并做到权随事转、人随事转、费随事转;对基层无力、无权解决而又与民生密切相关的急难愁问题,街镇可以约请职能部门、居村可约请街镇政府职能部门共同推进解决。一系列措施有力推动区镇(街道)两级政府职能转变,为基层专心致志推进社会建设,创新社会治理破除瓶颈、提供支撑。

2.探索基本管理单元体制机制。围绕解决快速城市化过程中社会管理和公共服务的可及性、便捷性问题,2015年以来,浦新区在人口面积规模较大的郊区快速城市化地区、人口导入较多的大型居住社区及乡镇撤并后仍有大量居民居住的撤制镇地区,综合考虑人口规模、地域面积、城市化程度、社区认同等因素,合理设置基本管理单元(一般常住人口在2万人以上,地域面积在2平方公里以上,区域边界清晰可辨)。在基本管理单元内建立"两委一中心"(社区党委、社区委员会、社区中心)组织架构,配置社区事务、社区卫生、社区文化等3个服务设施,落实相应的公安、城管执法、市场监管等3类执法管理力量,形成"3+3"管理服务基本资配置标准,满足治理服务需求。基本管理单元作为介于镇与居村之间的承载和配置基本公共服务和管理的非行政层级单位,较好地解决了在城市化进程较快,析出建立街道条件不成熟情况下,大镇区域广、体量大与管理服务精细化需求之间的矛盾问题。

(二)创新格局、密织网络,持续提升社区服务效能

1.建立居村"家门口"服务体系。2017年5月起,浦东新区以居村委会为单位推进"家门口"服务体系建设,在"三个不增加"(不增加机构、不增加编制、不增加人员)基础上,通过"三个优化"(优化资源整合、优化机制保障、优化服务模式),为居民提供就近、便利、稳定、可预期的基本服务。经过两年多努力,"家门口"服务站(中心)已在所有1300多个居村实现全覆盖,基层治理服务环境格局焕然一新。主要体现在:(1)办公空间趋零化,最大限度地将居村干部

的办公地转化为群众的活动地,改变"一人一座一电脑"封闭格局,实行开放式办公,彻底去除以往居村委会行政化、机关化色彩,回归村居自治组织本质。(2)服务空间最大化,坚持"一室多用",释放空间潜能;坚持"名实相符",做到一块牌子就是一项服务。想方设法挖掘空间资源,拓展服务群众阵地,增加业委会、物业轮值接待、就业信息主动对接、养老顾问下沉、健康资源全覆盖等措施。(3)服务项目标准化,制定发布《家门口服务规范》,包括党群服务、政务服务、生活服务、法律服务、健康服务、文化服务、城市管理和公共安全等 7 大内容,统一规范"家门口"各类标识标牌,便于群众就近方便地找到服务站点。

2. 持续推进社区政务服务"三个 100%"。截至目前,全区已建成"36 个主中心+27 个分中心+1293 个居村家门口"的社区政务综合服务格局,可受理政务事项 212 项,涉及 12 个委办局,年业务总量 513 万件,实现"一头管理、一门办理、一口受理、全年无休"。2019 年在此基础上,进一步推进实现社区政务服务"三个 100%",基层公共服务便捷度显著提升。(1)推进社区事务受理 100%"单窗通办"。通过线上充分依托数据信息系统,线下加强部门协同和窗口人员队伍建设,让群众到街道中心任一窗口,就能办理 12 个委办局的各类事项,做到"一次叫号、单窗通办",相当于把不同的政务服务"打包",让老百姓只跑一次。(2)推进长三角地区"一网通办"线下专窗 100%全覆盖。围绕服务长三角区域一体化发展的国家战略,36 个街道受理中心于 2019 年 11 月 1 日起开设专窗,为长三角地区居民办理包括医保、社保、档案、税务等在内的 21 个个人事项,大大减少了因户籍限制产生的跨地区办事成本。(3)推进政务服务 100%向居村延伸。2019 年,通过开发"远程视频办理"专门软件系统,为全部居村配齐高拍仪、读卡器、扫描枪、打印机、摄像头等"五件套"智能设备,推进 212 个政务事项 100%进一步下沉延伸,实现群众不出居村区就可以直接办理。

(三)激发活力、促进协同,积极打造共建共治格局

1. 发展社会力量,推动"三社"联动。2018 年出台《关于大力培育发展社区社会组织的实施意见》,围绕重点扶持生活服务、公益慈善、文体活动、纠纷调解等各类社区社会组织,加大培育和发展社区社会组织,以社会组织为载体,积极培养和引进专业社会工作者,采用社会工作专业理念和方法解决问题,营造社区多方参与、守望相助的良好氛围。2016 年浦东在全市率先推进街镇社会组织服务中心全覆盖,搭建街镇层面指导和服务社会组织的载体;2017 年推进社区基金会在 12 个街道实现全覆盖,建成街道层面动员社会力

量整合资源的合法平台,2018 年推进社区社会组织联合会街镇全覆盖,加强对社区社会组织的党建引领和行业管理,全面完成街道社会组织发展"三位一体"布局。"十三五"期间,区政府出台了《关于促进浦东新区社会组织发展的财政扶持意见》,通过对扎根社区,服务有成效受肯定的社会组织给予补贴奖励,鼓励优秀社会组织将服务延伸至社区,积极参与社区建设。同时,结合推进社区委员会和社区代表会议制度,指导街道注重培养和吸收社会组织代表,不断扩大社区代表的广泛性和来源渠道,为基层治理注入活力。目前,新区社区社会组织共 579 家,在提供多元服务、化解社会矛盾、促进社区自治共治方面发挥积极作用,已成为社区治理的重要力量。

2.创新民主协商机制,促进多方参与。探索多样化民主协商机制,不断丰富社区各类主体参与公共事务的平台和载体,推进形成多方化治理生态格局。(1)深化居民自治金制度。2011 年以来浦东新区在全市率先实施的自治金制度成为基层自治的重要抓手和特色亮点。自治金由区财政按照 8 万元/居委会/年(镇:3 万元/居委会/年)的标准拨付,由街镇根据居委会自治情况统筹分配。引导居委会通过项目化运作,整合资源,解决问题,形成区级层面政策推动、街镇组织发动、居(村)需求驱动和社会组织专业牵动的工作模式,为新时期基层民主自治不断注入新内涵。(2)完善基层"三会一代理"制度。2020年印发《浦东新区民政局关于居民区(村)听证会、协调会、评议会和群众事务代理制度的实施意见》,结合新时期居村治理实际,进一步规范"三会"流程,完善在居民区(村)党组织领导下,居(村)民委员会组织居(村)民参与民主自治议事的机制载体,拓宽居民区自治参与渠道。同时也为社区征集民意、集中民智推进解决公共事务等切实提供有力工具。(3)探索社区分类治理清单。坚持"精细化治理"理念,将各类社区按房屋特点和人群结构特点,划分为 10 种类型,分别制定"一特征(居民区特征),三清单(需求清单、服务清单、对策清单)"探索采用最适合的自治方法和治理协商工具,精准施策,提升适用性和针对性。

(四)减负增能、强化支撑,不断夯实社会治理基础

1.开发建立社区治理智能化平台,强化科技支撑。按照党的十九届四中全会对基层社会治理体系提出的"科技支撑"要求,根据全市"一网统管""一网通办"整体布局,将科技作为促进社会治理变革的基础性力量和重要抓手,为提升社会治理精准化提供强有力支撑。(1)建立"区中心＋街镇分中心＋居村工作站"城运中心综合管理网络。区城运中心好比城市大脑,全面整合城市管

理、应急管理、市场监管、街面治安、防汛防台、安全生产等各领域的管理职能和资源力量，实时跳动着城市的各种"体征"数据，包括接警数、实有人口、地铁故障等等。街镇城运分中心好比四肢，围绕"公共安全""公共管理""公共服务"三大核心领域，建立群租发现、停车管理、应急值守、灾害天气，居家安防、"家门口"服务等模块，实现功能体系上下协调，数据信息互联互通。居（村）工作站好比神经末梢，一旦察觉有信息异常，会在第一时间上传。城运网络运行以来，基层治理问题得以快速发现，问题处置能力得以有效提高，综合治理水平得到明显提升。（2）探索推进社区云建设。在全市率先开展社区云试点，建立"1＋2＋X"系统平台，"1"就是全市统一的社区治理主题数据库，为社区精细化治理、精准化服务提供大数据支撑；"2"就是社区治理、居社互动双应用平台，促进居社、政社良性互动。针对"X"开放性的智能化应用集群，结合浦东"家门口建设"推进"多表合一"模块，从村居侧和部门侧双向发力，梳理核减村居台账，将各委办下沉村居的工作事项，由原来的132项减少到54项，减少近60％。打通了人口、房屋、空间地理、党建、城市运行等数据库，避免重复采集，汇集多维度数据实现"一屏观社区"，为基层工作提供有力支撑。

2.推进社区工作者职业化发展，加强队伍保障。2015年，浦东新区开始建立健全社区工作者职业化发展体系，社区工作者由就业年龄段的居委会全日制工作人员，街镇各中心聘用人员，社区专职工作人员等构成，具体配额按照管辖人口和户数规模，居委会一般为5～9人，街道中心社工分130人和120人两档。目前，新区社区工作者实有人数达1.4万人。具体推进措施：（1）建立管理机构，各街镇成立社区工作者事务所，专门负责社区工作者队伍日常管理与考核，为推进社工"块管块用"夯实基础。（2）完善管理机制，建立统一招录平台，面向社会公开招聘，凡进必考、择优录取；规范社工有序流动和跨街道交流，提高"属地化"比例；完善绩效考核办法，建立"能上能下、能进能出"的动态管理机制等。（3）加强培训指导，针对社工新进人员、骨干人员、储备干部等不同群体，分层分类开展培训，促进社工能力提升。每年在全区范围内培养一批政治素养优、业务能力突出、群众认可度高的金牌全岗通社工，发挥示范引领作用，提升社区工作者队伍整体素质。

三、启示及展望

"十四五"是我国"两个一百年"奋斗目标的历史交汇期，是全面开启社会主义现代化强国建设新征程的重要机遇期,也是浦东新区实现"五大倍增"计划的关键期。新时代改革开放再出发和高质量发展需要浦东实现新作为,扩大开放新格局为社会建设发展营造新机遇,群众对美好、高品质的生活愿景、对社会治理服务提出新期待,新一轮科技革命为社会治理服务提供有力支撑,面对机遇和挑战,未来浦东的社会治理将从以下方面努力,积极营造既有"温度"又有"风度"的大城生活共同体。

第一,探索超大城区社会治理新路。习近平总书记一直要求上海走出一条符合超大城市特点和规律的社会治理新路子。浦东必须立足超大城区、形态多样、需求多元的特点,聚焦人民群众反映强烈的突出问题和体制机制的顽症痼疾问题,努力探索出一条体现时代特征的超大城区治理之路。

第二,践行"人民城市为人民,人民城市人民建"理念。具体到社会治理领域,就是要始终依靠发动和动员多方社会参与,既突出共享,又强调共建共治,建设"人人有责、人人尽责、人人享有"的社会治理共同体。

第三,必须走智慧治理的路径。习近平总书记强调,通过大数据、云计算、人工智能等手段推进城市治理现代化,大城市也可以变得更"聪明"。智慧城市必然需要智慧的社会治理,要积极拓展信息技术在解决社会治理中的应用广度和深度,使社会治理过程更加优化、更加高效、更加科学。

第四,增强社区服务也是营商环境的意识。深化推动社区政务服务"一网通办",全面推广网上预审、网上预约,减少线下办事等待时间,节约制度性交易成本,这是实现高质量发展、高品质生活的必备条件和坚实基础。浦东作为超大型城区,改革开放要勇当尖兵,社会治理也要勇为标兵,努力实现"一流城市一流治理",为对标国际顶尖营商环境营造良好社会环境和氛围。

第五,准确把握社会治理的发展趋势。要更敏锐、更主动地把握社会治理呈现的发展趋势。一是继续坚持规范化精细化发展方向。2020年上海社区工作大会明确要做好社区治理的"加减乘除","眼睛向下""重心下移"已成为社会治理最鲜明的政策导向。二是推进城乡发展融合。围绕深入推进国家乡村振兴战略,未来上海城市发展的重心将体现城乡统筹,治理也要兼顾郊区农村。三是推进长三角融合发展。站在推进长三角一体化的高度,促进资源共享、要素共融,这是未来提升社会治理服务能级一项重要抓手。

（上海市浦东新区民政局）

合肥市:党建引领新时代城市基层治理体系建设

合肥是一个快速发展的城市,也是一个以创新见长的城市。2009年,合肥市共完成地区生产总值2102.12亿元,仅排在全国城市的第43位;2019年,合肥市共完成地区生产总值9409.4亿元,位列全国城市第21位,10年时间全国经济排名上升22位。自2011年区划调整以来,全市城镇化率由66.4%上升到76.33%;现有常住人口818万人,人口增长248.9万人,增幅43.67%。但快速发展尤其是城市快速扩张也带来一些挑战,如城市公共管理压力增大、公共服务能力相对较弱、公共安全危机应对经验不足、公共环境优化提升亟待加强等。

针对这些挑战,合肥市委、市政府将党建引领新时代城市基层治理体系建设纳入了中心工作,全面深化改革,推动创新发展,初步探索了一条新兴省会城市的基层治理新路径。截至目前,合肥成为全国首批"社区治理和服务创新研修基地",蜀山、包河和庐阳等3个区获得"全国和谐社区建设示范城区"荣誉称号,包河区入选全国社区治理和服务创新实验区,巢湖市、庐阳区确认为全国农村社区治理实验区。

一、围绕治理业务,关注基层政府和城乡社区实际需求

随着城市快速发展,基层治理能力和水平要求日益提高,而基层政府和城乡社区则存在着人员少、任务重、经费缺、考核重等实际工作困难。如何结合他们的现实环境和实际需求,围绕具体业务工作,通过基层治理创新实现"减负增效"目标,成为合肥市党建引领新时代基层治理体系建设的出发点。

第一,围绕基层政府和城乡社区优化营商环境推动经济高质量发展的业

务工作,开展商事登记、建设审批、税务服务、创新创业等基层政务服务创新,逐步实现"一门式""一网式""上门式"服务。

第二,围绕基层政府和城乡社区强化综合执法、提升城市运营管理水平的业务工作,开展城市管理、综合治理、安全生产、市场管理、食药监管、环保监管等基层综合执法管理创新,逐步实现"平台智慧化""队伍一体化""业务网格化"管理。

第三,围绕基层政府和城乡社区规范政务便民服务、提高居民办事满意度的业务工作,开展社会保障、社会救助、社会事务等为民办事服务创新,逐步实现"一口式""代办式""自助式"服务。

第四,围绕基层政府和城乡社区提升基本公共服务水平、增强人民群众幸福感的业务工作,开展科学、教育、文化、体育、卫生等基本公共服务创新,逐步实现"家门口""一站式""均等化"服务。

第五,围绕基层政府和城乡社区党建引领小区治理、塑造美好生活共同体的业务工作,开展居民小区党建、特殊人群管理、特殊人群服务、社区文化活动、居民文明素养提升、小区物业综合管理等基层社会治理创新,逐步实现"一核多方""共建共享"基层社会治理格局。

二、聚焦治理问题,明确党建引领基层治理目标任务

分析研判基层治理当前存在主要问题和挑战,进一步明确了党建引领基层治理主要目标和任务。具体包括以下内容。

(一)条块结合不够、业务统筹不足

街道(乡镇)、城乡社区是各项基层治理业务的终端工作平台,这些业务虽是由区县以上党委和政府的相关部门布置下达,但绝大部分都是在街道(乡镇)、城乡社区层面落实完成。长期以来,街道(乡镇)作为基层政府或政府派出机构,在内设机构设置方面与上级政府部门高度一致,虽方便了工作对接和上传下达,但条块结合程度差和业务统筹效率低等问题非常明显。一方面导致了街道(乡镇)依法开展政务服务和公共管理的能力不足,另一方面导致了居委会(村委会)协助承担政务服务和公共管理的任务过重。针对这些问题,合肥市委、市政府明确了强化街道(乡镇)党委领导、增加街道(乡镇)履职赋权、推动街道(乡镇)建大部制等基层治理目标任务。

(二)居村行政任务过重、居民自治能力不足

由于街居角色分工不明确，居村承担行政工作任务过重，两委引领居民自治能力严重不足。这一方面导致了协助政务服务和公共管理效能不高，另一方面导致了社会力量动员、居民群众发动能力有限。针对这些问题，合肥市委、市政府明确了"两项清单责任制，三减一加网格化""党建引领，多方参与""居民自治，一居多会""小区治理，两长多员"等基层治理目标任务。

(三)基层党建和治理平台建设规划不足、统筹运营能力较弱

区(县)缺乏基本公共服务、城市运营管理等综合治理平台，不能有力支持街(镇)、居(村)的基层党建与治理工作。街(镇)缺乏以人口数量和地域面积为依据科学规划设计的综合治理平台，不能充分承担政务服务和公共管理的主体责任。居(村)缺乏包括商超和菜场等生活服务设施、公共卫生和养老康复等健康服务设施、文化活动和广场公园等休闲服务设施在内的综合治理平台，不能有效构建方便快捷的生活服务圈。居民区缺乏包括居民活动、物业服务、便民服务、议事协商等设施在内的综合治理平台，不能形成党建引领多方参与的小区治理格局。针对这些问题，合肥市委、市政府明确了建立健全"街道党群服务中心(综合服务中心)—社区党群服务中心(睦邻中心)—片区党群服务站(睦邻点)"三级社区服务设施配置体系等基层治理目标。

(四)基层工作人员数量配备不足、编外人员待遇偏低、职业发展通道不明

基层人员力量不足，尤其是城乡社区工作人员力量有限，导致社区党建和社区治理任务挑战加剧。基层编外人员待遇偏低，尤其是城乡社区书记付出和获得落差较大，导致无法激发城乡社区主要负责人的工作热情和活力。以城乡社区书记和主任为代表的两委骨干力量，没有明晰的职业发展通道，导致社区工作者职业发展吸引力不足。针对这些问题，合肥市委、市政府明确了参照本地事业单位管理岗提高工资待遇、优先公开选拔街(镇)科级领导干部、配足城乡社区党建治理人员力量等基层治理目标。

(五)城乡社区数据资源壁垒明显、信息系统单一分散、基础设施有待提升

城乡社区基础数据未能互联互通,导致各个信息系统基础数据重复采集。信息系统数量众多端口各异,导致城乡社区工作人员业务效率不高、一口受理难度加大。基础设施较为落后,导致智慧治理的硬件支撑能力不足。针对这些问题,合肥市委、市政府明确了建设城乡社区大数据库、加大对城乡社区信息化基础设施建设投入、开发建设社区服务管理一体化融合平台、构建社区智慧生活共同体等基层治理目标。

三、完善治理制度,建立党建引领基层治理体系架构

着力推进党建引领基层治理制度建设,以街道社区党组织为核心,以"三抓一增强"(抓党建、抓服务、抓治理,增强政治功能)为方向,以组织建设和平台建设为抓手,以明责、赋权、扩能、减负、增效为目标,积极构建区域统筹、条块协同、上下联动、共建共享的党建引领基层治理体系。

(一)发挥党建引领作用,建立"党建引领、多方参与"基层治理架构

成立街道大工委(社区大党委),发挥其对政府派出机构、自治组织、经济组织、社会组织、事业单位等各类辖区组织的领导协调作用,采用党建联席会、公益鹊桥会等形式,引导多方力量参与辖区公共管理、公共服务、公共安全、公共环境等治理工作。成立网格党支部(楼院党小组),发挥其对物业公司、业委会、周边商户、社区社会组织、楼栋组织等各类小区组织的领导协调作用,采用协商议事会、居民听证会等形式,引导多方力量参与小区物业和居民服务等治理工作。

(二)推动街居改革创新,建立"条块结合、居民自治"基层治理体制

推动街道党政内设机构实行"大部制",按照"1+5+2+N"设置一办(党政办)、五部(党群工作部、城市管理部、社会事务部、社区建设部、平安建设部

等部门)、两中心(党群服务中心、网格化管理中心等事业机构),同时根据街道工作特色和实际需要可增设1～2个大部门。通过设置"大部制"进一步提高街道执行上级党委政府工作任务的"条块结合"力度,通过设置"中心机构"进一步提高街道面向辖区单位、居民群众统筹开展公共服务管理的"条块结合"能力。推动科学调整社区规模、建立健全社区组织、合理设置服务机构。按照常住人口3000户、约1万人的标准设置一个居委会,对规模过大或过小的居委会,条件成熟的及时予以拆分或合并。按照"一居多会"建立健全社区组织体系,社区党组织可下设非公党支部、网格党支部,社区居委会可下设人民调解委员会、环境和物业管理委员会、红白理事会、楼栋自治委员会等多个专门委员会。推动成立"社区工作站",承担党委、政府部门依据权责清单下派社区协助开展的行政事务,规模较小且相连的社区可不单独设立社区工作站,由街道统筹设立联合工作站,集中分片办理行政事务。推动成立"社会服务站",通过引进职业社工孵化培育社区社会组织,面向居民群众组织开展社会服务和自我服务,承担社区党组织、居委会依据权责清单自主开展的自治事务。最终,聚焦"条块结合"能力问题,推动形成"一办多部两中心"街道治理体制;聚焦"居民自治"能力问题,推动形成"两委两站、一居多会"社区治理体制。

(三)提供场所设施支撑,建立"联动综合、高效便捷"的基层治理平台

推动城乡规划建设和基层社会治理一体化,科学规划、统筹建设市、区、街道、社区四级党群服务中心,构建"1+1+2+N"基层治理平台设施体系。市、区两级分别依托现有政务服务中心,将党的建设、政务服务、城市管理等功能整合起来,打造功能综合化的"市、区党群服务中心"工作平台,为基层党建、政务服务、公共管理提供强有力支持。按照3～4平方公里的区域范围和5万人左右的人口规模,在街道层面建设2个左右"街道党群服务中心(综合服务中心)"工作平台,面积不少于3000平方米,用作"党群服务中心""网格化管理中心"等街道服务管理机构的硬件设施,由区级统筹规划建设,街道负责运营管理,为区域内各类组织和居民群众提供党务、政务、综管等"一站式"服务。按照3000～5000户、1万人左右的人口规模,建设"社区党群服务中心(居民睦邻中心)"工作平台,面积一般不少于600平方米,用作"社区工作站""社会服务站"等社区服务机构的硬件设施,由街道规划整合,社区负责运营管理,满足社区居民的办事服务和社会服务需求。结合居民小区、商业楼宇、商圈市场、

工业园区等具体功能布局,灵活建设"片区党群服务站(居民睦邻点)"工作平台,用于网格等基层工作的硬件设施,为片区内人群提供精准的便民服务和自治服务。

(四)加强岗位和经费保障,建立"活力创新、专职专业"的基层治理人才队伍

根据街道规模,确定街道行政编制为15～25名,采取区内调剂、市级补充的方式逐步到位。区内调剂即各城区在街道行政编制总额不突破的前提下,采取动态调整方式予以落实;市级补充即按照市直各单位行政编制总量的5%比例压缩编制,充实街道工作力量,满编或超编单位编随人走,空编单位直接划转。街道事业编制原则上按照行政编制2倍的规模确定,在区现有事业编制总量内统筹使用。街道党工委配备1名主抓党建工作的专职副书记,街道党建工作机构配备专职工作人员。社区党组织统一配备专职副书记或书记助理,并按照党员200人以下1名、200人以上至少2名的标准,为每个社区配备一定数量的组织员。社区工作者以区为单位实行总量调控和额度管理,根据常住人口规模,原则上以每200～300户居民配备1人的标准核定总量,员额在区范围内统筹使用,人员由街道(乡镇)统一管理。建立健全社区工作者岗位等级序列和职业资格认证制度,社区工作者薪酬按照不低于本地事业单位管理岗10级职员工资待遇落实。推进社区党组织书记专职化管理,逐步提高社区党组织书记与社区居委会主任"一肩挑"比例,注重从具有3年以上社区工作经历的社区"两委"成员、上级党组织选派的专职党务工作者中推荐社区党组织书记人选。社区党组织书记薪酬按照不低于本地事业单位管理岗9级职员工资待遇落实;任职满一届、经街道党工委考核、区级组织部门审核认定为优秀的社区党组织书记,可享受本地事业单位管理岗8级职员工资待遇;连续任职满两届、考核优秀、群众公认、获市级以上综合表彰的社区党组织书记,可享受本地事业单位管理岗7级职员工资待遇,同时可按照事业单位公开招聘有关规定,聘用为事业单位工作人员,原则上继续在社区工作。每年从优秀社区党组织书记和社区居委会主任中定向考录街道公务员,注意从符合条件的优秀社区党组织书记和社区居委会主任中公开选拔街道科级领导干部。

(五)强化基础数据建设,建立"社区服务管理一体化"的智慧生活共同体

制定社区数据标准,规范社区数据采集、存储、交换、共享等环节,打通市、区、街道、社区四级数据通道。整合与社区相关各类数据资源,建立社区"人、地、事、物、情"基础数据库及数据更新维护机制,实现一次采集、多方使用,切实提高社区管理和服务效率。整合构建贯通市、区、街道、社区四级的党建信息系统,推动各级党建信息资源互联互通。围绕社区日常管理、综合治理、自治协商等基层管理服务需求,整合现有各类社区管理服务系统,推进全市统一的社区服务管理一体化融合平台建设。同时,以居民需求为中心,提供覆盖物业、出行、养老、医疗、社区商圈以及居民互动等领域智慧生活服务,构建智慧生活共同体。

四、创新治理机制,提升党建引领基层治理实效

以体制改革为抓手,以机制创新为动力,进一步提升党建引领基层治理实效。

(一)抓"书记工程",建立基层党建与基层治理领导协调机构

合肥市委将党建引领基层治理作为"书记工程",要求各级党将加强城市基层党建与基层治理纳入整体工作部署和党的建设总体规划,党委书记履行第一责任人职责,亲自研究、直接推动。推动成立市、区两级城市基层党建与基层治理工作领导小组,把抓城市基层党建与基层治理工作纳入领导班子和领导干部年度综合考核、书记抓党建述职评议考核内容,考核结果作为评价干部工作实绩和奖惩任用的重要依据,从机制上解决了党建和治理"两张皮"问题。

(二)抓"考核评价",建立基层党建与基层治理考核评价体系

取消职能部门直接考核街道的做法,由区委区政府统一组织考核,除法律法规另有规定外,职能部门不再组织对街道的专项工作考评。根据街道职能转变情况,及时调整考核指标与权重,提高基层党建、社会治理等考核指标权

重。加大街道对区职能部门及其派出机构的评价权重,区委区政府对区职能部门的综合考核、区职能部门对其派出机构的年度考核,街道评价权重应占30%左右。扩大群众的参与权、评价权,把群众满意度作为街道领导班子及综合办事机构和区职能部门及其派驻机构考核的重要评价指标。加强考评结果运用,作为干部人事任免、调动、奖惩的重要依据。

(三)抓"综合执法",建立以街道为主体的综合执法管理体系

坚持重心下移,推进市场监管、城市管理、综合治理等综合执法力量下沉,优化调整区、街道行政执法人员力量配置,加强街道执法队伍建设,推进街道执法机构和职能整合。强化街道对相关综合执法力量统筹指挥调配,实行区属街管街用,依法合规拓展街道综合行政执法机构执法范围和领域,确保"看得见、管得着"。整合各条线辅助人员和相关经费,按照人随事转、费随事转的原则,由街道统筹管理、安排。加强综合执法管理与社区网格化管理的相互配合相互衔接,明确社区辅助开展行政工作的角色任务,一方面提升辖区综合执法效能,另一方面减轻社区综合管理负担,释放社区聚焦开展党建、服务、自治的工作精力。

(四)抓"综合受理",建立高效便民的"互联网+"政务服务体系

社区根据辖区规模设置1～2个"综合受理"窗口,各职能部门不得单设业务受理窗口,实现"前台一窗受理、后台协同办理"。精简整合各单位在社区部署的事务受理信息系统,已建成的要逐步向市"互联网+政务服务"平台迁移或集成。规范各类事务受理信息平台与市大数据平台对接的范围、方式和标准,实现数据一次采集、资源多方共享。规范印章管理,制定社区印章使用范围清单,对法律法规有明确规定、社区能够如实掌握且确需社区提供证明的,方可使用印章,各单位不得以要求社区盖章的方式规避责任。

(五)抓"红色物业",建立社区党组织领导下的"三位一体"物业议事协调机制

加强和创新党组织对物业服务企业的领导,依托市房产局成立市物业行业党委,指导和推进物业服务企业党建工作。加大物业服务企业党组织组建力度,符合党组织组建条件的,应全部组建党的组织,对暂不具备单独组建条件的,应成立群团组织或选派党建指导员,实现党的组织和工作全覆盖。将物

业服务企业党建工作情况作为信用评级、行业评比的重要依据。积极建立和完善在社区党组织领导下,社区居委会、业主委员会和物业服务企业共同参与的"三位一体"住宅小区议事协调机制,制定议事规则,完善工作流程。由社区党组织负责人召集,吸纳居委会成员、业主委员会、物业服务企业中的党员负责人参加,定期召开党建联席会议,协调解决住宅小区党建和综合治理相关问题。

(六)抓"三社联动",充实"党建引领、多方参与"基层社会治理体系

大力培育发展专业社工组织和社工人才,探索社区党组织(社区自治组织)、社区社会工作者、社区社会组织、社区社会服务平台、社区社会资源"五社联动"模式。在社区党组织(社区自治组织)领导支持下,充分发挥社会工作者专业作用,孵化培育以小区居民群众、辖区单位人员、社会志愿者为主体的社区社会组织、楼栋组织、协商组织等力量,积极参与居民小区党建、特殊人群管理、困难人群服务、基本公共文化服务、居民文明素养提升、小区综合管理等基层党建和基层治理工作,充实并形成"党建引领、多方参与"基层社会治理体系。

(七)抓"引智工程",建立党建引领基层治理智力支持体系

发挥"全国社区治理和服务创新研修基地"平台作用,分级设立相应实务研究和教育培训机构,培养党建引领基层治理人才队伍,提升党建引领基层治理能力水平。

五、推广治理经验,打造党建引领基层治理"合肥品牌"

实施城市基层党建与基层治理示范引领行动,每年分层次分领域评选命名一批示范点,总结推广党建引领基层治理经验和案例,打造党建引领基层治理"合肥品牌"。

合肥市包河区方兴社区探索形成"城管＋公安＋综治"综合执法管理的"大共治模式",实现了70%问题靠服务解决、20%问题靠管理解决、10%问题靠执法解决("721")的基层治理效果,并由包河区总结推广到全区,成立了区级综合执法管理的智慧平台——大共治指挥中心,强化了区街联动整合的综

合执法效能。

合肥市包河区滨湖世纪社区探索形成"五社联动＋微创投＋网格化"居民服务管理的"两应自治模式",实现了社区党组织广泛发动教育群众、社区居委会顺利回归本位、社区居民积极自我服务管理的基层治理效果。包河区将该模式总结推广到全区,区委出台了《关于深化党建引领基层治理大力实施红色领航和美小区建设的意见》,区政府出台了《包河区社区公益服务项目资金管理办法》,确保党建引领小区治理体系的建立健全。与此同时,蜀山区委也出台了《关于党建领航小区治理"五好"建设的实施意见》,区政府出台了《蜀山区"党建领航"基层治理创投项目实施方案》,推动了党建引领小区治理工作在全市的快速发展。

合肥市蜀山区西园街道创新探索了"两委两站多中心"基层治理模式,充分发挥街道党群服务中心(综合服务中心)对社区两委两站各类服务管理的平台统筹支持作用。街道物业服务中心对社区物业服务,街道矫正服务中心对社区矫正服务,街道养老服务中心对社区居家养老服务,形成了"托管"代入式三无小区物业管理、"彩虹行动"参与式社区矫正服务、"互助养老"合作式社区居家养老服务等基层治理品牌。与此同时,合肥市包河区芜湖路街道也依托"两委两站多中心"开展了社区居家养老、小区综合治理的探索,形成了"居家养老合作社""三无小区协商自治"等基层治理品牌。

合肥市包河区万年埠街道创新探索了"一米阳光"小区治理模式,充分发挥小区党群服务站(睦邻点)治理平台作用,同时采用"五社联动＋专项基金＋微创投"实现小区治理项目化运营,形成了文化活动、儿童教育、社区养老等社会服务和自我服务品牌。

合肥市包河区常青街道、包公街道探索形成"专项基金＋服务救助＋支持网络"城市困难救助的"脱困服务模式",实现了党建引领辖区力量参与救助、社区居民志愿者参与救助、公益基金会等社会力量参与救助的社区多方救助网络建立。与此同时,合肥市瑶海区在全区推广"专项基金＋服务救助＋支持网络"城市困难救助的"脱困服务模式",形成了"瑶海益家"社会救助服务品牌。

合肥市民政局依托"全国社区治理和服务创新研修基地",联合高校、专业社会组织发起成立了合肥市社区治理学院,聚焦党建引领基层治理的政策理论研究、实务模式研究、经验案例研究和治理人才教育。截至目前,合肥市社区治理学院已推动了包河区社区治理学院项目化运营、蜀山区社区治理学院建设运营、瑶海区社区治理学院建设运营、新站区社区治理学院筹备建设,同时通过联合区级治理学院进行课程开发、师资培养、课程管理，支持了滨湖世纪社区治理学院、方兴社区治理学院、万年埠街道社区治理学院、龙岗开发区社区治理学院等一大批街道（大社区）基层治理学院的常态化教育培训工作开展，形成了市、区、街道（大社区）三级社区治理教育体系，有力支持了合肥市党建引领基层治理人才队伍建设。

（合肥市民政局）

宁波市鄞州区:升级"365 全域社区治理"模式 探索社区治理"鄞州解法"

作为"365 社区服务工作法"发源地,近年来,宁波鄞州区高度重视社区建设和治理工作。2017 年以来,深入探索党建引领社区治理的路子,社区治理进入了高质量发展的新阶段。特别是党的十九届四中全会以后,鄞州区认真贯彻落实"推进国家治理体系和治理能力现代化"要求,以高水平治理推动高质量发展的政策引领效果明显,基层治理品牌影响力不断扩大。"365 社区服务工作法"被民政部评为全国 10 个最有代表性优秀社区工作法之一,被《人民日报》《光明日报》等主流媒体多次报道。鄞州区获评全国农村社区建设实验全覆盖示范区、全国社会组织建设创新示范区、浙江省和谐社区建设工作先进区、浙江省县域社会治理十佳,成为全国乡村治理体系建设试点、浙江省社区治理和服务创新实验区。

一、提出 365 全域社区治理的主要背景

全域社区治理,是国家治理的重要组成部分,是国家长治久安的重要基石,对于巩固党在基层的执政基础、建设充满活力和谐有序的基层社会、不断增强广大群众的获得感幸福感安全感等具有重大意义。

(一)加强和改进全域社区治理,是大政所指、国家战略

党的十九大以来,中央高度重视加强和创新社会治理,习近平总书记提出了一系列关于社会治理的新理念新思想新战略。党的十九届四中全会指出,必须加强和创新社会治理,完善党委领导、政府负责、民主协商、社会协同、公众参与、法治保障、科技支撑的社会治理体系。中央的重大部署特别是习近平

总书记的重要指示,为鄞州推进全域社区治理提供了根本遵循。

(二)加强和改进全域社区治理,是大局所定、鄞州实践

2018 年以来,鄞州以"基层治理创新年"为抓手,大力探索"一核三治六共"全域治理模式,先后召开鄞州区全域治理研讨会、报告会,在北京举办乡村全域治理体系研讨会,中国小康建设研究会乡村振兴研究院、浙江大学社会治理研究院宁波中心先后落户鄞州。2019 年 9 月,在鄞州召开了乡村文化振兴全国论坛;11 月,在鄞州发布首个中国县域社会治理指数模型,着力推动全域治理领跑示范。

(三)加强和改进全域社区治理,是大势所趋、现实要求

鄞州"有城有乡",城乡发展加速融合、趋于协调。在"三改一拆""三大革命"等系列组合拳下,城乡环境持续改善。涉农资金整合、股改深化完善、农村金融保障、"最多跑一次"等改革扎实推进,乡村振兴走在前列。当前,鄞州区"多元人口"更加聚集、"社会属性"更加复杂、"利益问题"更加突出,正处在全域都市化快速推进期。全域社区治理对于探索以城带乡、城乡一体的现代化治理路子,有重要研究价值。

二、推进 365 全域社区治理存在的问题

(一)社区治理城乡不平衡

鄞州区各镇、街道对社区工作重视程度不一、资源倾斜程度不同,社区治理呈现分层化、不均衡的趋势,在城乡社区机构设置、人员配备、经费拨付、治理手段、制度建设等方面差距较大,治理水平有高有低,尚未完全转向"城乡一体"。

(二)社区治理内容条线化

鄞州区在"减负"背景下,社区工作行政化倾向有所改变,但社区仍然疲于应对涉及广、变化快的多条线任务。城乡社区仍局限在社区党建、经济建设、政治建设、文化建设、社会建设和生态文明建设等"点上治理",未能形成"全域

化治理",治理系统性不强、全局化不够。

(三)社区共治机制尚未形成

社会组织、业委会、物业公司、驻区单位等多方主体参与社区治理的积极性不断增加,但在缺乏有效合作机制的条件下,这些主体仍各自为政,甚至互相竞争话语权,还没从"单向发力"转向"协同联动"。居民自治的潜能激发不够,社区共治的格局仍未形成,表现为居民参与率低,驻区单位共建率低,社会组织作用不明显,群众团队发展不够均衡等。

(四)社区治理手段有待更新

数字技术是促成全域治理的重要手段,但社区数字化治理仍旧是一大短板。有些镇、街道数字化建设上投入大量资金,但由于标准、口径不一,"信息孤岛""数据鸿沟"现象较为明显,难以发挥技术对治理的有效支撑;有些社区使用了一些数字化手段,但部分社区干部不擅长使用新技术,还是习惯于用老办法进行管理;有些社区把数字化看做成是自上而下的行政管理,而对自下而上的居民参与数字化转型认识不够,应用更是滞后。

三、推进 365 全域社区治理的思路举措

基于社区治理转型升级和幸福城市提质的要求,鄞州迫切需要加快推进"社会管理"向"社会治理"、"点上治理"向"全域治理"转型,探索出一条切合鄞州区情实际、顺应社会治理规律的新时代共建共治共享社区全域化治理路径——"365 全域社区治理"新模式。具体是指:(1)"3"大主题。围绕"大治理"主题,提高全域统筹,理顺五大机制。围绕"共治理"主题,搭建社区治理合作网络,加强党组织、社工、志愿组织等多方主体协同合作。围绕"善治理"主题,推动规范化运作、提供精准化服务、加强智慧化支撑,凸显居民中心。(2)"6"大工程。有序扩大基层治理体系的涵盖面,从经济、综治逐步向民生、服务等领域扩展和动态调整,全域协同推进环境、生活、保障等领域的硬实力提升和服务、文化、治理等领域的软实力打造,全方位提升社区全域化治理能力。(3)"5"个维度。全主体动员,从"单打独斗"转向"城乡一体"。全机制整合,从"点线为主"转向"面上提升"。全要素投入,从"单一要素"转向"综合要素"。全员式参与,从"党政为主"转向"社会协同"。全程化问效,从"单向

度管理"转向"全周期管理"。

在实践过程中,要依托"365 社区治理规程",重点突出"三联、六服务、五机制"。

(一)"三联":建强治理队伍、激活治理主体

坚持党员带头上、社工唱主角、志愿者广发动,将"沉默"的陌生人社会激活,将"原子化"的居民组织起来,充分释放治理活力。

1. 党员联动治。社区治理首在党员,鄞州抓牢在册在职党员队伍,通过定治理岗、明治理责,让参与治理成为全体党员的思想共识和自觉行动。分类联岗位,以在册党员担任墙门代表(楼长)及宣传员、卫生员、安全员、调解员"一代四员制"为基础,针对在职党员推行本职敬业岗和为民奉献岗"一员双岗位"。目前,全区 6 万名在职党员到社区报到,6000 余名流动党员参加居住地社区党组织活动,在垃圾分类、环境卫生整治、文明创建中发挥了积极作用。如徐家社区"外来雷锋团"曾被央视报道,涌现了省优秀共产党员杨发清、全国优秀青年志愿者陈玄光等典型。进格联群众,针对社区治理薄弱点,把社区全体党员编组建立网格党支部,每名党员重点与 5 户周边户、重点户和外来户等居民结对联系,带头落实"干好本分事、做好身边事、管好家里事、参与公益事、完成组织事"等"五事法则",织密治理网格。

2. 社工联勤治。作为专业的社会工作者,社工无疑是社区治理的中坚。鄞州区着力健全社工职责协同、服务联动机制,为社区治理工作兜好底。实行管线包片联户,从 2002 年开始,率先推行社区社工专职化,每名社工负责一条业务条线、包联一个网格、联系 250 户左右居民户,并制定《社区包片联户工作规范》,让社工深入每个治理单元和细胞中去。便民事务"一窗办理",推行源头治理,在社区服务大厅广泛设置"首席服务官""首席社工",全面推行服务事项"一窗受理、一网通办",同时实施首问责任制、工作 AB 岗制等制度,实现社区"一人在岗、事务通办"。明楼街道在 11 个社区推行"全能社工",实现"最多跑一次""最多找一人"。

3. 志愿联盟治。作为志愿服务比较活跃的区域,志愿服务已成为鄞州一道亮丽的风景线。结社组团,目前全区共有志愿者 20.3 万人,占常住人口18%,组建志愿服务组织 2000 多家,培育了红蚂蚁、"阳光 8 号"、楼小二、小棉袄等品牌团队 300 余支。联手服务,在每年 3 月"志愿服务月"、3 月 5 日"学雷锋日"、12 月 5 日"国际志愿者日"、每月 8 号"阳光服务日"志愿服务日等重要

时间节点,以"周二夜市""公益集市""项目超市"等为载体,常态化组织开展志愿服务。比如"阳光8号"党员律师志愿服义务队,180名党员律师每月8日到社区驻室接待提供法律服务。同时,制定出台志愿服务星级管理、志愿者礼遇举措,让"有事找志愿者、有时间做志愿者"蔚然成风。

(二)"六服务":拓展治理内涵、细化治理任务

社区治理千头万绪、包罗万象,不能眉毛胡子一把抓。鄞州区坚持"最好的服务就是最好的治理"理念,以"六服务"牵引"六治"融合,将治理任务落实到服务群众每一个环节、每一处细节。

1. 推行区域化党建服务强政治。社区治理,党组织是龙头。鄞州区以组织力提升为核心,不断建强社区治理的坚强堡垒。组织联动共建,推广墙门建小组、网格建支部、楼宇建总支,积极建设党建综合示范区和区域党建联盟。目前已建成30余个,进一步织密社区党组织体系。阵地开放共享,构建以社区党群服务中心为核心的"一核多点"阵地体系,同步推动浙江省首家政治生活馆、宁波市第一农村支部陈列馆等40余个红色基地开放共享。标识全域亮显,深入推行党建"亮显工程",全区161个社区统一亮标识、亮形象,让群众每时每刻都能感受到"党就在身边"。

2. 推行常态化协商服务强自治。社区事务连着千万家,只有各方加强合作、民主协商,才能凝聚共识。鄞州区主要采取3种协商方式:居民群众来说事,针对居民反映的私事小事,按照"说、议、筹、做、评事"五步法,邀请业委会、物业公司等相关方参与,做到社区搭台、民事民商。代表委员来协商,针对群众反映普遍的、社区自身无法解决的问题,比如垃圾房改造、群租房管理等7类问题,在全省率先探索"请你来协商"机制,定期邀请人大代表、政协委员及职能部门进社区开展小微协商。专家学者来论证,对关系重大、专业性强的事项,决策前召开意见征询会、听证会进行反复论证,按照居民代表会议流程进行协商。比如,近2年来,鄞州区为老旧小区加装电梯15台、改造7个老旧小区70.7万平方米,多次邀请住建、消防、质检等部门参与论证。

3. 推行源头化平安服务强法治。鄞州区坚持整体安全理念,把源头治理作为平安服务的重中之重,通过矛盾联调、安全联防、平安联创等措施,实现"矛盾不上交、服务零距离"。矛盾联调"前端解",高标准建成区、街(镇)两级社会矛盾纠纷调处化解中心,高规格打造"老潘警调中心",全面推行"警调衔接"模式,实现95%以上的110警情纠纷就地化解,得到司法部充分肯定。安

全联防"全程控"，创新流动人口积分式管理、出租房旅馆式管理等群防群控工作模式，连续5年实现较大以上生产安全事故"零发生"。平安联建"全员创"，成功创建26个国家级、省级民主法治社区，全区刑事案件发案数、信访总量等呈断崖式下降，群众安全感满意度逐年上升。

4.推行多元化文化服务强德治。社区文化是社区建设的"根"与"魂"。建强文化阵地，鄞州区在全市率先开展社区文化家园建设，充分发挥德治教化作用，通过立家规、传家训、扬家风，举办睦邻文化节、开展邻里串串门、打造特色文化墙门等活动，浓郁社区人文气息。打造服务体系，深化"义乡鄞州"建设，结合文化下乡活动，每年送文化下乡6600次以上。以"艺起来·全民艺术普及工程"等公共文化惠民服务为重点，优化公共文化艺术服务供给机制，丰富文化娱乐、休闲健身、科技普及、艺术培训等内容，满足不同层次社区居民的文化需求。倡导文明风尚，同时十分注重挖掘传统文化，通过开展"一墙一榜一廊"系列活动，建设了蔡氏祠堂、"中山有藏"馆等一批特色家风家训墙，培育出一批以全国道德模范俞复玲、周秀芳为代表的先进典型，打造了戎家惇叙文化、和丰工人文化等一批特色文化长廊，社区的文化底蕴日益增强。

5.推行智慧化信息服务强智治。智慧化是未来社区的发展方向。鄞州区在社区服务中注重让信息数据多跑路，让群众少跑腿。打造"一库一线一系统"智慧服务平台，"一库"，即建立服务需求信息库；"一线"，即开通"书记一点通"服务热线；"一系统"，即服务需求收集处置智能系统。建设智慧安防小区，加强全区553家治安单位物防建设，安装25000多个高清探头，建设49个智慧安防小区，实现公共区域大数据视频全覆盖、无死角。用好线上互联互动平台，利用社区论坛、微博、微信等新型媒介，实现数据实时汇聚、应用。如宜家社区组建"E＋"微信群，开展"有事请@我"活动，每年受理各类问题3000多条。

6.推行优质化民生服务强善治。做优民生服务是社区治理最根本的任务。鄞州主动顺应群众对美好生活的向往，积极构建了一套"善治理"民生服务保障网。兜住民生服务底线，率先实行老年人残疾人生活补助、城乡低保零差别等民生政策，城乡养老、医疗、弱势群体生产生活保障实现"全覆盖"。新建区未成年人救助保护中心，镇（街道）"残疾人之家"实现全覆盖，2019年建成示范型居家养老服务中心7个、区域性居家养老服务中心5个，获评国家智慧健康养老示范基地。提升便民服务质效，开展社区"最多跑一次"服务，编制《民生事务一本通》，从"出生到退休"5方面的办事指南，确保居民办事一次申报、一次受理、一次解决。推行"书记一点通"服务，通过细化服务目标对象、优化服务规则流程、量化服务效益评价、建立分类办理机制等举措,打通服务群众"最后一公里"。优化服务标准体系,率先实施社区服务中心标准化改造,构建以1个国家标准《社区服务中心服务规范》、2个地方标准《社区包片联户工作规范》《社区专职工作者职业能力评价体系》为核心,涵盖社区公共服务、便民服务、内部管理等内容的社区服务标准体系,成为宁波市首个国家级社区便民服务标准化试点项目。

(三)"五机制":完善治理机制、保障治理长效

完善社区治理协同推进机制,是保障社区长效治理的关键。鄞州通过一系列制度化安排,构建起组织共管、民情共解、队伍共建、资源共享、网格共治的社区治理共同体。

1.健全组织齐抓共管机制。健全党组织领导、多方参与机制,坚持党组织牵头抓总、居委会执行、居监会监督、居民广泛参与,广泛推行社区"大党委"、兼职委员制,通过定期召开联席会议、共建理事会等,实现各方共商共议。如潜龙社区固定每月10日为"小巷公议日",3年来先后商讨环境卫生整治、征地拆迁等大小议题60余个。推行联述联评制度,每年年底安排社区的群团组织、业委会、社会组织等向社区党组织、居民代表述职、接受评议。海创社区2017年起率先探索社会组织述职制度,考评结果与第二年项目资金挂钩。

2.民情闭环共解机制。坚持把民情民意作为第一信号,建立健全"民情收集—民情分析—民情处置—民情反馈—民情评议"全链条处置机制,实现群众的事"马上就办、办就办好"。比如在划船社区,社工每天早、晚各巡1次,做到"五必访、五必问",对征集的问题及时进行讨论分析,并根据问题轻重缓解,分包片社工马上办、转交条线社工归口办、多方协调解决等方式,确保件件不落;办理结束后,还运用动态反馈、专项反馈、跟踪反馈、上门反馈、网络反馈等5种形式进行反馈,并邀请服务对象、居民代表等进行评议打分,结果与评先评优、奖金等挂钩。史家社区每年底都举办一场特别的考试——居民考社工,让群众面对面举牌给社工"脸色"看。

3.队伍双向共建机制。坚持下抓一级,深入开展"三进三访""五夜六送"等服务基层活动,推动人财物下沉到社区,让社区更有能力、资源服务群众。推行"包街走社"制度,安排70个区级部门"多对一"结对包联一个镇(街道)、包联161个社区,同步安排21个对村、社结对,实现党建、文化、志愿服务等联

动共建。推行"双向挂职"制度,先后 2 批次选派 32 名机关干部到社区全脱产任"第一书记",推动解决各类问题 400 余个,同步安排 40 名新任社工到区职能部门、街道挂职锻炼。推行"群众考干部"制度,安排 161 个社区对近 300 名镇(街道)班子成员、联社干部和"第一书记"考评打分;每年安排 4 场、每次 20 个村社同场竞技比拼,进一步形成大抓基层、比学赶超的氛围。

4.资源联动共享机制。社区任务重千斤、社会组织挑八百。鄞州区坚持"三社联动",不断延伸社区工作手臂。健全社区枢纽平台,成立区、街道(镇)、社区三级社会组织服务中心 190 个,每年投入公益创投资金 200 余万元。健全社会组织培育制度,成立区社会组织创新园、实验园,累积孵化培育社区社会组织 30 余家。如 2017 年孵化培植的鄞州"银巢养老"服务中心,带动 3 万多名老人参与"以老养老"志愿服务,荣获第四届中国青年志愿服务公益创业赛金奖。健全社会工作保障制度,吸引 600 名社会工作专业人才在鄞州开展社会创业、引入近 70 个社会工作机构扎根社区。如和丰社区引入"益丰巢",孵化培育 38 家社会组织、公益团队和公益带头人 42 人,打造"家门口的公益小城"。连续 7 年开展评选、累积评选社会工作政府津贴人才 36 人次。

5.两网融合共治机制。推动基层党建网和社会治理网"两网融合",推动人在格中走、事在格中办、心在格中联。加强组织融合,推行"一网格一党支部"做法,先后建立网格党支部或党小组近 1300 个,统筹调配或吸收 4000 名党员担任骨干网格员、占比超过 20%。加强力量融合,全面实行"1 名网格长(专职网格员)+1 网格指导员+N 个兼职网格员"的网格管理模式,同步整合河长、路长、楼长、铺长等队伍,推动力量下沉到网格。加强服务融合,开展组团式服务,协同破解物业管理、停车难、出租方管理、环境卫生整治等难题,实现小事不出网格、大事不出社区。在今年抗疫期间,网格员累计排摸重点人员 135686 人次、收集群众突出诉求 10411 件、处置问题隐患 2000 余条,为防控工作做出突出贡献。

四、推进 365 全域社区治理的成效与展望

"365 全域社区治理"模式,是推动国家治理体系和治理能力现代化在基层落细落小落实的重要实践,也是市域治理在社区层面的集成创新。

(一)社区治理体系更加健全完善,有力破解了"融不进、合不来"的难题

通过推行"365全域社区治理"模式,进一步明确了社区党组织在基层治理中的领导核心地位,进一步厘清了党员、社工、志愿者在社区治理中的主体作用,从根本上实现了对社区各类组织由粗放式松散管理向规范化精细管理的转变,党的领导力、组织力明显增强。如百丈(划船)党建综合示范区集结不同领域22个单位,打通了央地、市区之间的联系,覆盖人群超过6万人。

(二)社区治理模式更加丰富多样,有力破解了"力量单一、活力不足"的难题

通过大力推广"365全域社区治理"模式,在新建小区、成熟社区、老旧小区和安置小区等不同类型的社区治理方面,探索形成了具有鄞州特色的治理经验和治理模式。如新建的和丰社区成立了由小区业委会、物业、民警、律师、行政执法、市场监管等单位联合组成的"红管家"社区共治委员会,成为党建引领物业和业委会治理的有益尝试;老旧的丹凤社区探索"丹心共治"治理模式,把一个近30年的老屋社区建设成为宜居新家园;拆迁安置的九曲社区推行"九曲九功"特色党建工作法,促进新居民和旧村民、人文情感和市民社会的有机融合。

(三)社区治理任务更加规范有序,有力破解了"谁来治、治什么、怎么治"的难题

"365全域社区治理"模式整合、厘清了《365社区治理规程》《社区服务中心服务规范》《社区包片联户工作规范》《社区专职工作者职业能力评价体系》等一系列操作标准,科学归纳了社区日常提供的环境、治理、文化、保障等6大服务内涵,并完善了组织共管、民情共办、队伍共建、资源共享和网格共治的"五共"治理机制。

(四)社区治理能力和服务水平明显提升,有力破解了服务"最后一公里"的难题

"365全域社区治理"模式坚持治理为民惠民,着力解决群众关注的大事

难事小事,让居民少跑路、矛盾不上交。目前,全区 161 个社区都建立了"一站式"服务大厅,构建起了社区公共服务、便民惠民服务、公益志愿服务、矛盾化解服务等为主要内容的社区服务体系。截至 2019 年底,全区持有全国社会工作者职业水平证书的社区工作者比例达 73%,社区工作者的辛苦、倾情付出,使居民归属感、安全感、满意度和幸福感显著提升。2019 年,鄞州区首次入选"中国最具幸福感城市",荣获"最具幸福感城市"全域治理优秀案例,并以历史最好成绩勇夺浙江省平安金鼎。

社会治理现代化建设,不仅体现在敢突破善创新上,更体现在可复制可推广上。鄞州创新升级"365 全域社区治理"模式,探索基层社会治理的标准范式,为社区治理操作实务提供行动指南。下一步,鄞州将不断完善"365 全域社区治理"模式内涵,提高模式应用的实践性、实效性和指导性,使社区治理体制更加完善、社区治理能力显著增强、社区服务功能有效强化、居民生活品质明显提高,进一步推进社区治理体系和治理能力现代化,引领社区治理成果花开满园,成为展示浙江"重要窗口"最靓丽的景观。

(宁波市鄞州区民政局)

无锡市江阴市：推进以民为本、服务为先的乡镇政府服务能力建设

　　乡镇政府作为我国行政体系中最基层的政权机关和最基础的行政单元，是国家层面的政策法规落实到基层"最后一公里"的重要执行者，在基层的经济社会发展中发挥着不可替代的作用。改革开放以来，随着经济社会的快速发展和改革步伐的不断推进，我国乡镇政府的治理能力和服务水平都已经得到了有效提升，但面对新形势新变化，一些乡镇政府仍然存在服务理念滞后、服务能力不强、服务手段落后、服务机制不全、服务效能不高等问题。针对长期困扰乡镇政府服务能力建设的一系列问题，江阴市政府借助2017年成为江苏省集成改革试点的契机，按照中央《关于加强乡镇政府服务能力建设的意见》要求，坚持问题导向，积极探索创新，以徐霞客镇为改革样本，在全市17个镇街全面复制推广徐霞客镇改革模式，以党建引领为核心，不断优化乡镇政府服务资源配置，创新乡镇政府服务供给方式，促进乡镇政府职能转变、提升乡镇政府服务效能，初步建成了职能科学、运转有序、保障有力、廉洁高效、人民满意的服务型乡镇政府。

一、创新"四突出"党建工作新格局，强化乡镇政府政治引领功能

　　党的领导始终是完善基层政府治理、提高基层政府治理能力的坚实保证。江阴市始终坚持将党的引领放在首位，积极构建了以党建统领为根本保障的"1＋5"①县域治理新模式，在推行乡镇政府的改革与建设中，始终遵循中央、

---

　　① "1"：以党建统领为根本保障；"5"：便捷高效的政务服务体系、沉底到边的基层治理体系、精准有力的社会救助体系、温馨周到的生活服务体系、全域覆盖的公共安全体系。

省市委关于全面深化改革工作的总体部署和各项要求，坚持以党建为统领，创新"四突出"党建工作新格局，大力提升乡镇政府的党建引领能力，确保基层治理改革沿着正确轨道前进。

（一）突出政治担当，加强思想建设，为改革提供纪律保障

改革是一种权力的再调整、利益的再分配、职能的再划分，在改革过程中难免会有触及个人利益和部门利益的时候。江阴市在推进集成改革过程中，始终坚持立党为公、执政为民的政治担当，始终坚持人随事走、财随事转、编随责留的基本要求，为改革提供正确的方向指引和纪律保障。按照集成改革试点要求，江阴市委市政府引导各镇街分别成立了由主要负责同志牵头的工作组，实现了全方位组织、全领域推进，构建起领导小组抓部署、专项小组抓落实、各职能部门协调的工作格局，在具体工作中特别注重强化党委的集体领导，坚持党的正确方针路线，确保党把方向、谋大局、定政策，确保党始终总揽全局、协调各方。也正是因为确保党始终总揽全局，才能使各部门有机衔接、相互协调，才能顺利开展政府的机构调整、选人用人，才能在摸着石头过河的过程中始终保持正确的方向，同时也为乡镇政府的机构调整和职能转变提供了正确方向和纪律保障。

（二）突出政治站位，加强队伍建设，为改革提供干部保障

优化干部队伍结构、提高干部队伍素质是提升基层治理能力的重要抓手。江阴市在改革中，一方面，坚持清零竞岗，平者让，着力提升干部能力基数。在机构改革的同时，把编制总数压缩，并对机关中层岗位进行了"清零竞岗""双向选择"，全部实行竞争上岗，真正做到了人岗相适。选人用人能者上，提高干事创业系数。同时以干部人事制度改革为契机，建立竞争择优的人才选拔机制，突出政治标准，达到"人适其位，人尽其才，才尽其能"的效果。尤其是在镇村干部队伍建设层面，特别注重抓好村书记"头雁"工程，将政治素质和工作实绩作为选拔村书记的主要依据，并对村书记选拔任用全程纪实，按照1：2比例配强村党组织书记后备人才资源，促进村两委班子的工作岗位，干部队伍的年龄结构、知识结构等实现全面优化。另一方面，坚持严格考核，劣者汰，消除阻碍改革负数。在选贤任能中，始终坚持用制度选人用人，通过建立完善村书记考核机制，对考核合格、基本合格的书记进行逐一谈话，要求对标整改，对考核不合格的书记坚决进行调整，从而不断增强干部队伍的政治思想自觉，为改

革提供了干部保障。

(三)突出政治素质,加强能力建设,为改革提供人才保障

人才是第一资源,是衡量基层政府综合实力的一项重要指标。江阴市始终坚持党管人才原则,着力提升高素质化人才队伍建设。首先,通过优先配置千方百计引人才。为着力解决乡镇基层人才紧缺的问题,根据乡镇空编空岗和人才需求实际情况,有针对性地通过考录充实人才队伍,将引入人才优先配置到综合执法局、政务中心相关岗位,为乡镇的创新驱动发展提供人才和智力支撑。其次,多措并举加大力度育人才,注重将年轻机关干部放在拆迁安置、村(社区)挂职等一线工作锻炼,让机关干部下接地气,上开眼界,通过身份、角色的转换和不同岗位的锻炼,不断成长为能干事、干成事的多面手。最后,通过改革用人方式不拘一格用人才,打破论资排辈的用人传统,把选拔干部的过程,变成激励干部干事业、创业绩、促发展的过程。

(四)突出政治属性,加强体系建设,为改革提供组织保障

组织建设是党的建设的重要方面。江阴市在推行改革过程中,充分发挥党组织的政治核心、战斗堡垒作用,聚焦中心党组织和党员中心户建设,不断加强党的思想政治建设,党员教育实现"全覆盖"。按照"支部建在网格上,小组建在中心户"的要求构建形成绘制了四级党建网格地图,即党委(党建工作指导站)—中心党组织(党建联盟)—党支部—党小组(党员中心户)。2018年8月,江阴在全市推行党员联户"1+10+N"制度,即以网格为单位,每个党员中心户联系10名左右党员以及N户群众。按照"十子心连心"标准,对乡镇一级所有的党员中心户进行硬件布置。即牌子、屋子(活动室)、架子(架构图)、报纸、杂志、本子(记录簿)、机制(工作制度)、师资(党建指导员队伍)、机子(电视屏党课)、网址(智慧党建平台),满足党员群众开展活动的需求。党员中心户在村(社区)党组织的直接领导下开展工作,主要起到联系党员、服务群众、示范引领、维护稳定、推动文明的作用。同时,以党员中心户为基础,带领身边的干部群众积极参与社会治理,通过成立村民议事会、乡贤评理会、爱心基金会等自治组织,法律顾问团、乡贤裁判团、普法宣讲团等法治组织,志愿服务队、乡规监察队、矛盾调解队等德治组织,积极探索农村"三治融合",不断激发基层治理的群众参与活力,强化基层政府的政治引领作用。

二、创新"四个一"基层治理新手段，提升乡镇政府服务治理效能

乡镇政府是基层贯彻落实党和政府决策部署的重要战斗堡垒，加强乡镇政府服务能力建设对于转变政府职能、提高政府效能、推进基层治理体系和治理能力现代化具有重要的现实意义。江阴市以徐霞客镇为改革样本①，在2017年9月，向全市17个镇街全面复制推广徐霞客镇改革样本，以优化健全服务机制为抓手，创新"四个一"基层治理新手段，全面提升乡镇政府服务效能。

（一）镇村治理"一张网"

江阴市借助集成改革试点，在全市域范围内全面推行网格化管理，实现市域网格全覆盖和镇村治理"一张网"，这不仅为全市的社会治理创新了模式，也为进一步提升乡镇政府的服务能力和治理水平创新了手段。通过将原本各条线的网格进行整合与再划分，打造成了具有"四个化"特色的网格化管理体系。一是网格设置合理化。从各职能部门工作实际出发，在坚持不改变原有行政区划的大前提下，以尊重历史沿革、兼顾乡土风情、满足现实需求、预设发展愿景为原则，以徐霞客镇为例，就构建了"1＋21＋179＋N"的网格化综合管理体系，也就是"做强1个指挥中心、做实21个一级网格、做细179个二级网格，延伸N个管理系统"。二是网格内容系统化。将网格化管理内容划分为政务服务、社会管理和综合执法三大核心内容，整合城管、安监、环保、民政等38个部门的228个政务服务事项、86个社会管理事项、750条执法处罚事项，全部在一个镇级网格化平台内运转。比如徐霞客镇共有低保户278个，这些低保户的基本信息全部录入了对应的一级、二级网格，民政等相关职能部门可以根据自身工作需求，从网格管理系统中调取相关信息，并到对应网格中开展具体的帮扶工作。三是网格配置精准化。本着因人而异、因格而异、因事而异的原则，合理配置，构建了"一长五员"网格管理结构，即网格长、网格员、督查员、信

---

① 自2012年10月徐霞客镇行政管理体制改革试点工作正式启动以来，通过持续五年的努力探索，形成了"1＋4"基层治理新模式，构建了"简约便民、阳光高效"的经济发达镇管理体制。"1"即加强党的全面领导，"4"即镇村治理"一网格"，便民服务"一窗口"，综合执法"一队伍"，指挥调度"一中心"。

息员、联络员和巡查员组成的小组,作为网格问题处理的基础单位。其中网格长由各村(社区)书记主任担任,是网格问题第一责任人;网格员主要由村(社区)班子成员担任,是网格的直接责任人;巡查员由镇综合执法局执法队员和警务人员组成,3 个中队进行主次路面的巡查,警务人员进行治安巡查,两者双管齐下,实现了巡查范围和巡查事项的全覆盖;督查员由镇党政班子成员担任,负责督查党委政府决策的落实情况和网格事件的处置情况;信息员由楼道长、村民组长和物业机构负责人等担任,负责向网格员报告信息;联络员由镇机关干部担任,负责传达上级精神和相关业务指导。四是网格运行一体化。通过整合社保、计生等 7 张专网,让各职能部门可以通过网格化平台共享数据,做到了平台和各部门后台之间的实时联动,从而形成了信息互通、网格互联、执法互动、服务互享、智能互补的系统闭环,有效提升了基层社会治理能力。

(二)政务服务"一窗口"

现代化的治理方式和治理手段是衡量基层政府服务能力和服务水平的显著标志,江阴市积极创新政府服务模式,所有镇街均建立政务服务中心,实现政务服务"一窗口",有效解决了乡镇百姓办事难的问题,极大提升了乡镇政府服务效能,切实增强了百姓的获得感和幸福感。一是"一窗办"无差别。比如,徐霞客镇政务服务中心通过对承接事项办理条件与办理流程标准化建设和格式化改造,将原来分门别类设置的 26 个专业窗口,整合成 12 个综合窗口,使每一个窗口工作人员都能熟练办理全部承接的 228 项事项,让办事人员在中心的任意一个综合窗口都可以办理所需事项。将流程压缩了 30%以上,做到了"一窗通办、一章审批、一站服务"。二是"网上办"不见面。开通与实体大厅配套的网上办事大厅和各镇政府服务 APP 终端,里面涵盖了所有审批服务事项的标准化要素、办事流程和办事指南,开启"互联网+"便民时代。办事群众网上办理的申请同步传送到前台业务系统,办理结果会通过网上办事大厅和短信实时反馈,让办事人员同步了解进展。三是"延伸办"零距离。按照"即时即办、定时代办、上门特办"的原则,镇政务服务中心向村延伸,各乡镇行政村(社区)级便民服务中心全部设立综合窗口,直接受理社保、计生、民政、残联等与百姓息息相关的事项。村级便民服务中心和全部的网格员还组成了代办服务队伍,对于存在实际困难的村民,提供上门特办服务,真正打通了"最后一米",实现了"便民全覆盖、服务零距离"。四是"自助办"无时差。镇政务服务中心向居民开设了无人自助服务区,提供了各类缴费、社保明细查询、社保缴费证明打印、增值税普通发票代开等一系列服务,既方便了办事群众,也减轻了窗口压力。五是"督着办"无死角。镇政务服务中心配有集审批监察、实时监测等核心功能于一体的在线监察系统,实现办事节点留痕、过程可追溯,从受理、初审、审核、办结,到群众取件,自动实时采集每一个环节信息,实行同步监控,审批事项全过程"看得见、管得住"。

(三)综合执法"一队伍"

针对基层执法存在的分散性、单一性、重复性等问题,江阴市打破原有的条线限制,实行队员相对分工,综合执法,实现一个镇街一支队伍管执法。一是以实体化网格为基础。实体化网格为综合执法中队划定了管理执法的边界,明确了执法任务。建立联合巡查制度,最大化发挥网格资源优势,相应网格内的网格员和信息员等将实时发现、收集到的环保、安监、城管等方面的问题通过移动终端上报,为综合执法队伍的迅速反应、快速出击提供了可靠信息。二是以全能型队伍为主体。以"队长专家型,队员复合型,队伍全能型"的要求,按区域网格综合设置了若干个"全能型"执法中队,统一行使各自网格内的城管、安监、环保、教育、卫生、文化等 12 个部门的 750 项行政处罚事项,实现一支队伍管执法。三是以现代化网络为支撑。依托智能化的移动巡查执法 APP,综合执法队伍能够随时接收平台分派的案件任务,并对问题进行处理和反馈。同时,APP 实时记录执法队员巡查里程、巡查时间和办案情况并上传平台,实现了日常巡查与执法办案的无缝对接,这样就把综合执法范围内所有的"人、事、物"等要素紧密的联系了起来。四是以制度化"双随机一公开"为补充。通过建立市场主体名录库、执法检查人员名录库和随机事项抽查清单,有效解决了执法检查中人情执法和选择性执法等问题。与此同时,还制定了权力清单、责任清单以及廉政风险防控机制并及时向社会公布,亮出权力"家底",划明权力"红线",实现了"一套制度管监督"。

(四)指挥调度"一中心"

针对基层治理资源相对分散、管理效能相对不高等为题,江阴市依托网格化管理实现镇村指挥调度"一中心",帮助镇村治理实现"小事不出村、大事不出镇、矛盾化解在基层",有效提升乡镇政府服务效能。一是突出指挥调度功能。依托实体化网格,把指挥中心打造成为一个信息高度集成的功能复合体,既是各乡镇网格化管理的指挥平台、行政服务的监管平台,也是应急管理的协调平台和智慧乡镇的信息平台,集任务派送、资源调度、流程监督、结果考核等众多功能于一体。二是突出考核监管功能。指挥中心通过清单管理、定位管理(移动终端可实现轨迹回放)、节点管理和绩效管理四种方法,从事前、事中和事后全面对单元网格的部件和事件进行监察。指挥中心接入了治安交通、安全生产、环境保护等多条线实时监测系统,对各监控数据进行全天候、全方位监测,为管理服务安上了"千里眼",推动着指挥中心向智能化、集成化发展。三是突出分析研判功能。指挥中心一方面整合了党建、社保、综治等38个领域的相关事项数据,另一方面将舆情监测系统、12345系统、大走访系统、信息管理系统和矛盾纠纷系统等沉淀的数据进行分析,为日常管理提供了第一手决策依据,有效提升了乡镇公共管理能力。四是突出智能管理功能。创建了"天上有云,地上有格,格中有人,人能管事,管理有序,序后评估,评后考核,考核入档,归档入云"的九步闭环工作流程,实现事件处置的全程留痕、可追溯、可追责,为指挥调度、统计评估、监督考核提供了科学支撑。形成了以网格化为基础,以网格员为中心,以解决问题为目标,形成了信息处理的闭环管理。

三、创新"五个救"智慧救助新模式,优化乡镇政府公共服务功能

健全和完善基层社会救助体系是保障百姓基本生活的兜底防线,体现了政府的公共责任与社会的道德底线。江阴市将社会救助体系作为集成改革"五大体系"中的重要一环,瞄准传统社会救助领域存在的政出多门、多头管理、资源分散、服务缺位等问题,通过大数据和信息化手段创新"智慧救助"新模式,让困难群众求助更便捷、救助更精准,也优化和补充了乡镇政府的公共服务功能。

(一)"网络+网格"自助救

在市级层面建立江阴市"智慧救助"服务平台,通过线上和线下的有机结合,探索推进"不见面"指尖服务,困难群众通过手机"在家点一点,事情就办妥"。同时,强化与村(社区)网格化管理工作的衔接,将社会救助对象的摸排

工作列入入格事项,网格员在走访中发现疑似对象后第一时间进行信息报送,并由社会救助中心依托救助大数据进行分析后进行主动联系和救助。

(二)"智能＋预警"主动救

"智慧救助"服务平台与市医保局数据实现实时无缝对接,设定系统预警线,对城乡低保、特困人员、重度残疾等困难群体发生的大额医疗支出在第一时间进行预警,由村社区工作人员对预警信息进行上门核实,变被动受理为主动发现,进一步提高了救助工作的针对性和时效性。

(三)"需求＋资源"定制救

借助"智慧救助"服务平台的资源库,将社会救助资源、服务与困难对象实际需求进行有效匹配和对接,引入遍布镇街道的基层社会组织,以社会救助入户调查工作为基础,客观评估困难家庭实际需求,逐步完善困难家庭一户一档,建立困难对象需求数据库。通过"鼓动青春·特殊学生融合""绿动我心·残疾人增能""童伴·关爱新市民子女"等30多个公益慈善项目承接服务,进一步满足困难家庭在物质帮扶以外的生活、教育、医疗、心理等服务需求。

(四)"分类＋量化"深度救

江阴市在省内县级城市中率先出台了《江阴市特困家庭深度救助实施意见》,以"家庭支出"为依据,通过"智慧救助"服务平台对采集到的困难家庭医疗、教育、护理等资金支出数据进行量化统计,实施分类分层救助,实现了"收入型"向"支出型"救助的转变,确保了困难家庭生活有帮扶、医疗有救助、学业有保障,单户最高综合救助金额达到15万元。

(五)"科技＋慈善"互助救

江阴市聚焦"因病致贫、因病返贫"难题,在全国首创"福村宝"村级医疗慈善互助项目,实行村民自愿参与、资金村筹村用、三方提供服务、方案个性定制、信息网上公开,通过按病种认定、全程信息化的方式,科学解决了村级救助缺标准、不透明、低成效的问题。村民使用"福村宝"手机 APP 拍照上传出院记录、住院费用清单、基本医保结算单三项资料,在家即可申请"福村宝"医疗费用补助,既方便又快捷。全市已有 17.3 万人次享受补助,累计发放补助资金超 1 亿元,困难群众平均减轻医疗负担 36.74%。目前,该制度已推广辐射至全国 8 个省 52 个县区 1420 个村,惠及人群 1100 万。村级医疗互助项目获"江苏省 2018 年脱贫攻坚组织创新奖",入围"2019 年全国脱贫攻坚创新奖",被民政部评为"全国社会救助领域十大创新实践案例"。

四、进一步举措

随着经济社会的不断发展,我国的城乡结构、利益格局和人民群众的思想观念都发生了深刻变化,对基层政府的治理能力和治理水平也提出了更高要求。在新的历史条件下,乡镇政府作为最基层的政权组织,是国家行政权与基层社会群众的联结点,也是解决基层社会矛盾的缓冲点。乡镇政府的服务效能将直接影响到国家大政方针的执行效果,乡镇政府的治理能力也将直接影响国家治理体系和治理能力的现代化推进。因此,必须高度重视乡镇政府的服务能力建设与提升。

当前,江阴市推进乡镇政府服务能力建设的一系列举措已经取得初步成效,在创新社会治理、加强民生保障、维护社会稳定、促进经济社会发展等方面都发挥了积极作用。下一步,江阴市将继续借县级集成改革试点东风,坚持以习近平新时代中国特色社会主义思想为指导,认真贯彻落实中央《关于加强乡镇政府服务能力建设的意见》和省市相关要求,坚持"以民为本,服务为先"的理念,继续扎实推进乡镇政府服务能力建设。首先,从思想上将继续坚持党建引领,坚定正确政治方向,强化政治引领功能,充分发挥乡镇党委的领导核心作用,保证党的路线方针政策得到坚决的贯彻的有效的执行,以强烈的政治担当和责任使命认真推动各项改革工作,不断推进乡镇政府的服务能力建设。其次,在实践上将继续坚持问题导向,紧盯基层群众办事之难,基层一线治理之难,小微权力监管之难,公共服务便民之难,按照"集中高效审批、强化监管服务、综合行政执法"的要求,采取更加强有力的措施,聚焦乡镇政府职能转变,创新乡镇公共服务供给方式、加强乡镇政府服务能力建设保障,引导多方力量参与乡镇公共服务提供,加大政府购买服务力度,强化群众对公共服务供给决策及运营的知情权、参与权和监督权。最后,紧扣"全心全意为人民服务"的出发点和落脚点,更加积极主动地适应经济社会发展新要求和人民群众新期待,以老百姓满意不满意为标准,为基层群众提供更加精准有效的服务,进一步树立服务理念、增强服务能力、健全服务机制、优化服务手段、储备人才队伍,不断提升乡镇政府服务效能,以高度的政治责任感和历史使命感深刻认识加强乡镇政府服务能力建设的重要性和紧迫性,不断推进基层治理体系和治理能力的现代化,为推进经济社会持续健康发展和实现中华民族伟大复兴的"中国梦"做出应有贡献。

(江阴市人民政府)

第三篇

社会联动与民主协商制度创新案例

上海市长宁区：聚焦重点分类治理
加快构建社区治理新格局

长宁区地处上海市中心城区西部，区域面积 37.19 平方公里，下辖 9 街 1 镇，185 个居委会，1041 个居民小区，户籍人口 57.83 万人，常住人口 77.38 万人，是全市经济发达、环境宜居、国际化程度高、文化底蕴深的中心城区之一。在社区治理实践中，房屋类型很大程度上反映了居住人群的特点和面临的治理难题，单一治理模式难以满足社区多元发展需求。对此，长宁区坚持问题导向，按需施策，深入开展居民区分类治理，以"优化社区分类治理，推进社区治理精细化"为主题建设全国社区治理和服务创新实验区，探索形成了不同类型居民区的"三清单一攻略一导则"，即问题需求清单、社会资源清单、公共服务清单、治理攻略、治理绩效评估导则，推动居民区治理类型合理划分、问题需求清晰梳理、公共服务精准配置、社会资源有效对接、治理方法普遍会用。"居民区分类治理清单模式"荣获首届"中国城市治理创新奖"全国十佳优胜奖，《居民区分类治理清单模式探索研究》调研课题荣获 2019 年全国民政政策理论研究二等奖。

一、主要做法

(一)坚持党建引领,站牢创新社区治理的制高点

强化党组织对基层治理领域领导，以区域化大党建构建党建共同体，推动基层党建与基层治理深度融合。健全社区治理领导体系。长宁区委充分发挥总揽全局、协调各方的领导核心作用，成立"创新社会治理加强基层建设"领导小组，把加强和完善党的领导贯穿于社区治理的全领域、全过程、全环节，形成

区委"一线指挥部"、街镇党工委"龙头"、基层党组织"战斗堡垒"齐抓共管、上下联动、共同推进的工作局面。完善区域化党建引领机制。积极开展居民区党建、"两新"组织党建、驻区单位党建"三建融合"发展，10个街镇形成了33个党建责任片区，推进居民区党务干部和商务楼宇专职党群工作者交叉任职，推进符合条件的党员社区民警兼任居民区党组织副书记。深化"双报到、双报告"机制，为在职党员参与社区治理搭建自治共治平台。积极推动基层党组织"四议两公开"，与居民群众切身利益相关的事务和难点问题，做到党员先知晓、党员先议事、党员先表率，以扩大党内基层民主带动社区协商民主。建立区域化党建联席会议平台，深化居民区物业党建联盟，健全以党组织为核心，居委会为主导，居民为主体，业委会、物业公司、驻区单位、社会组织、群众活动团队等共同参与的基层治理架构，努力把党组织的意图转变成各类组织参与治理的举措，把党组织的主张转化为群众的自觉行动，促进党建引领下的自治、共治、德治、法治一体化推进。

（二）优化分类治理，找准精准精细治理的发力点

习近平总书记在上海调研时提出："城市管理应该像绣花一样精细。"根据"三清单一攻略一导则"，深入推进社区精细化治理。聚焦售后公房小区设施老旧、物业管理不到位、老年人口多等特点，突出以"安全有序"为治理目标，大力推进"家门口工程"、"精品小区"建设、"适老化"改造、加装电梯等工作，改善居民居住环境。聚焦普通商品房小区业委会、物业矛盾突出，陌生人社区等特点，突出以"礼让和谐"为治理目标，发挥业委会等自治组织作用，完善物业共建联建机制。聚焦涉外商品房小区外籍居民多，社区文化多元化等特点，突出以"多元融合"为治理目标，加强契约管理，开展文化交融活动。聚焦老洋房小区名人资源丰富、历史底蕴深厚，但存在设施老旧、物业管理缺失等问题，突出以"传承包容"为治理目标，加大老洋房保护，创建"美丽街区"，推广"弄管会""路管会"等工作模式。聚焦动迁安置房小区居民文明养成难、管理难度大等特点，突出以"睦邻友善"为治理目标，发挥居民亲缘纽带作用，规范居民公约，提高文明素养。

（三）注重减负增能，抓住提升治理能效的切入点

坚持依法执政、依法行政共同推进，注重在"减"字上求突破，制定下沉街镇、居委会工作事项管理办法，明确政府和居委会的关系，有效缓解居委会的

行政负担,为居委会有更多精力开展自治提供保障。梳理制定"两张目录""三张清单",明确做什么。制定居委会依法协助行政事项目录,包括6大类144项内容,细化办事流程。制定居委会印章使用范围目录,包括7大类21个具体事项,并提供印章使用模版。梳理社区治理问题需求、社会资源、公共服务"三张清单",为基层深化社区治理提供切入点。提炼"分类治理攻略",指导怎么做。研究社区治理内在规律,提炼总结"动员参与主体、建立自治载体、形成公共议题、梳理治理资源、开展沟通协商、加强监督评议"社区治理"六步法",为社区工作者开展社区治理指引路径和方法。制定"分类治理评估导则",确定怎么评。围绕治理攻略,优化了7大类15项分类治理指标体系,形成评估导则,用于检验社区工作成效和群众满意度,查找不足,推动工作改进提升。

(四)发展民主协商,把握社区自治共治的关键点

千难万难,群众参与就不难。打造共建共治共享的社区治理格局就是要让更多的群众走到台前,共同参与社区治理。聚焦有事要商量,每年配套5000万元专项资金,投入家门口工程,将传统的自上而下"定了办",转变为自下而上"商量办",项目立项前具体做什么、推进过程中怎么做、项目做好居民满意度如何,在"事前、事中、事后"的全过程充分发扬基层民主,开展有效协商。聚焦有事好商量,对社区治理的重点难点工作,充分发挥居民主体作用,由居民决定"做不做""如何做"。如在垃圾分类减量、违法建筑拆除、老旧小区综合改造、文明养宠、加装电梯、化解停车难等工作中,由居民参与并监督实施全过程,有力推动协商成果的落地转化,有效提升居民"社区共同体"意识。此外,还组织区党代表、区人大代表、区政协委员每月一次联合到居民区开展"两代表一委员"联合接待工作,面对面听取群众诉求,积极推动问题解决。聚焦有事会商量,动员社区居民、社区单位广泛开展社区协商,建立了"古北市民议事厅""弄堂议事会""乐邻之家""和·家园""邻里课堂""安居乐议坊""缘圆园'家园议事会"等一批自治载体,健全了听证会、协调会、评议会"三会制度",完善了"议题由群众提出、决策由群众产生、成效交群众评议"的民主管理、民主决策、民主监督机制,"有事要商量,有事好商量"成为共识,"有事会商量"能力增强。

(五)建设智慧社区,打造创新为民服务的支撑点

"互联网＋"时代,基层治理创新面临着新形势和新要求。长宁区发挥信

息化的支撑和服务，使治理过程更加优化、更加精准、更加智慧。提升为民服务智能化。建成精准帮扶信息系统，构筑社会救助"四圈"防线，打造"家庭救助顾问"，完善"四医联动"，实现精准帮扶轨迹化管理。建成智慧养老大数据平台，推动各类养老服务信息、资源线上"一键可查"，线下可及可用，打造养老"百度"、养老"淘宝"和养老"点评"，为全区老年人提供政策咨询、资源链接等个性化服务，努力实现"市民今后找养老服务，就像网购一样方便"。完善社区事务服务受理信息系统，全面推进社区事务服务"全市通办""一网通办"，实现"全程网办"42 项，推进"电子证照"应用，让"数据多跑路，群众少跑腿"。推进街居办公智能化。以政务云平台为基础，建设区—街镇—居委会三级综合管理平台。其中，街镇综合管理平台设置了社区党建、公共管理、公共服务、公共安全四大版块，加强数据共享，提升治理效能；居委会综合管理平台设置电子走访日志、电子巡查日志、居务通、OA 系统等功能，电子台账从 200 多张精简到 70 多张。提升居委协助行政事务及处理公共事务的能力，也让居委腾出更多时间组织推动居民自治。探索居民参与便捷化。通过建立微信公众号、微信群、社区论坛等线上平台，推进社区智能民生顾问服务，开发在线微信小程序咨询服务平台，拓展参与渠道，扩大参与群体，引导社区居民密切日常交往、参与公共事务、开展协商活动、组织邻里互助。

（六）加强典型培育，推广治理创新的示范点

在实践过程中，长宁区注重经验总结提炼，加强榜样示范，营造良好氛围，提升社区治理能力。投入 2000 万元，在 6 个街镇形成了 8 个社区治理创新"一街一品"项目，如愚园路老洋房街区改造、周桥街道加装电梯服务中心、北新泾街道 AI＋社区、虹桥国际社区治理研究院等创新项目。总结提炼了一批社区工作法。各居民区积极探索实践，形成了虹储居民区"虹储"工作法、新泾八村居民区"一站两圈八韵"工作法、岐山居民区"凝心"工作法等一批优秀社区工作法，荣华居民区"融"工作法被评为全国最具代表性的优秀社区工作法之一。选树了一批基层先进典型。区级层面打造了一批社区分类治理优秀居民区，建成了一批社区分类治理实训基地，评选表彰了"百名社区治理能人""十佳公益基地""十佳公益创投项目"等一批先进典型。举办了一系列交流推广活动。以"社区分类治理助推垃圾分类新时尚"为主题举办新时代上海社区工作法论坛，以"用好社区治理绣花针"为主题举办长宁区"初心讲堂"。打造了一支治理人才队伍。持续推进居民区党组织"班长工程"、居委会"人才工

程"、社区工作者"督导工程"建设,健全培训和督导体系,目前,全区社区工作者中410人取得了助理社工师或社工师证书,持证率从6.2%上升到21.5%。社区工作者及居委会现场管理项目已在全区近三分之一的居委会中展开,努力打造一支高素质的治理人才队伍。

二、主要成效

(一)健全制度机制,社区治理体系进一步理顺

在政策支撑体系上,出台了《长宁区关于推进居民区治理体系的分类指导意见》《关于加强长宁区居委会标准化建设的实施意见》《长宁区关于改革社会组织管理制度 促进社会组织健康有序发展的实施意见》《长宁区下沉街镇、居委会工作事项管理办法》等文件,为社区治理的有效开展进一步明确方法路径。在工作协同体系上,出台了《在城区精细化管理中发挥群众自治作用的实施意见》《长宁区关于加强和改进社区民警参与居民区治理工作的实施意见》等文件,为社区治理增强了协调推进力量。在队伍管理体系上,出台了《长宁区社区工作者管理实施方案》及社区工作者招录、薪酬、培训、考核配套文件,制定了《关于鼓励社区工作者参加社会工作者职业水平考试工作的意见》等,为基层治理队伍的培育创建良好条件。同时,每年将社区治理纳入区政府重点年度工作目标,纳入区人大区情通报、区政协专题通报内容,构建了基层治理的责任链、闭合圈,在逐步形成较为完善的政策体系和制度安排中,进一步理顺了社区治理体系。

(二)扩大社会参与,社区治理格局进一步优化

通过积极推进社区治理社会化,推进社区、社会组织、社会工作"三社联动",打好自治共治"组合拳",党建引领各方力量有序协同运作的社区治理架构进一步明晰,共建共治共享的社区治理格局进一步优化。各居民区普遍建立党建引领下,社会各方力量共同参与社区治理的架构,通过因地制宜建立各类自治载体,将松散的自治组织和参与主体重新"组织化",使居民自治有框架、有规则、有愿景,居民参与社区治理的积极性、主动性和创造性更强了,有效激活了社区治理的"神经末梢"。近年来,区政府购买社会组织力度逐年加强,2017—2019年分别为2.86亿元、3.18亿元、4.06亿元。其中,每年投入

300 万,围绕社区治理热点难点,开展"社区公益创投"项目,共计 133 个,一批草根组织得以迅速成长,也重建了居民区的社会关系网络,推动社区治理由"内循环"向"外循环"发展。

(三)强化精细治理,社区治理水平进一步提升

通过推进社区分类治理,专家参与研究,探索形成"三清单一攻略一导则",编写《社区分类治理指导手册》,推动了居民区治理类型合理划分,提供了不同类型社区治理的"钥匙"。通过开展全员培训,促进了居民区工作者掌握社区治理方法,积极梳理社区治理问题需求,主动对接公共服务和社会资源,较好地提升了社区治理水平。2017—2019 年,我区连续三年委托第三方对全区居民区工作进行测评,居民总体满意度从 2017 年的 90.68 分、2018 年的 92.75 分,提升到 2019 年的 96.03 分,社区治理工作成效整体稳中有进。11 月 2 日,习近平总书记视察了虹桥街道古北市民中心,了解社区治理和服务情况,与居民进行了亲切交流,对长宁区推进基层协商民主,在社区治理中如何找到最大公约数,画出社区治理的同心圆,增进居民群众主人翁的自豪感,给予了充分肯定。

下一步,长宁区将积极贯彻落实党的十九届四中全会精神和要求,以建设全国社区治理和服务创新实验区为抓手,始终坚持党建引领,以完善体系、能力建设和机制创新为重点,提升治理和服务创新能力,用分类治理打造社区治理"长宁模式","绣出"长宁社区美好生活,为上海超大城市治理贡献"长宁智慧"和"长宁力量"。

(上海市长宁区民政局)

铜陵市：大社区体制下多方
参与的制度创新

铜陵市位于安徽省中南部，辖1县3区，总人口170万人，总面积3008平方公里。铜陵市认真学习贯彻习近平总书记关于基层治理的重要论述和重要指示精神，主动查找社区综合体制改革的"后续问题"，2018年以来，开展新一轮社区治理改革，加大"大社区"体制下多方参与的制度创新力度，开启中小城市治理"铜陵模式"的新篇章。

一、大社区体制下的"新困扰"

铜陵市虽然辖3个区，但是建成区主要包含主城区铜官区所辖范围，约100平方公里40万人口。建成区2009年以前共有10个街道，自2010年起实施撤销街道办事处改革，成立23个"大社区"，由区政府直接服务。这些大社区实行"一个核心三个体系"的治理架构，即以社区党组织为核心，以社区居委会、社区服务中心和社会组织为支撑体系。同时，大社区体制明确区政府和社区的各自职能，确立"财随事走、费随事转"的资金管理机制；在服务方式上全面实行网格化管理，强化社区服务中心集中为居民提供服务。

总体来看，大社区体制解决了中小城市治理三个痛点问题。一是城市管理职能错位。街道和社区在行政管理、公共服务中功能雷同，其中街道的行政化较严重，服务意识不强、服务功能发挥不好。二是治理资源分配错位。街道作为政府和社区的"中间层"集聚了较多人权、财权和物权，社区受到资源、职责限制很难及时有效服务群众，造成街道"管到看不到"、社区"看到管不了"的尴尬局面。三是居民自治功能受限。社区居委会承担起街道布置的大量行政事务，成为街道的"脚"和"腿"，无法实现自身的自治功能。

大社区体制改革至少带来三个方面变化。一是服务供给更加充裕。大社区服务设施面积全部达到 1000 平方米以上，百户居民拥有服务设施面积超过 35 平方米。便民利民服务和志愿服务得到蓬勃发展。二是行政运行变得高效。减少了管理层级，区政府和部门的资金等资源能直接下沉到社区，不必经过街道再分配。厘清了社区内部组织之间关系，优化了社区治理结构。原街道大量优秀人才下沉到社区，建立"凡进必考"机制，社区工作者队伍走上专业化道路。三是管理成本相对合理。按 300 户 1 人核定社区工作者数量。按照每户 40 元核定服务经费，按照每名社区工作者 4000 元每年核算办公经费。推行社区工作者 AB 岗制度，所有社区工作者均兼任网格员。基层治理成本处于相对合理的范围。

这次改革使铜陵市成为我国第一个不设街道的地级市，其经验在全国形成了广泛影响，2012 年初民政部主要负责人在安徽调研时称之为社区综合体制改革的"铜陵模式"，值得中小城市借鉴和参考。铜官区因此获评"全国和谐社区建设示范城区"，成为全国首个"社区治理和服务创新实验区"。但是，铜陵市委市政府清醒地认识到社区体制改革不可能一劳永逸，必然会带来诸多问题，其中最突出的是多方参与不足的现象需要重视和解决。

（一）多方参与机制不健全，社区治理资源不能统筹使用

大社区体制具有强大的组织动员能力，因而社区回应群众服务需求、完成上级政府布置的任务方面具有优势。这种优势长期累积的结果却是对社会参与的重视不够，造成社区治理多方参与的机制不健全，参与渠道有限。这种情况使社区治理资源几乎单一来源于上级政府，对其他资源的统筹使用不够，如辖区单位的资源，本社区的在职党员、居民积极分子、志愿者资源等。虽然零星存在社区与辖区单位的良性互动，居民积极分子和志愿者积极参与等现象，但是这种互动和参与停留在较低的层次，形式化活动较多，辖区为社区送钱送物的多，深度参与社区治理的不多。一些社区忽视群众的个性化服务需求，为居民建立常态化参与机制的不多。社区社会组织以文体娱乐类为主，社区公益服务类较少，助力社区服务作用不明显。这些都表明，迫切需要建立健全的参与机制。

（二）多方参与渠道不畅通，老旧小区物业不能规范管理

大社区体制下社区倾向于多安排人、多安排经费，习惯于社区工作者亲力

亲为,一定程度上忽视建立居民参与渠道、让居民自我管理解决具体问题,其中老旧小区物业管理不规范是诟病较多的一项工作。这些老旧小区大多建于20世纪八九十年代,小区配套设施不完善,比如新冠疫情防控过程中暴露出的难封闭管理问题等。一是缺乏正规物业管理。仅有政府打包招标的保洁公司承担小区内的垃圾清扫和运输工作。小区内的违章搭建、乱停车等行为缺乏有效管理。二是管理费用由政府托底。居民不缴纳物业费,或者仅要缴纳每户每月6元钱的垃圾代运费。即便是每年72元的垃圾代运费,同样收取困难,缴费率不足20%。三是居民不满意。虽然政府每年投入大量资金对老旧小区进行环境整治和改造,但是老旧小区居民的满意度仍然不高,认为老旧小区管理必须把重点从环境整治转移到日常服务上来。

(三)多方参与载体不完善,社区居委会不能发挥自有功能

铜陵市撤销街道办以后成立的大社区,实行"社区党组织、居委会、公共服务中心"三块牌子一套人马的"三位一体"架构。这种架构的好处是社区党组织对社区的牵引作用能够得到较好的发挥,公共服务中心集中为居民提供有组织的服务,能够保证服务质量,但是社区居委会在"三架马车"当中存在一定的被边缘化现象,作用逐渐发挥不好。这意味着居民的自我管理和自我服务没有得到较好体现,居民的意愿和服务需求可能被忽视。虽然在居委会选举过程中,铜官区通过"一人一票"直接选举、候选人"海选"等方式扩大居委会选举影响力,吸引居民参与,并且居民在选举过程中的登记率和投票率保持在较高水平,但是社区居委会在城市治理中的作用发挥明显不足,如何完善以社区居委会为主体的参与平台就值得深思。

二、改革是解决新困扰的"实招数"

正如习近平总书记所指出,"人民有所呼、改革有所应","哪里出现新问题,改革就跟进到哪里"。铜陵市委市政府针对大社区体制面临的问题,决定推进新一轮社区治理改革,以构建"党建引领、政社互动、多方共治"的社区治理新体系为目标,用改革的思路推动构建大社区体制下的多方参与制度体系,创新路径如下。

（一）以区域化党建为基础，完善多方参与机制

发挥社区党组织作用，以党建带动社建已成各界共识，但是在落地过程中关键要克服"两张皮"现象，需要建立区域化党建机制，解决社区和辖区单位的互动实际上地位不对等的问题，尤其是解决一些党政机关、企事业单位缺乏参与社区治理的意识和积极性的问题。主要途径如下：一是找准服务需求。把社区居民在更优质的生活环境、更温馨的社区生活、更方便的生活服务等方面的需求准确呈现出来，作为社区内各类党组织的治理目标。二是项目化运作。用项目拓展基层党组织和党员发挥作用的途径，充分发挥基层党组织的战斗堡垒作用和党员的先锋模范作用，激发其参与社区治理的热情，动员更多的社会力量参与到社区治理中来。三是加强队伍建设。党建引领社区治理，队伍是基础。适应基层党建工作需要，打造敢担当、有作为、担使命的党员干部队伍、社区工作者队伍与志愿者队伍，筑牢党建引领社区治理的坚强战斗堡垒。

（二）以准物业服务为突破，拓宽多方参与渠道

小区的环境和秩序是居民群众生活中最能有切身体会的公共服务，物业服务水平的高低直接影响到居民的幸福感。调查发现，物业服务的高低和居民对社区服务的满意度呈正相关。因此，以老旧小区准服务为突破口，有利于用居民的切身体验提高居民参与积极性，用业主自治带动居民自治。主要思路是推行准物业服务管理，在老旧小区以前单纯的保洁服务和政府统一包办的保亮、保绿服务基础上，增加保安、保序等物业服务内容。服务内容增加，费用必然大幅增加，在政府投入不增加的前提下，必然向居民提高收费标准。从以往工作经验来看，越是免费的对于居民来说越是不值得关注，越是不加珍惜，提高收费标准本质上有利于提高居民的主人翁意识，有利于促进居民关注小区的物业管理，所以从社会治理角度看，政府对于老旧小区的无条件托底是低效的，甚至说是失败的。

（三）以法人化治理为动力，搭建多方参与平台

社区居委会依法产生，依法开展活动，对于带动多方参与具有天然的优势。2017 年 10 月 1 日起施行的《中华人民共和国民法总则》明确了村民委员会、社区居民委员会具有基层群众性自治组织特别法人资格，确定由民政部门负责赋予社会信用统一代码，发放代码证。这标志着一直以来困扰村（居）民

委员会的"身份不清，法律地位不明"的问题得到了实质性解决。村民委员会、社区居民委员会正式具备法人资格，意味着社区居民委员会在社区治理过程中，能够独立行使民事权利、承担民事责任，和以前相比，其权责范围和工作方式都发生积极变化。用好用足其法人身份，其中最重要的方面，应该在于可以深入开展社区居委会的规范化建设，理清社区党组织、社区居委会、公共服务中心、社区社会组织之间的权责边界和关系，从而更好发挥社区居委会在社区治理中的作用，把居民的自我管理、自我服务功能真正在实践中得到强化，在社区形成党组织领导下的多方参与新格局。

（四）以社会工作为加速器，提升多方参与水平

在社区治理实践过程中，专业化不足是制约多方参与的一个重要因素，表现在大社区负责人更换较为频繁，社区工作者疏于使用社会工作方法，难以指导和带动多方主体参与等。而专业社会工作因其专业性、科学性，在解决社区治理实践相对粗放、难以定量定性评价等问题方面具有一定优势，用社区、社会组织和专业社会工作"三社联动"，可以在一定程度上提升社区治理工作的专业水平，促进多方参与。在社区、社会组织和专业社会工作三者之间，社区是平台，是连接社会组织和专业社会工作的桥梁，是"三社联动"的关键。社会组织和专业社会工作在社区如何"联"如何"动"，对社区提出了较高的要求，因此实践中需要在市、县区层面建立"三社联动"机制，通过项目建设、示范试点等方式让社区负责人接受新的理念，从而逐步提升社区治理的专业化水平。

三、创新多方参与的制度体系

铜陵市在新一轮社区治理改革过程中，出台了"1＋8"文件，形成了完备的制度体系，"1"即《铜陵市委市政府加强和完善城乡社区治理的实施意见》，"8"个子文件包括加强和改进城市基层党建工作的实施意见、深化社区改革的指导意见、发挥居民委员会特别法人作用的实施意见（试行）、铜陵市智慧社区建设试点工作方案、加强社区"邻里中心"建设和运营的指导意见、建设专业化社区工作者队伍的实施办法、铜陵市老旧小区准物业服务标准（试行）、创新实施社区规划师制度的工作方案等。这些制度为多方参与社区治理奠定了制度基础，也从制度层面强化了执行力。在多方参与方面，重点创新四项制度。

(一)基层区域化党建联盟制度

抓住党建联盟的组建、活动、项目和考核等关键环节,确保党建联盟成为多方参与的"融合剂",真真切切发挥作用。

1.用创新保证党建联盟建得实。社区党建联盟成员由辖区内企业、机关、学校、医院、金融机构、社会组织等单位党组织组成,签订党建联盟协议。成立党建联盟理事会,每3年一届,理事会设会长单位1个,副会长单位若干个,秘书长1名,由会员单位推荐、提名,经会议民主讨论、酝酿、协商后选举产生。建成区共组建区域化党建联盟50个,1125个单位成为联盟成员,32400多名在职党员到社区报到。

2.用制度保证党建联盟有效运行。建立党建联盟理事会议事制度,理事会议一般每季度召开一次,讨论、研究、审议、决定党建联盟的重要事宜,对重大事项作出决议。建立党建联盟成员单位活动日制度,结合"主题党日"活动,每月至少开展一次活动,开展学习交流、讨论事项、结对帮扶、志愿服务等活动。建立党建联盟成员单位活动轮值制度,活动轮值一般每月轮换一次,可由一个或多个成员单位联合组织一项活动。建立党建联盟成员单位联络员制度,负责单位党组织与党建联盟办公室的信息沟通,协助单位党组织落实党建联盟的工作部署。

3.用项目推动党建联盟长效化。用居民服务需求的具体项目,作为党建联盟单位与社区互动的重要内容。社区结合年度重点工作、新冠肺炎防控、居民协商收集的议题等,全面梳理形成居民群众服务需求项目,由到社区报到的市直部门和本社区党建联盟单位认领承担费用。项目内容一般包括微服务(特殊人群服务、便民服务、自助互助服务等)、微志愿(志愿服务、社企联动、校社联动等)、微治理(党群议事、楼栋自治、协商共治等)等。项目费用一般控制在1000~5000元。在项目实施过程中,社区和承接项目的社会组织、居民团队定期向项目经费认领单位报告项目进展情况和实施成效。

4.用考核推动党建联盟可持续。将党建联盟成员单位参与社区治理情况纳入机关事业单位党建考核评分体系,并赋予社区党组织评价权。同时,赋予社区党组织对辖区单位(党建联盟成员单位)评先评优、荣誉申报等的评价权,对市政服务单位、物业公司等评价和年检年审的建议权;对"两代表一委员"、先进模范人物等推荐评选的征得同意权,让社区在自己的舞台上与向来较强势的辖区单位处于相对平等的地位。

(二)准物业服务管理制度

出台了《关于提升市区老旧小区物业管理服务水平的若干意见》《铜陵市老旧小区准物业服务标准(试行)》和《关于创新实施社区规划师制度的工作方案》,让老旧小区物业服务管理在多方参与共同参与下走向规范。

1.广泛参与规划"定范围"。为城市社区聘用具有城市规划资历的人员担任社区规划师。由社区规划师牵头,社区配合,引导居民群众充分参与,开展小区准物业管理区域划分。一般从方便小区管理和社区治理角度通盘考虑,既遵循城市规划、消防安全、交通疏散等规范要求,又符合社区服务业发展和居民出行等需要。在此基础上,对确定范围的物业管理区域进行围合,实行封闭式管理。

2.成立业主委员会"建组织"。将成立业主委员会当作一次广泛宣传、鼓励居民参与的过程。针对部分小区找不到合适的业委会人选的情况,鼓励居住在小区的社区居委员成员参加业委会候选,鼓励党建联盟成员单位的在职党员候选业委会成员。规范业委会活动制度,为业委会发挥自组织作用创造空间。

3.亮出物管中心"自管理"。利用老旧小区的配套设施,挂出"小区物业管理中心"牌子,制订管理制度,公开联系方式。社区组织业委会和居民代表广泛征求居民意见,共同确定小区保洁、保序、保绿、保亮、保安及共用部位维修等物业服务需求,测算物业服务成本,公开招标择优选聘物业服务企业入驻管理。通过"小区物业管理中心"的常态化服务,将之打造成居民参与小区物业管理的典型平台。

4.确立多方议事"解难题"。建立社区党组织、居委会、业委会、物业公司定期会议制度,共同研究准物业管理中存在的问题。其中社区和业委会、物业服务企业共同落实服务收费,对小区物业收费明码标价。支持物业服务企业对恶意拖欠物业服务费用的行为采取法律行动,依法维权。提请人民法院将物业费纠纷纳入速审、速裁案件范围,符合个人征信采集标准的,依法依规记入个人征信系统。党政机关、事业单位人员无正当理由不按期缴纳物业费,经催缴后仍不缴纳,经社区核实后函告所在单位,由所在单位及时提醒其通过正当方式解决争议。

5.精确考核评价"促长效"。出台《铜陵市物业服务工作考核暂行办法》,其中明确老旧小区准物业服务标准,按时序开展物业服务季度考核,其中将居民满意率作为重要指标，让居民评价物业企业服务情况。启用物业服务企业信用信息系统，对物业管理工作考核排在前六名的社区和物业服务企业，财政予以资金奖励。对管理水平差、群众满意度和信用评分低的落后物业服务企业，按规定进行约谈、责令整改，情节严重的记入物业企业诚信"黑名单"，禁止其在本市承接物业管理业务。

（三）社区居委会特别法人制度

根据《中华人民共和国城市居民委员会组织法》和《中华人民共和国民法总则》相关规定，出台了《关于发挥居民委员会特别法人作用的实施意见（试行）》，探索社区居民委员会在社会和经济活动、管理社区财产和资金、解决社区治理难点问题、开展居民自治活动等方面拥有更多权限，提升居委会自我服务管理能力，为多方参与社区治理探索法治保障。

1.强化民事权利，规范居委会特别法人参加社会活动。为80个社区居委会全部颁发《特别法人统一社会信用代码证书》，赋予特别法人资格。厘清社区居委会和基层政府之间的功能界限，明确基层政府在社区居委会办公经费、服务经费和自治项目经费以及办公用房、居民区公共服务设施建设方面的保障责任。突出社区居委会法人身份，明确居委会主任是社区居委会的法定代表人，代表社区居委会行使法人权利。

2.强化经济功能，规范社区财产和资金的使用与管理。探索"居财居管"，鼓励兴办社区服务业。社区居委会设立独立的银行账户，自行管理各种资金和收入。鼓励社区居委会在职责范围内自主设计服务项目，提高资金使用绩效。社区居委会通过孵化培育社区社会组织，重点兴办以老年人、儿童等特殊群体为服务对象的社区服务事业。

3.强化机制创新，规范在重点领域特别法人作用发挥。改进老旧小区物业管理。设立"社区公益金"，由基层政府安排启动资金，以社区居委会房产租赁、低偿服务取得的合法收入、辖区企事业单位资助作为补充，建立社区居委会购买社会组织服务机制，引入专业社工机构介入社区治理，推动"三社联动"发展。当老人、残障人士、特困家庭和"五类"特殊青少年群体等重点对象利益受到侵害时，社区居民委员会主动介入，通过社区调解、司法援助等途径帮助其维护合法权益。

4.强化民主协商，规范居委会特别法人议事决策机制。社区居民委员会按规定组织召开社区居民大会、居民代表会议，提请审议涉及全体居民利益的重要问题。社区居民大会每年至少举行 1 次,社区居民代表会议每半年至少举行 1 次。社区居民委员会牵头建立健全协商委员会、居民理事会、楼栋议事会等各类议事协商组织,建立每月 1 次的"民主协商日"制度,定期组织召开听证会、议事会、咨询会、恳谈会、评议会等沟通民情、回应民意,变社区决策"拍脑袋"为"有事好商量、有事多商量"。

(四)社会工作介入社区治理制度

出台了《关于加快推进"三社联动"创新基层社会治理的意见》,实施四类项目,打开专业社会工作介入社区治理通道,为形成多方参与的基层治理机制扩大专业社会工作服务供给。

1. 实施社会工作介入项目。由专业社工介入制定服务方案。项目内容主要是围绕社区治理中的痛点难点堵点问题,引导社区"两委"编制社区治理方案,从社区治理平台建设、社区服务体系健全、"三社联动"、服务与管理提升等方面明确重点目标、工作方向、角色分工、工作机制等,围绕健全社区服务体系、孵化培育社区社会组织、运作管理社区治理平台、联结多方主体协同治理等,优化社区治理结构,加快人才培养,促进党组织引领下的社区居民委员会、社工机构、社区社会组织以及辖区单位参与的多方协同治理机制发挥作用。

2. 实施基层治理品牌联创项目。在平安建设、基层党建、社区矫正、新时代文明实践、残疾人服务、妇儿权益保护、卫生健康、小区物业管理等重点领域,分别引入专业社工机构,发挥专业社会工作的作用,通过培育社区社会组织、发现和培养志愿者,提升重点领域的工作水平,既能解决社区工作者在这些领域亲力亲为负担较重但效果不好的问题,又能帮助社区培养人才,创建形成本行业多方参与的服务品牌。

3. 实施邻里中心建设运营项目。围绕"15 分钟生活圈",以新建、改造、整合等方式,建设 63 个规模不等、各有侧重的社区"邻里中心",将居民会所建到居民"家门口"。探索把"邻里中心"场地设施交给专业社工机构运营,以此为载体,既为社区的多方主体参与创造空间,又解决了以往社区综合服务设施重建设轻运营、使用率低问题。

4. 实施微公益创投项目。立足特殊群体公益服务,培育社会组织,增强社会活力,每年开展 1 次全市社会组织公益项目创投活动。通过面向城乡社区和社会组织广泛征集项目意愿,有针对性、有选择性地遴选一批落地在 1 个或几个城乡社区实施的公益创投项目，鼓励和支持社会力量参与基层社会治理和服务，成为社区公益服务的有益补充。目前每年微公益创投资金规模已达到 300 万元。

四、开启中小城市治理"铜陵模式"新篇章

铜陵市新一轮社区治理改革已开展两年多时间，以多方参与为主要特征的制度创新，有效增强社区治理能力，居民对社区工作满意度和幸福感显著提升。深化社区治理改革的做法荣获"首届长三角城市治理最佳案例奖"，得到《中国社会报》《决策》等省级以上媒体的持续关注和深入报道，全省社区治理创新和智慧社区建设推进会、全国乡镇街道管理服务创新示范培训班在铜陵市举行。具体成效体现在以下方面。

（一）多方参与制度建设有效促进治理资源下沉

健全的党组织网络体系将上级的资源和社区范围内的零散治理资源统筹起来，更加精准有效地运用到社区治理当中。如 2019 年党建联盟成员单位在社区认领项目 920 多个，为社区带来社会资金 260 万元。新冠肺炎疫情发生以后，辖区单位帮助社区筹集口罩、消毒液、测温仪等防控物资 11 万余只（件），选拔 16512 名身体过硬、作风过硬、本领过硬的优秀党员组成党员志愿服务队、突击队 195 支，下沉到社区一线开展疫情防控工作。铜官区幸福社区创新案例入编中央宣传部《基层思想政治工作创新案例选》。

（二）多方参与制度建设有效应对堵点难点问题

近年来城市治理的难点问题被逐个突破消化，包括小区物业管理、禁止燃放烟花鞭炮、禁止燃烧纸钱、垃圾分类等，都是多方参与的良好状态发挥了作用。如老旧小区准物业服务，多方参与保证了服务质量，保证了可持续发展，从而全面消除小区的"脏乱差"现象。老旧小区从"失管"到"规范"、"失序"到"有序"的过程，也给 2020 年初发生的新冠疫情防控创造了良好条件。得益于多方参与的机制，禁放、禁燃工作同样在铜陵顺利推行。正在开展的垃圾分类工作，预计同样可以取得圆满成功。

（三）多方参与制度建设有效增强社区行动能力

在多方参与社区治理过程中，党组织发挥领导作用，而社区居委会则发挥主体作用。法人化治理是社区居委会发挥主体作用的法治保障。通过实行社区事务"准入制""政事分离、政社分开，责权利相配套"，社区居委会可以专注于自治和服务，从过去的"坐等"服务发展到上门服务、代理服务，服务重心下移，服务理念升级。社区居民自治功能进一步强化，初步形成社区党组织、社区居委会、社区社会组织、辖区单位、居民群众等各类主体协商互动的自治体系，社区整体行动能力增强。

（四）多方参与制度建设有效提升城市小康指数

积极参与社区治理的各类群体，同时也是经济和社会发展中最活跃的主体，多方参与社区治理的制度体系，也促进了多方主体的能力提升，反哺经济和社会发展，提升了城市总体形象。据安徽省城市研究中心发布，铜陵市2016、2017年蝉联安徽省最幸福城市，2019年再登中国地级市全面小康指数百强榜，连续18年获评全省社会治安综合治理先进市。2019年成为生活垃圾分类先行先试重点城市，城市综合信用指数位列全国地级市第53位，较上年提升26位。

综上，铜陵市2018年以来开展的新一轮社区治理改革，立足大社区的市情特点，发挥大社区治理优势，在区域化党建、老旧小区物业服务、居委会法人化治理、社会工作介入等领域加大制度创新力度，为多方参与社区治理奠定了制度基础，为构建人人有责、人人尽责、人人共享的社区治理共同体提供了制度保证。下一步，我们将在习近平新时代中国特色社会主义思想的指引下，持续加大改革创新，不断完善制度体系，扎实做好大社区体制后续功课，开启中小城市治理"铜陵模式"新篇章，为开创中国特色基层社会治理新格局做出更大贡献。

（铜陵市民政局）

南京市雨花台区:创新四聚式"三社联动"路径 打造社区治理新格局

南京市雨花台区地处主城西南部,长江之滨,雨花台畔。全区面积134.6平方公里,常住人口43.63万人。辖"一谷"[中国(南京)软件谷]、2个园区管委会和6个街道办事处,63个居民委员会。多年来,雨花台区委、区政府认真贯彻落实中央和省市委关于推进国家治理体系和治理能力现代化的一系列决策部署,积极推进全国社区治理和服务创新实验区建设工作,面对新时代基层治理面临的新情况、新问题和新要求,以制度建设与制度创新为主线,开展了多层次、多方位的改革,在构建基层治理体系、提升基层治理能力方面,逐步形成了一些具有雨花特色的实践经验。

一、背景情况

2019年3月雨花台区再次获批全国社区治理和服务创新实验区,实验主题是"创新四聚式'三社联动'路径,打造共建共治共享社区治理新格局"。之所以确定此主题,主要基于三个方面考虑。

(一)积极回应上级和时代给出的"考卷"

党的十八大首次提出社区治理概念,党的十八届三中全会、十九大、十九届四中全会先后就"加强社区治理体系建设,推动社会治理重心向基层下移,发挥社会组织作用,实现政府治理和社会调节、居民自治良性互动、构建基层社会治理新格局"等做出重大战略部署和科学指导。坚决回应党中央的决策,既是历史使命和政治担当,也是对全区上下的考验。雨花台区作为全国社区治理与服务创新实验区,有责任自加压力,有信心攻坚克难,致力于在"三社联动"制度建设与制度创新方面,探索出一些具有推广价值的经验做法,为全国社区治理体系建设再做贡献。

(二)担负全国实验区任务积累的"底气"

通过上一轮实验区建设实践,雨花台区党政引领推动的"三社联动"机制基本形成,为社会组织参与社区治理创造条件。围绕打造中国"社会组织创新特区",制定了登记管理、资金扶持、培育发展等12个系列配套文件,社会组织可持续发展支持体系基本形成。"一街一社一品"的社区治理特色模式基本形成,社区从管理到治理的理念和做法得以推广,社会组织已成为社区最主要的"合作""协作"伙伴。第一轮实验区建设成果显著,为开启"三社联动"创新实验奠定了基础。

(三)新旧观念和机制交替期形成的"梗阻"

由于"三社联动"刚刚破题,一些社会组织对如何提供规范化服务缺乏系统性规划、内部治理欠规范,服务能力有待提升,相当数量的社会组织重活动、轻服务,社工流动性大,专业社工的嵌入性有待提高,不能长期系统性地从事专业社会工作服务。此外,在"三社联动"中,社区、社会工作、社会组织三者之间各自的主体责任和互动职责尚不够清晰明确,"三社"之间尚未能做到真正联动融合、平等合作,"三社"因何而联而动以及如何联动等问题,还需要进一步破解。"三社联动"制度与机制的改革成为实验区建设的应有之义。

二、主要目标

"三社联动"作为社区、社会组织和社会工作协同发力的有益尝试与模式创新,三者之间不是简单地相加、融合与合作,而是打破原有的体制机制,通过制度建设与制度创新,达到"1+1+1＞3"的成效。为此,雨花台区在新一轮实验区建设中,结合实际,提出了建设四聚式"三社联动"模式。所谓四聚式"三社联动",即聚焦协同,完善社会组织党建工作机制,引领社会工作专业发展;聚焦需求,健全社区居委会统筹各方机制,完善社区项目梳理培育服务机制;聚焦平台,健全区街社三级载体设施规范化建设机制;聚焦治理、因地制宜、统筹优化,推动社会治理重心向基层下移,引导驻区单位、社会组织、群团组织、居民群众广泛参与,实现政府治理和社会调节、居民自治的良性互动。

通过创新四聚式"三社联动"路径,打造具有雨花特色的共建共治共享社区治理新格局,重点实现以下目标:

——创新培育发展模式,形成雨花公益高地效应。进一步探索完善"党建引领,四化提升"和"一委一园一中心""三双五同步"等社会组织党建特色路径,在社会组织培育模式和可持续发展上树标立杆,继续作出示范。

——健全服务体系,满足居民群众的服务需求。进一步加强"三社联动"的设施载体和平台建设,整合社区多方资源,健全养老服务、未成年人保护、社会救助服务、社区自治服务和特殊人群干预服务等服务体系,切实满足居民群众多样化的服务需求。

——创新社区治理,推动形成多方主体协同。完善以基层党组织为核心,全社会共同参与的社区治理体系,引领"三社联动"聚焦治理、聚力治理,带动居民广泛参与,创新"一街一特、一居一品"的社区治理特色,真正实现社区一核多方、有效自治。

——深化"三社联动"机制建设,形成共建共治共享格局。加强顶层设计,优化政策保障,推动引领"三社联动"聚焦平台、聚焦需求、聚焦机构、聚焦治理的特色路径探索在实践中不断完善,在创新中不断深化,进而创出具有雨花特色的共建共治共享社区治理格局。

三、具体做法

围绕"四个聚焦",采取有力措施,完成实验目标。

(一)聚焦协同,党建引领社会工作专业发展

1.完善社会组织党建工作机制。建立健全区社会组织党委、街道(园区)社服中心党总支、社区社会组织联合党支部组织体系,探索社会组织党建工作有效覆盖、有效引领以及与非公企业党建工作有效融汇的新内容、新途径。实现党的组织和工作全覆盖。坚持边组建、边巩固、边提高,创新社会组织党建模式。实行"一委一园一中心"党建工作模式和"三双""五同步"党建特色机制,开展社会组织党建工作示范点创建活动,树立"党员+社工+志愿者"服务模式,开展践行社会主义核心价值观系列活动。加强党务工作者和党员队伍建设。做好社会组织党组织书记、党员和入党积极分子培训,加强社会组织的理论学习、党性教育、道德建设和党务业务培训。

2.开展社会组织"四化"提升行动。建立立体化社会组织扶持培育和规范监管体系、围绕"党建引领 四化提升"主导思路,开展"品牌化、规范化、专业化、信息化"提升行动,不断推动社会组织在"三社联动"中发挥好载体作用。建立品牌社会组织、品牌服务项目、品牌社工人才评价标准和认定办法,推动品牌创建活动。依托区公益众创空间,建立社会组织专家库和讲师库,完善教学体系、教材体系和教程体系,积极编制具有雨花特色内容的社会工作培训教材。制定社会组织孵化培育、项目管理、能力建设标准化操作手册,建立并完善日常监督管理、等级评估与监督管理体系。运用"互联网+"工具,开发智慧养老信息平台、社会组织党建信息平台等互联网平台,强化信息技术在社区治理、社会组织自身建设与项目管理中的支撑作用。

3.实施社工人才量质提升工程。落实社工人才评价激励机制,出台区级社区工作者管理办法,鼓励从事社区工作的工作人员和社会组织专职社工参加社工职业水平考试,提升社区工作人员专业性。促进社工专业人才梯队建设。构建"社工一线人才—社工科教人才—社工管理人才—社工领军人才"的四级人才梯队,加强社会工作人才培育和引进。举办"最美社工"评选树标杆,"社区好故事"大赛展风采、"社会工作菁英人才"高级研修班储备人才等活动及专业培训等,吸引在全国社工行业内有影响力、专业水准高、专业成果丰厚的人才落地雨花。

(二)聚焦需求,完善项目梳理培育服务机制

1.建立健全需求发现筛选反馈机制。坚持需求导向下的"三社联动",以满足服务对象需求、解决民生问题为目的。发挥居委会主导作用,居委会主导建立需求发现机制。以社区居民需求为核心,统筹协调社区工作者和社区社会组织通过多种渠道和方式,全面发现、梳理民生需求问题,报送至街道(园区)社服中心统一整理汇总。区中心协调建立需求筛选机制。区公益众创空间(区中心)组织成立专家组,对各街道(园区)社服中心上报的服务需求清单进行筛选确定,作为每年申报市、区公益创投、精品社区建设、薪火计划等项目资助的依据。多元化指导健全需求反馈机制。由区民政局牵头,通过实验区建设联席会议等,将筛选确定的相关需求反馈给相关部门和反馈给所在街道(园区)、社区和社区社会组织,为开展项目资助提供依据。同步建立完善需求反馈考核评价机制,保障居民合理诉求得到响应,提升社区决策和治理水平。

2.统筹设计和开发培育服务项目。按照"对象要准、需求要清、服务要实、

目标要明"的要求，根据需求和存在的民生问题，统筹设计"三社联动"的服务项目，明确职能转移目录清单，作为每年区公益创投、精品社区项目等项目采购的依据。发挥项目牵引作用，推动社会组织以项目化运作的方式高效承接社区公共服务。依托雨花公益众创空间和街道（园区）社服中心，同步做好服务项目的开发、培育、评估，建立项目库、专家库和孵化培育基地，将孵化培育的重点转型为项目孵化、项目开发、项目培育。通过线上线下相结合的方式，及时掌握项目动态。通过开展项目评估以评促建、以评代训、以评树典。

（三）聚焦平台，优化"三社联动"生态系统

1.高起点谋划"三社联动"发展目标。坚持党委领导、政府主导，区级层面制定出台《雨花台区推进社区治理和服务创新实验区实施意见（2018—2020年）》《雨花台区社会组织"红色导航"行动计划》《雨花台区社区专职工作者管理办法》《雨花台区精品社区标准化实施方案》等一系列配套文件，为党建引领"三社联动"提出规范的实施意见。发挥基层党组织的领导核心和战斗堡垒作用，统筹推进区域化党建、社会组织党建和社区党建，健全社区党组织领导下的社区居委会自治机制，积极调动各类资源参与社区治理与服务创新，做实做强党建引领下的"三社联动"机制建设。

2.高定位优化"三社联动"发展机制。着力理顺社区工作关系，依法厘清政府、街道和社区的权责边界，破解"万能居委会"难题，推动社区自治和服务功能回归本位；着力搭建"三社联动"资源整合平台，建立政府采购服务项目平台，通过"政府承担、定向委托、合同管理、评估兑现"的运作模式，向具备资质的社会组织购买社区服务项目、社会公益事业项目等；着力优化基层队伍结构，加强社区"两委"负责人"梯队建设"，提升社区专职工作者能力，夯实"三社联动"建设基础，激发基层工作活力，推动"三社"围绕优化社区治理结构、促进社区居民参与、提升社会服务品质高效联动。

3.高标准建设区街社"三社联动"载体平台。加强区级社会组织服务中心、街道（园区）社会组织服务中心和社区服务阵地的设施建设。其中，区中心实现从社会组织孵化培育向社会组织综合服务转型，建设成为集社会组织培育和评估、信息政策咨询、公益项目采购、公益资源整合、社会创业研究等多位一体的专业支持平台；各街道（园区）健全社会组织服务中心，引入枢纽型、专业型社会组织运作，着重提供需求调研、项目统筹协调和监测、资源整合等，着力解决现有体制下社区与社会组织无法有效对接的困难，逐步实现街道级社

区社会组织联合会全覆盖。加强社区服务阵地建设，推进标准化建设，到2020年，全区所有社区办公服务用房不低于1000平方米，全部达到每百户30平方米，其中80％以上用于开展社区公共服务、公益服务和自治服务。

(四)聚焦治理，提升"三社联动"效能效应

1.全面凸显社区居委会自治功能。强化社区减负增效。开展新进社区工作事项准入审批，加强政策文件法制审查，取消对社区工作的"一票否决"事项，取消社区居委会作为行政执法、拆迁拆违、招商引资等事项的责任主体。鼓励社区公共服务事项外包，实行政府购买服务、社会组织行业管理。加强社区志愿者队伍建设，建立区、街、社志愿服务资源对接综合管理平台。进一步厘清社区居委会在"三社联动"中的职责定位。明确社区居委会在"三社联动"中统筹资源、提供阵地、负责项目监管等职责，制定《社区"三社联动"议事规则》等；鼓励社区设立项目资金，并明确在社区为民服务专项经费中，50％用于社区社会组织服务项目资助和服务活动补贴。

2.搭建统一规范的民主议事协商平台。搭建社区党组织领导、社区居委会牵头、社会组织、业委会、驻区单位和社区居民广泛参与的民主议事协商平台。试点建立以社区楼栋长、居民小组长、居民代表为主体的睦邻互助会，通过立足小区院落与楼栋，开展邻里事、邻里议、邻里治和邻里文化节等，实现邻里协商微自治。通过实施社区微基金，搭建自治平台，促进社区动员，激发基层活力，通过"提案大赛""金点子"等形式逐步形成居民自主参与社区事务处理"自下而上"的社区共治和居民自治的社区行动。

3.完善和推广不同类型、各具特色的社区治理模式。总结完善雨花街道"党建＋文化"引领社区治理体系建设和翠竹园社区民主自治"四方平台"建设，梅山街道"幸福提案大赛"、西善桥街道保障房片区特色治理模式等成功经验，在全区各街道(园区)、社区全面推广。引导和推动各街道(园区)和社区从实际出发，探索形成各具特色的新型社区治理体系，引导居民增强自我管理、自我服务意识。深化实施"精品社区"建设。制定《精品社区建设与评价指南》，调研论证确定每个社区治理主题和特色路径，推动形成因地制宜、各具特色的社区民主自治模式。

四、初步成效

(一)社会组织数量和质量上升到新的高度

近 4 年来,区级中心累计孵化了 76 家社会组织,出壳后立足雨花辐射全市;全区登记类社会组织数量增加到 1073 家,年均增长率超过 60%,每万人拥有社会组织数达 22 个。社会组织党建实现高质量发展,具有雨花特色的社会组织党建路径基本形成。在扩大党的"双覆盖"、搭建党建载体、创新党建形式、加强队伍建设、完善保障机制等方面取得积极成效。社会工作人才队伍达到新的高度,岗位吸引力明显增强,人才流失大幅下降,使社工人才专业化水平明显提高,人才体系逐渐完善。

(二)群众的满意度和获得感有了新提升

近年来,我们一手抓社区减负增效,全面清理了社区台账、挂牌、盖章和迎查、评比等行政事务性工作,推动社区回归自治本位;一手抓社区增质提效,构建社区区域化党建,鼓励社区购买服务,对全区社区主任、社会组织负责人开展了以能力提升为重点的轮训。通过夯实基层社区网格化管理,推广线上线下相结合的公共事务办理和协商议事,组建了覆盖各类群众、满足其不同需求的群众自治组织。通过在试点社区开展国际社区建设工作,组织国际性文化交流和文明互鉴活动等,切实提升中外籍居民对社区的认同感、归属感和幸福感,为民服务项目精准度逐渐提高。

(三)各类载体建设迈上新的台阶

围绕党建联、服务联、专业联、资源联等,完善"三社联动"融合协同特色探索,区、街、社区三级平台载体和服务机构协同联动制度不断建立健全。完成了全区 25 个社区党群服务中心提档升级,建立了雨花街道邻里荟等街道级便民综合服务中心。仅上述设施平台建设总计已达到 2000 万元。区、街、社三级社会组织平台建设更加完善。升级打造的"雨花公益众创空间",获评江苏省社会组织十佳公益服务项目,成为党建引领下的公益高地。在全市率先实现了街道(园区)社会组织服务中心全覆盖,并全部委托第三方枢纽型社会组织承接运行。在全国率先提出由社区层面设立社区社会组织联合会,并实现100％覆盖率。

(四)基层组织和群众的自治能力明显增强。

社区治理体系更均衡。充分发动社区内多方主体积极参与社区服务和社区建设,真正实现共同管理、自我服务、和谐发展。社区议事制度流程更为规范,探索推进的"'线上'协商"模式,缩短了沟通时间和距离,提升了社区自治效率和水平,群众参与社区治理积极性不断提高。通过实施"精品社区"建设,"三社"之前界线和定位不断厘清,推动社区治理和服务方式更有针对性,更有温度,社区治理模式更具特色并起到示范效应。

(五)参与做好突发应急工作成效显著。

在今年抗击新冠肺炎战役中,充分运用"三社联动"模式,将"三社"联动起来,有序配合、共同发力,有效切断疫情扩散蔓延的渠道,使社区的主战场成为无坚不摧的疫情防控堡垒。通过发挥"三社联动"四个作用,即协同各方的集结者、社会情绪的支持者、困难群体的保障者、精准服务的提供者,使专业社会工作优势在区疫情防控工作中得以彰显。"三社联动"模式在这场疫情防控大考中发挥了重要作用,我们接受住了考验,并得到了各级领导和社区群众普遍认可。

五、主要体会及今后努力方向

获批全国实验区以后,区委、区政府高度重视,迅速行动,加强组织领导,强化顶层设计,全力保障经费,确保实验区工作取得实实在在的成效。

(一)全区上下形成合力是关键

主要领导高度重视,区委常委会、区政府常务会议专题研究实验区工作,并召开了全区动员会,统一思想,要求全区上下高度重视,以实验区工作为契机,强势提升全区社区治理体系和治理能力现代化水平。成立由区委、区政府主要领导任组长,分管领导任副组长,相关单位主要负责同志为成员的领导小组;各街道(园区)也成立相应工作小组,指定专人具体负责,确保有人抓有人管有人落实。将实验区各项目标任务分解落实到各成员单位,要求其制定本单位的工作具体方案和措施,逐项落实到位,分解落实实验区建设"两年三步走"实施任务,形成牵头部门统筹推进、职能部门专项推进、街道(社区)整体推进的工作机制。建立联系会议制度,每季度召开一次例会,每半年召开一次汇报会,听取工作汇报,研究阶段性工作任务、目标和措施,解决推进过程中的问题。

(二)制度建设与制度创新是保障

经过充分调研论证,出台了"1+4"系列政策文件,"1"是全区出台了《关于开展全国社区治理和服务创新实验区建设的实施意见(2019—2021)》,这是实验区的总方案、总意见、总战略。为确保其落实,又制订4个系列的专项政策,其一是指经费系列文件:《雨花台区社区治理和服务创新专项资金管理办法》《关于做好雨花台区精品社区项目资金使用管理实施细则(试行)通知》。其二是实验区人才保障系列文件:《雨花台区社区工作者管理办法(试行)》《南京市雨花台区社区工作者薪酬管理实施办法(试行)》。其三是实验区治理主体培育系列文件:《关于进一步加快社会组织培育发展的实施意见》《雨花台区社会组织登记管理服务方式改善改革实施细则(试行)》。其四是实验区治理机制专项政策:《关于做好2019年度雨花台区精品社区标准化建设通知》《2019年雨花台区创新网格化社区治理机制工作要点》。这一系列文件的出台,为实验区建设提供了强力支持,构建了上下衔接配套较为完善的"三社联动"政策体系。

(三)加大经费投入是基础

区财政和民政根据实验区建设提出的各项实验任务,修订了原有的专项资金使用管理制度,坚持"需求导向、突出重点,奖补为主、兼顾保障,科学高效、使用规范"的原则,安排三大类总计6000万元的区级实验区建设专项经费。一是社区治理专项资金。区财政专门安排2000万元社区治理和服务创新专项资金,主要用于促进社区治理创新、服务体系完善。包括社区基本工作资金、精品社区建设、社区软硬件建设、社会组织扶持发展、项目评估考核等资金,街道(园区)按照标准进行配比。二是为民服务专项资金。区财政安排为民服务专项资金2000万元,用于满足居民共同需要的生活服务,从群众"揪心事、操心事、烦心事"入手,解决群众最关心、最迫切、最直接的民生问题。区委组织部、区民政局、区财政局专门制定《雨花台区社区为民服务专项资金使用管理工作手册》，明确在每年每个社区 30 万元为民服务专项经费中，不低于50％用于社区服务项目化运作。三是养老服务专项资金。区财政每年拿出2000 万元养老专项资金，主要用于居家（机构）服务项目建设，护理人员培训，信息管理系统建设，政府购买服务，居家呼叫服务和应急救援，特困老年人服务补贴，服务评估等方面。

下一步，将围绕实验主题和目标任务，认真抓好以下工作环节：

一是工作理念和工作机制上抓提升。结合学习贯彻党的十九届四中全会《决定》，围绕"完善党委领导、政府负责、民主协商、社会协同、公众参与、法治保障、科技支撑的社会治理体系，建设人人有责、人人尽责、人人享有的社会治理共同体"，进一步提升全区基层和部门开展实验区建设的工作理念，切实落实好职责、任务，真正形成统筹联动、高效协同的合力机制。2020 年底前，根据专家组的指导意见，督促各部门、各街道和社区梳理工作薄弱环节和短板，制订完善改进计划，确保实验区建设的各项任务落在实处。

二是在"三社联动"机制建设上抓提升。选树典型，以点带面，制定《"三社联动"主体职责和运作规则》，同时加强设施平台建设、制度平台建设和资源整合机制建设，进一步推动"三社"聚焦现代社区治理体系建设，聚力社区服务体系深化完善，在党的领导下实现高效协同、有机联动。

三是在现代社区治理体系特色路径创新上抓提升。按照"党建引领、文化铸魂、三治结合、项目支撑"的总体思路，进一步指导和推动各街道、社区开展特色创新，形成不同类型的现代社区治理范式和样本；坚持城乡统筹，结合集体资产股份制改革、新时代文明实践中心和站所建设、全区养老服务时间银行建设等，加强分类指导，探索形成特色亮点，进而创新推进实验区建设不断深入。

四是在全国和全省实验区融合推进上抓提升。全国和全省实验区的实验主题和内容有着相互连贯的逻辑关系，但又有目标指向和相关任务各有侧重的不同。要在两个实验区的融合推进上深入谋划、科学布局、精心实施，确保做到"两不误、两促进"，不负部、省重托和希望，以新姿态、新担当、新作为努力书写出具有雨花特色的现代社区治理和服务创新的新画卷。

（南京市雨花台区民政局）

湖州市德清县：乡贤参事会助推农村社区治理现代化的德清经验

一、治理背景

(一)总体环境

德清县位于浙江北部,东望上海、南接杭州、北连太湖、西枕天目山麓,地处长三角腹地,总面积 937.92 平方公里。县域历史悠久,有着良渚文化的遗迹和古代防风文化的传说。宋代诗人葛应龙《左顾亭记》道:"县因溪尚其清,溪亦因人而增其美,故号德清。"县辖 8 个镇、5 个街道,30 个社区、7 个居委会、137 个行政村,户籍人口 44 万人,常住人口 65 万人。2019 年,生产总值 537.0 亿元;财政收入 113.1 亿元;城镇、农村居民人均可支配收入达 59431元、36013 元。

德清境内有四大避暑胜地之一的莫干山、"中国最美湿地"下渚湖和素有"千年古运河、百年小上海"之誉的新市古镇。德清践行习近平总书记"两山理论",创建全国生态县、国家生态文明建设示范县,使莫干山入选"世界十大乡村度假胜地";贯彻实施乡村振兴战略,成功争取国家新型城镇化综合试点地区、全国农村集体经营性建设用地入市试点县、国家级农村综合改革试点县;积极推进乡村治理创新,是全国社区治理和服务创新实验区、浙江省"三社联动"示范观察点、浙江省现代社会组织体制建设创新示范观察点。德清乡贤参事会,正是在这得天独厚的自然环境与改革创新的政治气候下孕育成长,成为当地加强基层治理和推进协商民主的一张金名片。"乡贤参事会协商文化村治模式"获得了 2016 中国十大社会治理创新奖。

(二)治理基础

在国家全面深化改革、推进国家治理体系和治理能力现代化的大背景之下,德清县基层民主和乡村治理的创新和乡贤参事会的培育发展,还有其微观的社区基础。

1.农村贤能人才队伍多元。工业化和城乡一体化、村民自治和社区治理促进了乡村经济社会的发展,已经培育出 3500 余名德高望重的本土精英、事业有成的外出精英、投资创业的外来精英齐聚乡里,利用他们的理念见识、科学技术、资金物资、人脉资源、个人威信为乡村的发展、治理和服务出力。

2.农村社区社会组织多样。德清县通过枢纽型组织和成立基金会积极培育城乡社区社会组织,至今已有注册和备案的社区服务、社区文体、社区平安、社区自治等类别的社会组织 1444 个,具备了良好的社会自治、互助和集体行动能力。

3.热心公益事业基础扎实。德清历史悠久,文化灿烂,"百姓设奖、奖励百姓"的良好风尚由来已久,历年成立"草根道德奖"74 项,受表彰的人数超过7000 人,涌现出以"2008 感动中国"候选人陆松芳、全国孝老爱亲模范候选人高燕萍等为代表的各类先进典型。浓厚的道德文化为乡贤参事会的孕育提供了充分的养分。

4.干部返乡走亲活动成效彰显。德清县在 138 个行政村全面建立了"返乡走亲"工作组,这些领导干部成为乡贤的重要来源之一,他们成为国家政策落实与乡村需求实现的衔接者,实施乡村振兴战略以来,已经为村里解决了600 多个实际问题。

(三)形势目标

新时代的乡村治理面临新的形势。第一,工业化、城市化、网络化等社会发展趋势使现代乡村治理事务更趋复杂,乡村规划建设、经济发展规模更大、投入更多,对科学决策和智力支持的要求比传统农村更为迫切。第二,乡村振兴战略进一步解放了土地等生产要素、加大了财政支农力度,村民自治组织掌握了更多的资源、资金和项目,"微权力"腐败的风险增大,需要进一步加强监督力度。第三,乡村精准扶贫有序推进,乡村公益事业蓬勃发展,要求更好地把国家政策与乡村需求衔接起来,并以更多的公益资金和项目作为支持。第四,"五治一体"与"三社联动"的推进,丰富了乡村治理的内涵,对多种主体的培育和有序参与乡村治理提出了新要求。

新时期乡村社会变迁和乡村治理升级面临系列亟待解决的矛盾:一是乡村社会的开放性与乡村治理体系的封闭性之间的矛盾。德清县农村人口外流造成不同程度的"空心化",同时流入 11 万非户籍外来常住人口,使得外出与外来的社会贤达人数达到总乡贤人数的 41%,但原有治理体系主要包括村两委和村民代表大会、党员大会等机构,其组成人员仍限于本村村民,不利于外出人口和外来人口有效参与乡村治理。二是村级组织"微权力"所持资源、资金、项目快速增长与村级权力监督依旧软弱的矛盾,需要在村级组织之外有威信的组织加强监督。三是乡村社会组织总数多与规模小、力量散、能力小的矛盾,需要通过适当的形式予以整合,并给予资金项目支持,丰富乡村各类互助互利性公共服务的供给。

通过乡贤参事会助推乡村治理体系和治理能力现代化。一是实现农村社区治理体系现代化:德清在村党支部、村民代表大会、村委会之外设立乡贤参事会,在乡村治理领导机构、权力机构、执行机构之外设立咨询和支持机构。二是实现农村社区治理能力现代化:通过乡贤参事会集聚多领域精英提升科学决策能力、多方权威提升对村级"微权力"的监督评议能力、多方资源增强村级社会组织的互助互利服务能力。

二、乡贤参事会制度建设与治理措施

乡贤,是对有作为的官员、有崇高威望或为社会做出重大贡献的社会贤达的尊称。包括因品德、才学为乡人推崇敬重的本土精英,因求学、就业、经商而走入城市的外出精英,以及市场经济环境下前来投资兴业的外来精英。

乡贤参事会,是由热心服务本地经济社会建设的乡贤自愿组成,乡贤为成员组成,以参与村(社区)经济社会发展,提供决策咨询、民情反馈、监督评议以及开展帮扶互助服务为宗旨的公益性、联合性、非营利性的社区社会组织。

德清乡贤参事会的发展主要经历了四个阶段:一是 2014 年之前,主要是以洛舍镇东衡村新农村推进委员会为主进行的探索和尝试。二是 2014—2016 年,通过出台文件部署、开展调研指导、召开乡贤论坛等方式,进行培育和推广。三是 2017—2018 年,将乡贤参事会作为城乡社区协商的重要平台和有效途径,进行深化和完善。四是 2019 年以来,以制订地方标准、完善组织建设为契机,进一步提升和规范,推进贤参事会的品牌建设。回顾乡贤参事会培育发展的历程,德清县主要实施了三大治理措施。

(一)建章立制,把社会创新纳入法制轨道

德清县乡贤参事会的雏形是东衡村 2011 年成立的新农村建设推进委员会。该村在实施省级农村土地综合整治项目中,要对 600 亩土地进行整治和验收,其中涉及村庄整体规划、中心村建设和"三改一拆"等事务,工作任务重、难度大,于是在广泛征求村民和小组长意见建议的基础上,经党员大会通过,成立了由村两委成员、老干部、党员、组长代表等 19 名乡贤组成的新农村建设推进委员会,群策群力完成了任务,实现了乡村治理主体的拓展。

2014 年 9 月 30 日,中共德清县委组织部和德清县民政局联合印发《德清县培育发展乡贤参事会 创新基层社会治理实施方案(试行)》,对培育发展乡贤参事会的重要意义、基本原则、主要内容、培育措施和实施步骤做了规定,并制作了《德清县××乡(镇)××村乡贤参事会章程(草案)》范本作为方案的附件。在这一方案的指导下,2014 年 10 月 17 日,雷甸镇洋北村成立全国首个乡贤参事会。

在乡贤参事会的建设推广过程中,德清县制订了系列规范性文件。2017年 12 月 15 日,中共德清县委办公室、德清县人民政府办公室联合印发《关于深入推进乡贤参事会 完善城乡社区协商的实施意见》,确立乡贤参事会的社区协商地位、协商内容、协商形式、协商程序、工作机制。2019 年 4 月 28 日,德清县市场监督管理局发布了由中共德清县委统战部提出,县委组织部、县民政局、某标准技术有限公司和东衡村乡贤参事会起草的《乡贤参事会建设和运行规范》(DB 330521/T 52—2019),对乡贤参事会的基本术语、基本要求、机构建设、运行管理做了规范。这是国内首个乡贤参事会建设和运行的地方标准,标志着德清县乡贤参事会建设运行步入广覆盖、高标准的阶段。

这些制度和规范,明确了乡贤由乡村本土精英、外出精英、外来精英组成;乡贤组织体系由村级乡贤参事会、镇街层面乡贤参事联合会、县域内乡贤参事联谊会构成;乡贤参事会可以行政村(社区)单建、可以跨村(社区)联建、可以村企(片区)联建;明确了乡贤组织的筹建、登记注册、机构终止程序;组织架构由会员大会—理事会—会长—副会长—秘书长—会员等因素组成及各自的权利与义务;乡贤参事会的职责任务是推进乡风文明、组织公益活动、助推经济发展、提供决策咨询、维护公序良俗、反馈社情民意等方面;明确了乡贤参事会民主协商、会议举办、资产管理、评价改进等内部运行规则;参事议事需要具备

"六环节"，即按照民意调查"提"事、征询意见"谋"事、公开透明"亮"事、回访调查"审"事、村民表决"定"事、全程监督"评"事，构成乡贤参事会参与商议村级事务的完整流程。这些制度和规范，提高了乡贤参事会运行的法治化水平。

（二）创造条件，加强乡贤参事会自身建设

在乡贤参事会的培育发展过程中，德清县一方面加强统筹谋划，把乡贤参事会建设纳入年度考核的重要内容，并通过协调会、现场会、座谈会等多种形式加以推进；另一方面加强部门间分工协作，统战部重点从协助人选安排、激活乡贤资源、做好乡贤参事会参与基层协商民主、联合监督进行指导，组织部重点从党建引领、推动乡贤参事会组建、对乡贤参事会日常运行进行指导，民政局重点从组织备案登记、乡贤参与协商具体业务进行指导。

1.对乡贤资源进行调查摸底。充分调动"德高望重的本土精英"关心公益事业、"功成名就的外出精英"关注家乡发展、"投资创业的外来精英"扎根第二故乡的积极性，并根据乡贤的经验学识、专长技艺按助推经济发展、促进社会和谐、推进乡风文明、助力中心工作等实行分类管理，建立乡贤资源数据库。目前，全县共有乡贤会员 3500 余人，本土精英、外出精英、外来精英占比分别为 59％、28％、13％。

2.为乡贤参事会提供活动场地。德清县利用村两委办公场地、社区服务中心、幸福邻里中心等资源，建成乡贤馆、议事厅、工作室、乡贤长廊、宣传栏等系列乡贤统战阵地 134 个，为乡贤聚会议事、回乡接待、开展服务、展示作为提供场地。

3.做好乡贤参事会的登记备案工作。德清县对符合登记条件的乡贤参事会，在征得乡镇政府（街道办事处）书面同意后，按社会团体登记程序向县民政局申请社会团体法人登记。不具备法人登记条件的，由筹备小组提出申请，经村（社区）党组织同意后，报乡镇政府（街道办事处）备案。截至 2019 年底，全县已成立村乡贤参事会 117 个，社区乡贤参事会 17 个，镇（街道）乡贤参事联合会 3 个，县乡贤参事联谊会正在筹备中。

4.为乡贤参事会提供资金保障。2016 年，德清县民政局联合县慈善总会发起成立了县社区发展基金会，定位为资助型公益基金会，主要资助在县内开展社区治理与服务创新的建设工作、培育发展社会组织以及运用社会工作方法开展慈善救助、幸福邻里和专业助人等"三社联动"工作的创新项目。基金会已累计资助公益项目 200 余个，资助资金近 800 万元，受惠群体达 5 万人

次。基金会设立乡贤专项基金,为乡贤参事会项目化运作提供资金保障。此外,各乡镇政府也为乡贤参事会提供补助资金。如:雷甸镇为社区乡贤参事会提供 5 万元政府补助资金,莫干山镇为乡贤参事会提供 1 万元政府补助资金,洛舍镇为乡贤参事会联合会提供 2 万元政府补助资金。

5.通过联合会加强对村级乡贤参事会和乡贤的交流与指导。乡贤参事联合会是以培育发展乡贤参事会、促进学习交流、能力建设为目的,镇(街道)范围内乡贤参事会以及乡贤代表联合组建的社会组织。乡镇乡贤参事联合会是各村级乡贤参事会交流工作经验、开展业务合作的平台,也是各乡贤会员能力建设和培训的平台,还是尚未成立乡贤参事会的村(社区),成立注册(备案)乡贤参事会的指导者;经常组织开展各类专业性、联谊性交流和研讨活动。如洛舍镇乡贤参事联合会开展了乡贤参事能力和参事会负责人运营管理能力培训,并对各村乡贤参事会的规范化建设进行指导与监督,更好地发挥乡贤参事优势与特长,激发乡贤组织活力,助力高质量发展。

6.定期开展工作例会。德清县自成立乡贤参事会以来,开展各项交流论坛和乡贤培训活动,为乡贤提供信息交流和互助服务的平台。2016 年 5 月 7 日,150 多位长期从事农村工作的国家民政部和省市相关领导、外省市有关部门代表、国内知名专家学者聚首德清,参加以“社区协商,共建共享”为主题的首届中国乡贤治理论坛,深入探访德清“乡贤参事会”的缘起与发展、提升与规范、价值与认同,共同学习讨论“乡贤参与农村治理”这一话题。2019 年,德清县举行“寻根寻源,共话桑梓——德清乡贤家乡行”座谈会,50 余位乡贤齐聚一堂,共话德清建设成就,为家乡经济社会发展献计献策。

(三)宣传激励,营造乡贤参事会良好氛围

1.宣传激励。德清通过坚持全媒体联动,利用多媒体电视、社区微信平台,利用群众意见箱、社区文化馆、文化礼堂等载体开展评选表彰,宣传新乡贤事迹,讲好新乡贤故事,引导新乡贤回归,凝聚广大新乡贤的共识、人心和力量,不断增强乡贤工作的凝聚力、吸引力、影响力,营造良好氛围,让见贤思齐蔚然成风。例如,德清县将“人有德行、如水至清”的德清“德文化”建设,与乡贤文化、孝老文化等民政文化相结合,拍摄微电影《德清若水》,其采取媒体宣传、广场大屏播放、“送电影下乡”等多种形式,进一步扩大提升影响力和关注度。该电影在第四届亚洲微电影大赛中荣获二等奖,入围中国梦微电影大赛获网络票选第三名。新安镇通过绘制乡贤文化墙、建“善行功德榜”、制作宣传

片、开展学乡贤演讲等活动，激发优秀人士创业热情。下渚湖街道通过将乡贤善德善行上墙展示在家风家训馆中，以促进形成主动讲家风、讲廉洁的良好氛围，深入推进清廉乡村建设。

2.个人激励。德清县通过年度"十大乡贤""先进乡贤参事会"等公开评选活动的举办，激励先进人物、宣传先进事迹、带动先进行为，对密切关心乡里发展、热心参与社区治理和服务的乡贤进行表彰奖励，增强乡贤参与家乡建设的荣誉感和认同感。在评选优秀党员、劳动模范、道德模范，推荐政协委员、人大代表以及县级部门和聘请乡镇机关"经济（社会、技术）顾问"时，把乡贤身份和贡献度作为重要依据，让老百姓真正体会到乡贤的价值，真心拥戴乡贤，激发其参事履职的积极性。此外，可以将部分口碑好、思路清、能力强、讲奉献的优秀乡贤能人选入村社干部队伍，打造一线"基层铁军"。钟管镇乡贤联合参事会副会长李波自2018年起个人出资设立"文明乡贤奖"，表彰了10余名有德行、有威望、有能力、有作为的乡贤典型，由其他非公企业家自发出资设立的"时代新人奖""宏飞金点子奖"等民间奖项，也同样极大地激发了广大乡贤助力家乡建设发展的热情；新安镇通过开展"荣誉镇民""以商引商特别突出奖""十佳乡贤名人"等评选活动，表彰乡贤品行，树立乡贤典范。

三、治理成效

德清县从一开始，就注重厘清村党支部领导权、村民（代表）大会决策权、乡贤参事会参议权、村委会执行权，把参事会作为基层组织体系的重要组成部分和推动美丽乡村发展的重要力量来培育和发展。自2014年在全国首创乡贤参事会以来，德清全县已建成村（社区）乡贤参事会134个，新乡贤累计参事4316次、服务6158次，受惠群众达25万余人次，他们在决策咨询、经济发展、慈善公益、弘扬文化、维护公序良俗等方面做出了卓越的成效。

（一）积极参与决策咨询

乡贤参事会作为德清县大力培育发展的社区协商公共平台，积极发挥和融合乡贤参事会在政务建议、村务审议、会务自治中的不同作用，结合当前农村工作重点，设置议题，开展活动，在村庄规划、"五水共治""三改一拆""两美"建设等中心工作中积极建言献策。参与决策咨询的方式主要有座谈会、茶话会、列席村两委和村民代表会议等。例如，德清县通过举办"寻根寻源 共话桑梓"——德清乡贤家乡行座谈会、德清县招商对接会等活动,乡贤们为家乡经济社会发展问诊把脉,牵线提供信息,为家乡建设出谋划策。钟管镇举办"不忘初心,情系桑梓"乡贤聚首同心助力家乡振兴活动,镇干部与 30 多位乡贤齐聚一堂,共叙故土友情,共商钟管发展,乡贤们纷纷为更好地促进钟管镇发展、推动乡村全面振兴出谋献策。洛舍镇东衡村乡贤参事会每位成员均获权列席村两委会和村民代表会议,自乡贤参事会成立以来,共参与完成中心村天然气站建设、废弃矿坑填埋、村庄规划等重大事项决策 48 项,全程介入项目监督,为加快建设"浙北第一村"目标提供了内生动力。

(二)大力推进经济发展

乡贤参事会作为平台,在引资、引才、引智,积极引导乡贤反哺家乡,实现资金回流、项目回归、人才回乡方面卓有成效。近年来,实现全县乡贤累计回乡投资项目 281 个、资金 190 亿元。由乡贤参事组织牵线签约项目 23 个,在谈项目 25 个,投资总额达 40.8 亿元,山民众创园、康养中心、两山乡村振兴等一批优质项目落户乡村,带动村集体增收、群众致富。新市镇充分发挥乡贤优势,助力乡村经济发展。经乡贤牵线达成 5 个签约项目,总投资 3 亿元。其中宋市村乡贤宋桂法牵线引进并全程指导苎溪漾旅游开发项目,吸纳村民就业20 人,每年为村集体实现经济增收。莫干山镇何村村的外出乡贤和外来乡贤,带来新理念、新思路,助推洋家乐开发,引领成立"宿盟",合力建设茶文化主题馆、"党建＋生态电商"风格文化礼堂,举办"杀猪饭"年俗活动,打造"休闲何村、电商富民"品牌。莫干山镇仙潭村的民宿产业在乡贤们的出谋划策之下,朝着差异化、个性化的方向发展,民宿数量从 2012 年最初的 12 家发展到2018 年的 125 家,其中返乡创业创办民宿的达到 56 家。

(三)慷慨投入公益事业

慈善公益活动为在外打拼的乡贤投身家乡建设、反哺"桑梓"提供了平台,通过针对性扶持、结对帮扶等活动,为乡村脱贫攻坚工作提供新动力。德清县累计设立公益基金和个人民间奖项 177 个、筹集资金 5600 万元,提供就业岗位 1000 余个,逐步打造了"德益荟""寸草心""幸福＋"等群众满意、乡贤认可的乡贤品牌。自武康镇乡贤、全国道德模范马福建设立"孝敬父母奖"后,全县相继涌现出"爱国拥军奖""好家风奖""治水英雄奖""春生爱心助教奖""海平和谐家庭奖""永明敬老助残奖""宏飞最多跑一次助力奖""文明乡贤奖"等 54

个民间奖项,设奖人遍及全县 12 个镇(街道),培育和树立基层各类先进典型已逾 6000 人次。全国首家县域范围街道层面的公益基金会——幸福阜溪公益基金会自 2017 年 11 月成立以来,通过构建覆盖全域服务网络、培育专业社会服务力量,实施爱心服务项目,先后设立 14 个单项基金,有 7 个由企业捐资冠名,募集资金总额已超 800 万元。乾元镇在外工作经商的乡贤、企业家们积极参与"慈善村"的建设。2017 年,乾元镇 10 个行政村全部完成"慈善村"创建工作,成为德清县第一个实现村级慈善分会全覆盖的镇街。当年共募集到善款 642 万元,各村的慈善基金广泛用于助困、助医、助孤、助学、助老、赈灾及公益支出等慈善救助,帮扶困难家庭 127 户,支出善款 40.7 万余元。其中仅幸福村就由乡贤带头募集善款 84 万余元;款项均用于捐资助学、家乡建设,仅一年就资助困难家庭 17 户、困难大学生 5 名,为村里 15 位白内障患者免费进行手术,并多次开展健康义诊、突发意外救助、老年人慰问等活动。

(四)有效弘扬传统文化

乡贤通过自身的学识见识、优良品质感染村民,发挥传统文化"德治"内涵,弘扬文明新风尚,利用传统文化软实力为乡村治理、乡村文明建设服务。德清文化底蕴深厚,拥有农耕文明源头之一的良渚文化,瓷器鼻祖青瓷文化,耕读传家的古代儒家士大夫传统,防风文化,游子文化,蚕桑文化,茶文化经久不衰。自 2004 年以来,德清历届县委政府坚持举办德清县游子文化节,传承弘扬文化,惠民乐民利民,打造地方名片,助推区域经济。2019 年第十届游子文化节邀请了日韩等国的艺术家、国内知名学者和省内相关专家等,举行赵孟頫管道升艺术馆开馆仪式、学术交流等活动,进一步发挥文化名人资源优势效应,推动文产融合发展。雷甸镇通过成立"红乡贤"说唱团,利用杨柳青调、紫竹调、三句半、快板等形式,传承乡土文化,展示乡贤才艺,弘扬雷甸精神,传递红色能量。由成员自编、自导、自演的《五中全会开得好》已在全镇 12 个村(社区)进行了 20 多场巡演。现今,说唱团成员已扩大到 17 名,参加演出 30 多场,表演节目 40 多个,引入了优秀节目 60 多个,为"两美"雷甸建设贡献力量。钱塘村乡贤参事会通过策划一场传统中式婚礼,还原水乡婚俗,让村民体会到原汁原味的风俗文化。

(五)踊跃维护公序良俗

乡贤参事会充分发挥乡贤维护公序良俗职能,着力推动乡贤在移风易俗上的示范引领作用。德清县各村进一步拓展和创新乡村治理和社区协商机制,相继建立法制村官、新居民"自我管理三步法"、先锋党员金牌调解、社区社会工作室等工作方法,在了解村情民意、反馈群众意见建议方面发挥重要作用。如禹越镇推行了"法治村官"制度,共举办"法治讲座"47场,调处矛盾纠纷287件。阜溪街道实施新居民"自我管理三步法"以来,共组织开展各类文艺演出、献爱心等大小活动60余次,调解矛盾纠纷76次。新市镇舍渭村在2013年设立"金牌调解室",逐步培育出一支调解邻里和家庭矛盾、维护社会稳定的队伍。雷甸镇洋北村为能更好地服务乡里,乡贤参事会根据成员自身特长,组建了四个别具特色的服务队:"德清嫂"美丽家园行动队、"新财富"创业帮扶指导队、"老娘舅"平安工作队、"喜洋洋"洋北文化社,为村民生活的方方面面服务。舍北村乡贤参事会积极为该村修订完善村规民约出主意,梳理总结出了"孝敬长辈,爱护晚辈,夫妻和顺,家庭和美"等结合舍北村实际的"村规民约"。

四、经验推广

德清乡贤参事会的培育发展,在现代农村社会资本多方化和社会权威分散化背景下,增强了农村基层民主的多方参与、协商共治的能力,形成了以村党组织为核心、村民自治组织为基础、村级社会组织为补充、村民广泛参与的农村社区治理新格局,创新了现代农村的网络化治理模式,是村民自治本质的回归和能力的提升,有力助推了农村社区治理体系和治理能力现代化。现将德清县的经验归纳如下。

(一)注重政治领导和管理规范

注重政治领导,首先是乡贤参事会的建设在县委县政府统一领导下,由县委统战部、组织部和县政府民政部门共同制定相关政策;其次表现在乡贤参事会的筹备需要在镇街党委、村级党组织指导下进行,乡贤入会申请应经村(社区)党组织审核确认,乡贤参事会经上级党组织批准设立党组织或者由上级党组织派驻党建工作指导员、联络员,秘书长通常由村两委负责人兼任,从而保障了乡贤参事会参与乡村治理的正确政治方向。

注重管理规范,是指规范文件逐步完善。即在初始阶段通过《德清县培育发展乡贤参事会创新基层社会治理实施方案》进行规范,在发展阶段通过《关于深入推进乡贤参事会 完善城乡社区协商的实施意见》进行规范，在提升阶段通过《乡贤参事会建设和运行规范》地方标准进行规范。

（二）注重基层创新与因地制宜

注重基层创新，首先表现在善于发现农村社区治理当中行之有效的机制，进行总结提炼，并加以推广。德清县乡贤参事会的创设，就是总结提炼了在村党支部领导权、村民（代表）大会决策权、村委会执行权之外，通过赋予乡贤参事会参议权，来丰富农村治理主体和村民自治权的内涵。注重基层创新，其次表现在善于借力民间设奖的传统，引导乡贤投入社区发展基金，整合公益基金的力量。

注重因地制宜，就是根据不同村的乡贤资源和社会网络，成立结构模型各异的乡贤参事会，不求千篇一律。在会员结构方面，有以在村贤达为主、外出干部为主、驻村企业家为主，也有的吸纳下乡知青、吸收新居民领袖。在建会形式方面，有行政村单建、跨村联建、村企（片区）联建、城市社区联建、农村社区联建等形式。

（三）注重逐步推广与联动发展

注重逐步推广，是指德清县在培育发展乡贤参事会的过程中，始终秉持"成熟一个，发展一个，登记一个"的原则，按照实践、总结、推广"三步法"，以点带面、逐步推广，因地制宜、百花齐放，不急于扩面、不追求整齐划一地推进乡贤参事会的建设，并将其与社区治理和协商民主紧密结合。

注重联动发展，首先表现在乡贤组织在村一级建立乡贤参事会、在乡镇层面建立乡贤参事联合会、在县域内建立乡贤参事联谊会，克服社会组织零散、不成体系的弊端，便于民政部门系统管理和统筹发展。注重联动发展，其次表现在乡贤参事会上与社区发展基金会乡贤专项基金联动发展、中与乡贤自己建立的各类基金会联动发展、下与村级其他社会组织联动发展，并通过各类公益项目的实施实现整合。

（湖州市德清县民政局）

蚌埠市：社区协商求同 创新基层治理

蚌埠，地处淮河中游，古乃采珠之地，誉称"珠城"。现辖怀远、五河、固镇三县，龙子湖、蚌山、禹会、淮上四个行政区，国家级蚌埠高新技术产业开发区和蚌埠经济开发区两个功能区。总面积 5952 平方公里，常住人口 341.2 万人。蚌埠是安徽省委、省政府明确支持建设的淮河流域和皖北地区中心城市，是全国文明城市、全国双拥模范城市、国家园林城市、国家生态文明先行示范区、全国百个宜居城市、中部地区老工业基地城市、安徽省重要的加工制造业基地、合芜蚌自主创新综合试验区核心城市。蚌埠产业基础雄厚，已经形成了以硅基新材料为龙头，生物制造、智能装备制造、高端电子器件为主导的"1＋3"创新产业体系。蚌埠硅基新材料产业园被安徽省政府批准为首批战略性新兴产业集聚发展基地。

当前，随着新型工业化、信息化、城镇化、农业现代化的深入推进，我国经济社会发生深刻变化，利益主体日益多元，利益诉求更加多样。基层问题更是千头万绪，究竟哪些是亟待解决的公共性问题，这些问题又应当如何处理和解决，以前这完全由基层政府或村（居）委会说了算，即便问题得到解决，群众也有可能不理解，以致不满意。如何打破自上而下行政命令式的大包大揽、"政府买单，群众不买账"的尴尬局面，如何将不同利益诉求转化为有效的政策选择，如何化解矛盾、凝聚共识，成为各级党委政府面临的一道重要课题。城乡社区协商正是回应了群众多元化、碎片化的利益诉求和参与事务管理的期盼，成为解决这一难题的有力举措。

一、城乡社区协商难在何处

（一）社区协商氛围需要进一步营造

社区协商氛围营造要解决的是让社区居民直观、便捷地了解和感受到"什么是社区协商、为什么要参与社区协商、如何参与社区协商"的问题。目前大多数社区很少配置社区协商相关的宣传标语、宣传口号、网络信息和平台场所，居民感受不到社区协商在社区工作中的存在。

（二）社区协商平台建设需要进一步加强

社区协商平台是指社区居民可以针对社区公共事务、公共事业、公共服务等社区公共问题展开交流、协商、论辩、达成共识的会议场所，能够组织落实社区协商成果的活动空间。社区协商平台要解决的是社区居民"在何处进行协商、在哪儿落实协商成果"的问题。大部分社区都存在着社区协商平台不足，居民无处协商的问题。

（二）社区协商制度需要进一步完善

社区协商制度要解决的是"按照什么规则、方案、计划、方法、技术和流程进行社区协商的问题"。为了推动社区协商民主建设，从中央到地方都制订了一些社区协商制度，大部分社区协商制度都比较宏观和抽象，可操作性相对不足。能够激发基层政府和社区干部推动社区协商动力的制度、能够引导和激励社区居民积极参与社区协商的制度、能够规范和指引社区主体如何协商的制度相对较为缺乏。

（三）社区协商主体能力需要进一步提高

社区协商主体是社区协商实现的关键要素，其对社区协商的认知能力和操作能力水平的高低决定了社区协商实现的高低。大多数社区工作者对"什么是社区协商、为什么要进行社区协商、如何进行社区协商、社区协商和社区党建及社区自治是什么关系"等社区协商基本知识缺乏认知能力，推动社区协商实现所需要的"如何收集社区协商议题、如何召开社区协商会议、如何落实社区协商成果"等社区协商操作能力明显不足。

二、蚌埠市探索社区协商的创新之路

有事多协商、遇事多协商、做事多协商,越来越成为基层实践探索的普遍行为模式。如何把协商民主应用好,把社区居民和单位组织好,把社会活力激发好,解决上述社区协商面临的问题,为群众提供更精准化精细化的服务,安徽省蚌埠市进行了一系列探索与实践。通过体制机制创新,大力推动社区协商工作,蚌埠市有效破解了社区协商所面临的一系列难题,走出具有蚌埠特色的社区协商新路径。

(一)创新社区协商"六事"工作机制

2016 年,根据中央、省委文件精神,蚌埠市委办公室、市政府办公室印发了《蚌埠市推进城乡社区协商工作的实施方案》,在申报省级社区协商示范点过程中,创新推出蚌山区作为全市社区协商试点区,启动城乡社区协商整区推进模式,边探索边总结,开创性提出"点事、提事、议事、决事、办事、评事"的社区协商"六事"工作机制。

1.明确"7＋X"协商主体。蚌山区以"依法、属地、合理"为原则,综合考虑议事内容的性质、利益关系、影响范围及难易程度,确定协商主体。组建社区工作协商委员会,设主任 1 名,由社区党组织书记或居委会主任担任;成员实行结构制,基本构成为"7＋X",即固定方或相对固定方＋利益相关方,静态动态相结合保证参与主体的科学性及合理性。"7"为社区"两委"成员、社区监督委员会成员、专业社工(社会组织)成员、居民代表、"两代表一委员"、辖区单位代表和专业人士(提供经济、建筑、法律等专业技术、咨询的人士);"X"为其利益相关方,随协商事项完毕即宣告结束。所有的利益相关方,都可以作为参与的主体,但协商主体人员总数原则上为 15～21 人,在人员比例上,基层干部一般不超过三分之一。

2.界定"五个"协商范围。分类整合城乡社区协商适用的议事内容与协商范围:(1)涉及社区居民切身利益的公共事务、公益事业、公共服务及公共安全等;(2)居民反应强烈,迫切要求解决的实际困难、问题和矛盾纠纷;(3)区、乡(街道)重点工作在社区的落实问题;(4)居民、业委会与物业之间所涉及的相关事务;(5)各类协商主体提出的有协商需求的事项等。

3.规范"六事"协商工作程序。蚌山区依据"六事"工作程序落实城乡社区协商工作，即"点事、提事、议事、决事、办事、评事"，实现民主、高效、规范有序的成效。百姓点事，广收议题。通过社区党群活动中心、社区议事厅、民主大院、居民论坛、老党员工作室、"两代表一委员"工作室、社区警务室、妇女之家、民情恳谈日、走访调查等载体和途径，利用社区信息平台、居民QQ群、社区"微信公众号"、议题收集箱等，把各方反映的意见建议收集起来，由社区工作协商委员会统一登记汇总。"两委"提事，确定议题。社区工作协商委员会根据收集来的议题，定期召开会议进行筛选、审定，并将协商主体及初步协商方案报社区"两委"审核，同意后正式将其确定为协商议题并进行公示。居民议事，平等协商。主要以召开协商议事会为主，三分之二以上协商委员会成员到场，各类主体充分发表意见建议，集中各方智慧，吸纳合理主张，达成协商共识。与会决事，集体表决。坚持依法依规、民主讨论、公开表决和少数服从多数原则，进行平等协商、民主决策，所有协商必须经协商主体人员同意后，形成最终协商结果。多方办事，组织实施。备案协商成果，并及时召开社区"两委"班子会议，对协商决议的落实工作进行专题研究，交由相关法定责任主体、社会组织等办理落实或组织实施。公众评事，督促落实。协商委员会、社区监督委员会及利益相关方对协商事项进行跟踪督办、公众评议和通报、公示，广泛接受社会群众监督。

蚌山区推出的《关于推行城乡社区协商"六事"工作机制的实施方案》，明确了"民事、民议、民决"的协商定位，解决了"谁来议""议什么""怎么议"的三个关键环节，初步形成了"两个实施方案、一套流程、一个规则"的机制体系。这一创新成果得到了民政部和省民政厅的高度肯定，民政部第四届全国村官大讲堂在蚌埠市举办，来自全国各地的170余名与会代表实地考察参观蚌山区第一社区社区协商平台和协商成果。安徽省社区建设工作领导小组全文转发蚌山区推进城乡社区协商"六事"工作机制实施方案，供各地市参考借鉴。《中国社会报》《中国社区报》《安徽日报》《社区》杂志均争相报道了这一创新做法。

（二）以社区协商实践营造和谐社区

为积极开展基层民主协商，推进城乡社区协商制度化、规范化和程序化，促进全区经济社会协调快速发展，蚌埠市全面推行城乡社区协商工作机制，全市1123个城市社区和行政村全部建立社区工作协商委员会，已建立协商网络征集平台 881 个,其中社区公众号 177 个,居民 QQ 或微信群 704 个。

1.搭建老百姓身边的协商平台。蚌山区主张"以改代建",引导社区对现有的、老百姓身边的活动场所进行改建扩建,在不影响老百姓生活习惯的基础上,使社区协商委员会的成员融入百姓中,一起"听一听、聊一聊"居民社区生活的点点滴滴。"红叶亭话""湖景廊议""观湖广场""天桥话苑"等多个品牌式的协商平台慢慢走近居民的心中。每周四下午四点半,社区协商委员会的成员会准时在"红叶亭话"等议事场所,对社区内的公共事务、公共环境、公共安全、公共利益及社区权限范围内的公共服务进行意见征集、沟通交流、政策解读和相关问题的解释反馈,也会畅谈社区幸福生活的点点滴滴。现在以"红叶亭话"为代表的协商场所已不再局限于服务本小区居民,其他生活小区的人员也积极参与到其中。

2.营造良好的社区协商环境。依据人民当家做主和依法治理的原则,蚌山区各街道社区依法推进城乡社区治理,充分发挥自治章程、村规民约、居民公约等"软法之治"的积极作用,形成了各具特色、属于小区居民的个性化居民公约。喻义巷社区宣传牌上,"善解能容,共商共享",简短的八个大字,为居民打开了一扇"协商之窗"。第四社区的宣传栏,将协商形式归纳为四种类型:议事自治型,还权于民,居民的事居民解决;听证咨询型,重大事项,政策宣传的有效途径;联动共建型,引入"三社联动",推进单位共建;协调对话型,避免激化矛盾,促进社会和谐。万达社区的"业业连心,鱼水之情",形象地体现了业主和业主群体与物业公司之间的关系,营造出业主与物业之间打开畅通的沟通渠道、相互体谅、相互扶持的氛围。小区水体污染治理、居民毁绿种菜及监控摄像头维修更新等居民普遍关注、反映集中的问题,通过"问政于民、问需于民、问计于民"的协商自治,在老百姓家门口、通过居民自己的参与得到了妥善解决。百姓的口口相传是最有影响力的宣传语,良好的协商环境吸引了越来越多的群众参与到社区治理中。

3.尊重支持社区首创精神。为充分保证社区各方力量全面参与社区事务的民主协商和实施,在推行落实蚌山区"六事协商工作机制"的过程中,鼓励基层首创,探索建立符合社区特色的协商模式。从 2017 年开始,蚌埠市在全市范围内开展市级城乡社区协商示范街道(乡镇)、示范社区(村)建设活动,按照各县区申报创建的协商示范单位的等级和数量分配年度社区建设专项资金,从几十万元到几万元不等,发挥专项资金对社区协商工作的引导和推动作用。目前,全市共有 12 个街道(乡镇)和 62 个社区(村)被列为市级示范点。同时,组织优秀协商案例评选和征集活动,对评选优秀的协商案例给予几千元的奖励资金,激发了社区开展协商活动的积极性。目前全市共评选社区协商优秀案例83个,统一印制成《蚌埠市城乡社区协商优秀案例汇编》,供全市城乡社区学习借鉴。其中,比较有特色的有:蚌山区天桥街道建立并完善了"参与式协商"工作制度,包括例会制度、讨论表决制度、分片负责制度、民主评议制度、民主监督制度。从信息收集提交、协商讨论决策、议题办理公示三个阶段规范议事程序。同时加强舆论引导,激发居民关注社区生活、参与社区协商工作的热情。宏业村街道积极探索推进社区商业与社区治理相结合,实现多方参与社区治理,设立了"六尺巷"话吧工作室,作为社区协商工作的平台,对居民反映的问题进行收集、讨论,通过搭建社区协商自治共治平台,充分整合社区各类资源,着力完善社区管理和服务功能,实现了居商共存共荣,社区共治和谐。

4.社区工作者更加专业化。蚌埠市通过政府购买社会组织、高校智库服务的方式,引进专业社会工作者或专家为社区协商主体开展协商提供专业指导和专业培训。通过专业的指导和业务培训提升社区协商相关主体对"什么是社区协商、为什么要进行社区协商、如何进行社区协商"等社区协商基本知识的认知能力,使其熟练掌握"如何收集社区协商议题、如何召开社区协商会议、如何落实社区协商成果"等社区协商操作能力。同时,组建公益服务社团,引导居民参与公益活动。为了提高居民的社区协商参与度,蚌山区各社区先后组建了多个社会组织,有楼栋长志愿者队伍、民俗剪纸社团、书法志愿者协会、二胡社团等,以丰富多彩的活动形式调动居民的参与积极性,把有效的宣传与社团活动结合起来,让更多的居民参与协商,享受协商成果。为解决社区内居民群众参与度较低的问题,建立"楼栋长队伍"。社区党组织利用自身资源,配合社区做好计生、低保、廉租住房、就业、老年、文明创建等相关政策和文件精神的宣传,及时了解掌握本楼栋内居民搬进搬出的信息,及时向网格责任人汇报。成立由党员带领群众活动的老年艺术团,社区党组织利用各种传统节日,组织社区老年人参与各种活动,为社区老年人提供了交友、娱乐、培养兴趣的平台。一系列社区社团活动的开展,使社区社会组织不仅成为凝聚人心的载体,更有效地解决了部分居民的实际生活困难。社区也因此涌现出一大批热心公益事业、关心社区生活、能代表群众呼声的骨干分子。

5.注重激发居民公共精神和公共意识。蚌埠市各协商示范点通过3年来的社区协商民主实践,基层党组织政治引领和服务功能得到了双提升。社区注重激发社区居民的公共意识,促进社区自治功能进一步回归,其中"整治楼道杂物"的议题不仅更新了《居民公约》,让居民成为社区的"立法者",还邀请居民们组成联合评定小组,对楼道进行定期巡查、抽查,使该小区楼道内堆放杂物的现象得到了有效的治理。基层群众获得了更多知情权、参与权、表达权和监督权,社区主体地位进一步凸显,参与公共事务的主动性不断增强。居民对社区公共事务及环境的认识也逐渐从最初"别人的事"变成"家门口的事",变成"我们大家的事",以往人心不齐、公共资源紧张等多种状况得到明显改善。通过社区协商议事会平台,越来越多的身边事得到解决落实,越来越多的居民参与到社区公共设施建设、公共环境保护、公共秩序维护等事务的讨论、决策、实施以及管理的各个环节中。

(三)"五化工作法"构建城乡社区协商"蚌埠模式"

蚌山区在社区协商方面先行先试,对标调焦,充分激发和释放社区协商居民自治的活力,为蚌埠市做好基层社会治理工作提供了可复制、可借鉴、易推广的经验和做法。总结借鉴蚌山试点区社区协商的优秀成果,蚌埠市将"蚌山模式"上升为"蚌埠模式",形成了以协商主体多方化、协商全程组织化、协商内容分类化、协商成果项目化、协商推进积分化为内容的社区协商"五化工作法",有助于提升全市的社区治理水平。

1.落实"党建引领",构建协商主体的多方化。蚌埠市通过建立"党建引领"机制,明确了社区党组织在社区协商过程中的核心领导地位和引领作用。明确要求社区党员必须积极参与到社区公共事务的协商当中,通过党员的榜样作用与示范效应来推进民主参与和社区协商的发展,稳固增强党组织在协商工作中的核心领导力。同时,理清各个协商主体对社区协商所发挥的作用,构建多方化的协商主体。明确基层政府主要是提供政策支持和物资保障,起监督指导作用;社区居委会是居民自我管理、自我教育、自我服务的基层群众性自治组织,是党和政府联系人民群众的桥梁和纽带之一,在协商工作中起指导作用;社区居民主要积极参与、献计献策;社区社会组织主要起协助补充的作用,对社区协商工作进行完善;社区单位主要为协商工作的开展整合提供相应的社区资源;物业公司维护好居民的日常生活环境,做好自己的本职工作,必要时作为利益主体参与协商。

2.加强组织建设,推动协商过程的组织化运作。协商组织是进行社区协商建设必须依托的主体,加强社区协商组织培育,坚持以组织为引领,以队伍为纽带,让协商有"组织引领",更有序地推进社区协商建设。在社区层面,普遍建立社区工作协商委员会,是专门从事社区协商事务日常操作、组织推动社区协商工作的协商主体。社区工作协商委员会成员组成方式按照"7＋X"模式架构,依托社区议事厅作为协商讨论的相对固定场所。在小区层面,成立小区协商治理理事会或者小区党群协商治理理事会,成为在社区党组织领导下,组织小区党员群众协商议事的社区协商组织和协商平台。其成员要当好"六大员",即政策法律宣传员、社区公共事务协商员、社区公共事务监督员、社区矛盾纠纷调解员、社区文化活动组织员、社区各类事务服务员,成为社区与居民联系的纽带。

3.细分协商内容,推动协商形式的分类化。社区协商内容主要包含城乡经济社会发展中涉及当地居民切身利益的公共事务、公益事业及当地居民反应强烈、迫切要求解决的实际困难问题和矛盾纠纷等。根据社区协商的不同内容,蚌埠市把社区协商分为四类协商形式,即议事型协商、调解型协商、咨询型协商和对话型协商。议事型协商主要针对社区公共事务、公共服务和公益事业中社区居民意见较为集中的重点、热点、难点问题,以及居民反映强烈、迫切要求解决的实际困难等问题进行协商议事,以便较好地处理好这些问题的协商类型。调解型协商主要针对社区中出现的物业、邻里等矛盾纠纷进行专项协商调解的协商类型。咨询型协商是社区在讨论、决定事关社区发展和社区居民重要利益的重大决策前,召开由相关人员参加的社区党员和居民会议并咨询参会人员对重大决策的意见,推动决策科学化的协商类型。对话型协商是社区在讨论、决定事关社区发展和社区居民重大决策后召开的对话、说明协商会议,推动社区协商成果落实和社区矛盾化解的社区协商类型。为了规范上述四种社区协商类型,根据中央、安徽省有关社区协商文件,蚌埠市制订了《社区协商工作手册》,向全市社区和村发放,其主要包含"小区党群协商治理理事会建设操作方案、社区工作协商委员会建设操作方案和议事规则、4种社区协商类型及协商流程、社区协商志愿者积分管理办法"等内容,为社区协商工作常态化和长期运行规范化保驾护航。

4.落实协商成果,推动社区协商项目化操作。借鉴企业项目化运作的方式,将协商案例按议题确定、协商方案、解决方式等要素打包为社区协商项目包,逐一解决,形成一整套的项目化操作规范。将协商成果项目化以更加科学的规范社区协商程序,提高社区协商工作的效率,使社区协商成果的落实更有抓手。通过项目化的运作,转变社的服务理念,由传统的"政府点单、社区供给、居民接受"的服务供给模式,转为以挖掘居民需求作为核心,实现居民自议、自决、自管、自评。一切从居民实际需求出发,推动社区协商工作的不断发展。

5.加强志愿者激励,推动社区协商的积分化激励。制定了《社区协商志愿者积分管理办法》,通过社区协商志愿者岗位积分、参与协商成果落实的项目积分、带动新的志愿者加入社区协商工作的积分3种方式,对参与社区协商的志愿者进行量化积分。年末,各社区根据社区协商志愿者参与社区协商工作获得的积分,进行年度星级志愿者称号评比,颁发星级志愿者服务证书,进行表彰,给予一定的精神和物质奖励,并在社区网站、社区宣传栏、楼栋公示栏等处对评比结果进行公示,做到透明、公开、公正。对于有工作单位的在职志愿者,社区工作协商委员会把星级志愿者的志愿服务情况通报和星级志愿者服务证书复印件一并寄送到其工作单位,建议其工作单位在评优评先中参考志愿者的社区协商志愿服务情况。实践表明,通过社区协商志愿者的积分化激励,能够有效激发社区居民参与社区协商的积极性,推动了社区问题解决,既激发了社区活力又促进了社区和谐有序。

三、基层民主自治功能正逐步回归

蚌埠市通过多社区协商工作的探索和创新,进一步完善议事协商规则,使居民、社区、辖区单位及社会各界的各种资源得到有效整合,为社区的建设和发展提供了正确导向和强大的推动力。同时,回应了群众多元化、碎片化的利益诉求和参与事务管理的期盼,成为解决"政府买单、群众不买账"这一难题的有力举措,推动了城乡社区民主协商的纵深发展。

(一)社区群众主人翁意识得到激发

通过一件件协商案例的落实,通过把由群众自己解决的事交还给群众,通过社区协商议事会这个平台,群众更愿意广泛参与到社区公共设施建设、公共环境保护、公共秩序维护等事务的讨论、决策、实施以及管理的各个环节,群众的主体地位进一步凸显,主人翁意识得到激发,参与社区公共事务的信心和积极性、主动性、创造性不断高涨。

(二)基层党组织引领作用和服务功能双提升

社区协商能不能发展好、凝聚好群众共识,最关键的是方向正不正确,政治保证是不是坚强有力。社区党组织充分发挥在协商中的领导核心作用,切实发挥好基层党组织战斗堡垒作用和党员干部先锋模范作用,加强对协商工作的政治领导、思想引领、组织保障,把党的领导贯穿于社区协商全过程和各方面，引领城乡居民和各方力量广泛参与协商实践，确保社区协商始终沿着正确轨道推进。同时，社区党组织主动向群众征集意见建议，群众"点单"，政府来"买单"，最后达到群众"买账"的共赢局面。从群众中来，到群众中去，将"两学一做"落脚到加强服务型党组织建设上来，真正让"两学一做"学习教育活动在"做"上见真招，在解决问题上下苦功。

（三）社区自治功能进一步回归

通过社区协商这一形式，改变了以往由政府自上而下派发式来解决问题的工作方式，群众能够广泛、真切地参与社区事务决策、管理和监督，获得了知情权、参与权、表达权和监督权；在一定程度上加快了基层政府职能转变，提高了社区自治能力，努力形成了社区居民"自我管理、自我教育、自我服务和自我监督"的组织体系。同时，为社会力量发挥作用让出了空间，社会组织得以蓬勃发展，各种力量参与共建社区热情高涨，社区自治功能得到回归和强化。

目前，蚌埠市在推动社区协商"六事"工作机制和"五化工作法"的过程中，还存在着部分政府部门对社区协商工作重视度不够、协商成果落实缺乏资金保障、社区协商氛围和平台不足等问题。下一步，我们将进一步健全工作机制，加强政府购买社会组织服务力度；通过社区为民服务专项经费和村级组织运转经费保障机制等渠道，为城乡居民开展协商活动提供必要条件和资金；加强社区志愿者积分激励工作；广泛开展政策宣传，普及法律知识，帮助城乡居民掌握并有效运用协商的方法和程序，营造全社会关心、支持、参与城乡社区协商的良好氛围，共同推动蚌埠市基层民主健康发展，不断提升社区治理水平。

（蚌埠市民政局）

第四篇

精密智治制度创新案例

温州市:以"智慧村社通"为平台探索基层智慧治理模式

当前,网络信息技术日新月异,全面融入社会生产生活,引领创新发展,加速经济社会转型。以习近平同志为核心的党中央高度重视网络安全和信息化工作,提出建设网络强国战略目标,国务院制定"互联网＋"行动计划和国家数据战略,浙江省委省政府提出深化"数字浙江"建设,加快推动互联网和实体经济深度融合,拓展经济发展新空间,促进社会治理模式转变。

近年来,温州市在基层治理方面做了大量工作,取得了显著成绩,城乡社区治理不断完善,信息资源开发利用不断深化,社区服务内容不断丰富,有力支持了社区事业发展。与此同时,村社工作仍面临村(居)务公开不规范、社区严重"行政化"、上下级"信息孤岛"、缺乏有效监督管理等困难和问题,村社工作与移动互联网和大数据等技术尚未实现深度融合,与村(居)民的期盼和基层治理发展的内在要求还有一定差距,需要在新形势下结合实际,切实加以解决。

加强村级管理工作、提高服务水平,是加强农村党风廉政建设,密切党群干群关系,实现农村长治久安的重要保证。农村稳定是全国稳定的重要基础。在新形势下,只有推进村社事务公开、民主管理、精准服务,才能建立起民主化、规范化、程序化、科学化的管理制度,培养出一支政治强、作风好、善于为村(居)民群众服务的基层干部队伍,形成干群同心、和谐安定、健康向上的良好局面,农村社会稳定才能有坚实的基础,农村的长治久安才能有可靠的保障。

一、以"智慧村社通"为平台的基层智慧治理建设的必要性

(一)规范村务管理法制化的需要

《浙江省实施〈中华人民共和国村(居)民委员会组织法〉办法》第八条第九项规定:建立健全村务公开和民主管理制度;第二十九条规定:一般事项至少每季度公布一次;涉及村(居)民利益的重大事项应当随时公布;集体财务往来较多的,财务收支情况应当每月公布一次。公布的村务事项应当真实,并接受村(居)民的查询和监督。目前村级财务公开不到位、村级党务、政务、村务、事务公开不及时的现象仍然普遍存在。建设"智慧村社通"管理平台,督促集体收入及时入账、村级财务人员及时报账,并定期公开村级财务,及时公开村级党务、政务、村务、事务,有效发挥村(居)民监督作用,落实民主政治权力,真正实现村(居)民当家做主。

(二)提高村(居)民民主参与度的需要

目前,村(居)民参政议政唯一的途径是参加村(居)民会议或村(居)民代表会议,随着社会经济的发展和城市化水平的提高,人员流动性增大,村(居)民外出现象比较普遍。现有的基层议事参政渠道限制了村(居)民对民主协商、管理、决策、监督的执行。建设"智慧村社通"管理平台可以打通外出村(居)民参政议政渠道,提高村级事务决策的科学性和可行性。

(三)加强基层组织建设信息化的需要

通过"智慧村社通"管理平台建设,可以规范化公开党的组织贯彻落实党的基本理论、基本路线、基本方略情况,领导经济社会发展情况,落实全面从严治党责任、加强党的建设情况,以及党的组织职能、机构等情况,村社事务管理情况可以第一时间展示在村(居)民眼前,村(居)民可以及时监督村社事务和财务情况,"智慧村社通"平台提供的互动平台可以加强村(居)民对村干部的了解和理解,也可以减少村级不正之风的蔓延,避免村社事务管理"一言堂"。

(四)深化"最多跑一次"改革的需要

2020年是浙江省纵深推进全面改革开放,深化"最多跑一次"改革,推进政府数字化转型,加快落实"掌上办公"及"掌上办事"的关键年份。"智慧村社通"管理平台将村社事务管理、社区服务和大数据、移动互联网技术相结合,打通了基层群众性自治组织和村(居)民连接的"最后一公里",让"掌上办公""掌上办事"及"掌上服务"成为村(居)民的现实生活中不可或缺的一部分。

(五)提升村社管理水平的需要

目前村社组织大多还是采用传统的人对人、面对面的管理模式,工作效率不高,无法适应当前社会发展要求;信息公开采用传统的纸质、橱窗、展板等方式,公开效率低且无法形成规范化的台账。"智慧村社通"管理平台可实时收集下级各村社两委工作开展情况,通过信息推送功能提示其按时完成工作,工作逾期严重时将同时通知上级部门,由上级部门完成督促工作;将各村通过"智慧村社通"移动端,服务端公布上传的村情村貌、财务报告、历任两委成员、民主协商结果等信息并归档,形成电子化台账,保证村社事务管理有据可查、自然留痕。

(六)基层减负的需要

为响应基层工作减负要求,提高村(居)民议事决策监管的有效性,提升基层群众性自治组织民主建设痕迹化管理水平,减少村社干部职责事项多、工作台账多、考核督查多、创建评比多等"七多"负担,形成村级电子化信息档案,"智慧村社通"平台开发了数据统计功能,各级业务部门可通过后台提取辖区内相关统计数据,比如各村党员数量、村级建设投入情况等,既可为政策制定提供依据,又可减少基层组织统计工作重复进行,实现基层减负。

二、温州市智慧社区治理存在问题

(一)信息公开效率低

行政层级多、基层组织相对分散,导致村社信息的公开无统一格式,目前在各类智慧治理平台上公开也以"拍照—扫描—上传"的形式为主，大部分村社仍然需要形成纸质台账后再拍照上传。以往的单一线下公开变成线上线下两头公开，公开效率低，增加基层负担。

（二）缺乏全局性的业务统筹能力

根据《温州市村社运行规范工作手册》，在法律法规上有明确要求职责事项涉及村社的共 27 个部门，涉及党委、行政、群团组织多个业务口。目前，温州市无统一的村社事务公开业务平台，各个部门自行开发打造的 APP、小程序、公众号，只针对单一部门的业务内容，由于部门间的"信息壁垒"，缺乏全局性的业务数据收集和统计能力，缺乏全局性的数据查询与统计应用，无法体现高效的管理和服务水平。

（三）缺乏决策分析数据支撑

目前村务公开等方面拥有大量基础数据，但数据分散，缺少数据整合及决策功能，无法通过数据来分析现有政策执行效果、预测未来趋势，虽有数据但无法使用。"智慧村社通"管理平台通过对各类业务数据挖掘和分析，获取未来趋势变化，通过直观的查询功能把所需的业务数据、信息和分析结果以丰富的形式快速地展现出来，为领导决策提供准确的依据。

（四）缺乏高素质人才

智慧社区治理对人才素质要求很高。但目前温州市的城乡社区工作者承担着大量行政性工作，长期处于超负荷工作状态，部分人员素质不适应智慧社区治理的要求。城乡社区干部在智能终端和应用系统操作上能力不足，致使智慧社区落地应用使用率不够高。

（五）社区管理体制制约智慧模式创新

镇街、社区目前承载着多个业务垂直系统，形成了一个个孤立、分散的"信息孤岛"。大量不同部门的基础数据需要城乡社区工作者在多个系统重复录入，数据标准又不统一，工作量很大，但查阅使用信息的权限却在上级职能部门，村社、镇街层面享受不到所采集的信息。村社工作"行政化"倾向严重，仅凭村社很难做到区域内的资源共享、全面推进。进入智慧社区的技术标准现在也不规范、不统一,还存在重复建设和盲目建设的问题。

三、"智慧村社通"平台的主要功能

(一)村社组织架构

村社组织架构是村(居)民和上级单位了解村级运行情况的主要渠道,了解村情和历史的有效途径。各级主管部门及村(居)民需要及时了解掌握以下情况:村(居)民委员会的组成,届期和工作职责;村级集体经济组织建设情况;村监督委员会建设情况;村(居)民委员会下属委员会的建设情况;村级社会组织组建情况和活动情况;专业社会工作服务情况;慈善公益机构组织情况及活动情况;村(居)民代表会议制度建设情况。

(二)事务公开

上级主管部门需要及时、全面、准确了解掌握各行政村在政务公开、村务公开、财务公开、事务公开等方面情况,并进行有效监督管理。凡涉及村(居)民利益的重大问题和村(居)民要求公开的事项能及时公开,重大财务事项实行专项公开。其他公益事业按照具体问题具体分析原则,通过平台提供的"一事一议"功能模块进行商议,做到及时、公开、透明。各级主管部门能够实时掌握"党务公开""政务公开""村务公开""财务公开""一事一议""通知公告""村情咨询"等基本内容。

(三)利民便民服务

1.推送政策法规,普及科学知识。及时向村(居)民推送法律法规和各级政策文件,特别是与村(居)民利益相关的惠民政策;开展农技知识培训、婚姻家庭教育等基础教育。方便村(居)民加强自身学习,及时了解政策动态,促进农村社会和谐发展。

2.推进"最多跑一次"便民服务进农村。对接"浙里办"政务 APP、开展低保申请、精准扶贫等服务,方便村(居)民不出门即可办理与"最多跑一次"相关服务。

3.推送名特优产品,深化农村供给侧改革。以行政村为单位建立"村友圈"，定期推送省市级以上评比推选出的名特优产品、精品旅游线路和农家乐，拓宽农副产品销售渠道，实现村（居）民增收的目标。

4.打通村（居）民反映问题渠道，及时了解村（居）民需求。通过开通"村长信箱"功能，村（居）民可以文字或者语音方式向村两委提出意见与建议，村两委在一定期限内予以答复。上级有关部门定期汇总查看辖区内村（居）民意见与建议，及时了解民情舆论，形成良性循环。

5.协助避灾救护工作。收录采集各地设置的避灾安置场所地址，通过手机地图指导村（居）民在灾难来临时第一时间前往避灾点寻求帮助。

（四）工作辅助

1.工作监督和展示。按市、县、乡、村、村（居）民共5个层级设置，实时收集两委工作开展情况，通过信息推送功能提示其按时完成工作，未按时完成者视情况同时通知上级部门，由上级部门完成督促工作。平台设置类似微信朋友圈功能的"动态"模块，村社干部可实时在线发布工作动态，村（居）民、群众随时点赞评论，给村社干部和群众建立实时沟通渠道。

2.数据统计。各级部门需要通过后台提取辖区内相关统计数据，比如各村党员数量、村级建设投入情况等，既可为政策制定提供依据，又可减少基层组织统计工作重复进行，实现基层减负。

3.村社台账电子化。收集汇总各村公布的财务报告、历任村委会成员、民主协商结果等信息并归档，形成电子台账档案，保证各村事务有据可查，有史可鉴。

四、"智慧村社通"在全域基层智慧治理中的成效

（一）整合资源，推动村社事务公开从"线下"向"线上"转变

1.丰富系统信息资源。系统整合"政策法规""科普教育""乡村振兴""名特优"等专栏，及时推送更新信息内容，截至目前，各专栏内容总共发布3950条信息。文成县平和乡东方村在"名特优"栏目中发布"东方村下沙园草莓种植基地"信息后，从3月中旬至今为该基地带来10余万元收入。

2.实时发布动态信息。平台实时发布村（社区）动态和三务公开内容，提高村社工作的透明度，保障群众对村（社区）的知情权、参与权和监督权。截至

目前,村务公开相关数据已达 4 万条,按照公开物料费 80 元/次计算,可节约"三务公开"费用 320 万元,为阳光村务管理开辟新途径。

3.设置信息公布权限。设置村(社区)信息查看权限,高等级权限内容仅上级部门镇街和本村(社区)干部查看,中等级权限内容对所在村(社区)所有人员公布,低等级权限内容对所有浏览者开放。如"码上协商""财务公开"等栏目只对本村村(居)民开放,其余人员无权参与和查阅,打消村干部担心信息公开外泄的疑虑,体现安全、公开、透明的全域治理特色。

(二)量身定制,推动村社公共服务从"共性"向"个性"转变

1.个性定制。平台设置特定推送功能,为服务对象量身定制推送需要的大病救助、合作医疗、低保边缘等信息和惠民政策。如低保申请最新政策一键发布覆盖近 13 万人,社会心理服务有关知识惠及约 176 万人次。

2.特色服务。根据村(居)民日常需求,增设农技知识、婚姻家庭教育、心理健康等基础教育知识培训。同时,应时应季推送名特优产品、精品旅游线路和农家乐等特色服务信息。

3.强化参与。"码上协商""提建议"和动态实时发布模块,鼓励群众"说一说""议一议",推动村(居)民从被动接受转向主动参与。比如,村(居)民在"码上协商"可线上参与重大事项议事决策,55 个议题已形成"线上决议",构建"线上＋线下"议事新模式,扩大民主议事决策管理的参与度。

(三)科学管理,推动村社事务管理从"纸间"向"指尖"转变

1.利用电子台账,解决查询台账记录繁琐的问题。建立数据统计功能,上级部门可一键提取辖区内"干部信息""党员数量""资金预算""活动情况""民主议事"等基本数据,实现了"市—县—乡—村—民"五个层级线上联通,无阻碍实时交流,充分发挥平台的桥梁作用。

2.利用电子抽检,解决进村入点督查难的问题。上级部门即时调阅和查询村社动态信息,减轻入点检查给基层带来的负担,减少监管中的运行成本。如 2019 年农村社区分层分类创建工作,共省去 112 个农村社区现场考核验收的负担,县乡村三级共减少陪同约 1100 人次。

3.利用线上互动,解决村社居民互动性差的问题。居民可随时了解村社工作和活动动态,"线上"与村社干部进行互动交流,提高村居民群众的参与热情。如永嘉县桥下镇韩埠村拥有"粉丝"1.1 万人,2020 年 5 月 8 日发布的"韩

埠村获桥下镇第一次全域环境比看'最美村'"动态信息浏览量超 5000 人次。

(四)精准智控,推动村社疫情防控从"平面"向"立体"转变

1.精准实行"e宣传"。精准对接村社干部及居民群众需求,使疫情数据透明化、政策宣传智慧化,为精准智控打好基础。目前,通过"智慧村社通"平台发布防疫政策 571 条,总浏览量 8.2 万次;村社干部发布动态文章 10573 篇,信息点击量达 53.7 万人次,累计点击量是疫情前同时段的 8.2 倍。相比疫情前,平台访问量增加了 151.9 万人次。

2.积极探索"e战报"。主动开发"疫情战报"等模块,村社卡口、参与人员等数据统计方便,切实用"e手段"为基层减负,减少村社干部纸质台账报送,充分发挥新媒体在疫情防控中的作用。截至目前,1976 个村在"疫情战报"模块报送数据,统计申报 1.2 万个村社两委成员、1.6 万个志愿者参加疫情防控。

3.合力探索"e表决"。利用平台"民主议事"结合微信等"e手段",在疫情期间减少村级接触式会议,充分发挥新媒体在村(居)民"自治"中的积极作用。如瑞安市塘厦镇凤川村党支部首次采用线上协商投票表决模式,实行该村在防疫期间"村(居)民行为规范",以村规民约凝聚防疫共识。

五、加快推进温州市基层全域智慧治理的思路和建议

当前,城市发展的现实困境与人们对美好生活环境的追求还存在距离,智慧社区治理的建设任重道远。随着"互联网＋"、大数据、智慧城市成为国家发展战略,可以预计,"十四五"期间,随着国家政策配套的落地和 5G 技术的发展,中国的智慧社区治理将带来万亿级的市场,成为经济发展的新引擎。因此,推进智慧社区建设要把握国家推进"互联网＋"、大数据和智慧城市的时机,围绕城市社区基础数据的采集、共享、应用做好工作,深度挖掘社区基础数据的价值,将智慧社区、智慧城市建设推进到一个更高标准、更有生活品质的新境界。

(一)政府层面:完善顶层设计

1.制定特色智慧社区治理的整体规划。在标准化方面,建立规范化的、统一的智慧社区治理标准。标准的发布能回答智慧社区谁来建设、怎么建设、建

设什么、智慧治理的效果如何检验等问题。同时,要密切关注和跟踪北京、上海、杭州等地智慧治理的发展动向,积极学习智慧治理经验。

2.加强智慧社区治理的立法工作。解决信息差距和不对称性问题,用法律规章制度的形式来调和各方面的矛盾和利益不均问题。目前,《中共中央、国务院关于加强和完善城乡社区治理的意见》(中发〔2017〕13号)和《中共浙江省委、浙江省人民政府关于加强和完善城乡社区治理的实施意见》(浙委发〔2018〕11号)已经出台,其中中央意见指出,实施"互联网＋社区"行动计划,加快互联网与社区治理和服务体系的深度融合,运用社区论坛、微博、微信、移动客户端等新媒体,引导社区居民密切日常交往、参与公共事务、开展协商活动、组织邻里互助,探索网络化社区治理和服务新模式。要加紧出台温州市智慧社区治理的政策体系,将数字信息化规划和城乡社区治理结合起来,持续推进落实。

3.加大智慧社区治理的基础设施投入。政府在社区智慧治理中要加大投入力度,不断完善基础网络、整合资源、加快智慧社区治理信息技术的试点化工程建设。积极加大对"智慧村社通"等智慧社区治理的智慧基础设施的开发应用力度,提升智慧治理的绩效。除此之外,还要更多地鼓励社区、社会组织、社工人才、志愿者等各种主体一起参与解决相关问题,强调不同主体在社会治理和公共服务中的分工合作,最终形成政府主导、部门联动、社会参与的动态网络协同治理新格局。

4.加快人才培养和队伍建设。智慧社区建设只有进行时,没有完成时,因此要不断加强城乡社区人才队伍建设和培养,既要保护和发挥城乡社区工作者的积极性,又要扩大选人用人渠道,同时吸引专业技术人员和高层次管理人员参与建设过程,不断完善社区终身学习体系,给社区居民提供继续教育和学习的渠道。

(二)市场层面:开发治理技术

1.加强信息基础网络建设。重视如宽带互联网、广播电视网、社区无线网络系统等基础网络布局。2020年5月发布的《浙江省互联网发展报告2019》显示,截至2019年底,互联网普及率为80.9％,但与《数字乡村发展战略纲要》提出的到2020年全国行政村4G覆盖率超过98％的目标,还存在一定的差距,需要继续提升完善。

2.合理开发治理技术。要抓住"互联网＋"时代的机遇,运用现代信息技术创新智慧社区治理模式，温州就必须充分认识包括大数据、云计算、区块链、机器学习、人工智能等在内的现代信息技术在推动政府治理能力现代化进程中的地位与作用。

3.重视和加强信息安全保障体系建设。在智慧社区的建设过程中，也要注意居民隐私及信息安全，明确社区信息开放和共享的边界，构建智慧社区信息安全保障体系，对敏感及隐私的信息制定严格的保密标准，严防泄露。加强相关的法律法规建设，规范信息利用行为。

（三）社会层面：促进社会参与

1.精准提供社会化服务。"互联网＋"时代，基层社会治理的多方化、个性化问题将越来越突出，如何提供符合温州特色的城乡社区村（居）民个性化需求的服务成为面临的新问题。建立一整套大数据分析系统，掌握完备的用户数据库，运用人工智能等现代化计算工具分析村社内部不同类型用户（如村民和居民）对公共服务需求的差异，实现对用户的分类管理和服务，进行有针对性的服务推荐并进行效果追踪。如针对目前农业和农村经济信息断档、滞后的现实和农村用户量大、分散的特点，把信息体系建设的重点放在"最后一公里"上，将公共交通、医疗保障、环境保护、公共安全、政务服务等智慧民生应用放在重要位置，这恰恰抓住了智慧治理的方向和重点。

2.拓展社会力量参与渠道。科学运用"指挥棒"，将社会力量培训目标绩效考核，政治素养与价值观、法律与政策应用、专业助人等纳入社会力量培训目录，不断提升社会组织的服务和发展能力。借力科技"新媒体"，利用互联网、QQ群、微信、微博等宣传法律政策、相关专业知识和典型案例，让社会组织及其成员提高服务能力和水平。传承弘扬"老经验"，充分发挥老法官、老检察官、老公安、老党员、老干部、老人民调解员等"老人"对当地社会人熟、地熟、情况熟、工作经验丰富的优势，对新进社会组织人员进行传帮带。

（温州市民政局）

芜湖市：以"互联网＋社区治理"工程
引领基层治理现代化

芜湖市地处安徽省东南部，位于长江三角洲的西南区域，是一个古老而年轻的城市，有文字记载的历史 2500 多年。近代芜湖是长江中下游地区工商业的发祥地和全国四大米市之一，素有"长江巨埠、皖之中坚"的美誉。芜湖是长三角城市群的重要区域中心城市、安徽省次中心城市、皖江城市带承接产业转移示范区核心城市。芜湖市辖 4 区 3 县 1 市、27 个街道、44 个镇、301 个社区、630 个村和 2 个国家级开发区，总面积 6026 平方公里，人口 389.8 万人。近年来，芜湖市坚持以习近平新时代中国特色社会主义思想为引领，按照省委、省政府关于创新社会治理的工作部署，以大数据建设应用为抓手，高标准推进覆盖城乡的新型社会服务管理体系建设；承担了国家首批智慧城市试点城市、社会信用体系建设示范城市、全省社会服务管理信息化建设示范城市、首批"社区公共服务综合信息平台建设试点"等任务。近年来，牢固树立民生优先、服务为先、基层在先的理念，以信息化技术为支撑，以网格化服务管理为基础，以"互联网＋"为纽带，全面推行以"网格化"综合管理平台为枢纽的新型城乡社区网格化管理，着力打造"互联网＋社区治理"深度融合工程，建立了覆盖全市城乡的新型社区服务管理新模式，全力提升了基层治理的高效化、精准化、科学化水平，推动智慧社区发展。截至目前，全市已实现城乡网格化管理全覆盖。

一、"互联网＋社区治理"工程建设背景

近年来芜湖市经济持续较好较快发展，但不稳定因素依然存在：市民矛盾纠纷、治安事件时有发生；人口"老龄化"、高龄、空巢、孤寡、独居现象比较突

出,特别在患病求救、应急求助、生活服务、精神慰藉等方面矛盾问题较多。为此,市委、市政府坚持问题导向,坚持"以人民为根本",着眼居民需求、基层社会管理和公共服务需求,优先发展社区居民和空巢、独居、孤寡老人等困难群体的切身利益密切相关的服务项目,推进基本公共服务均等化。2007年,芜湖市为省级首批社区信息化试点城市,确立了"0553"芜湖社会服务管理信息化建设模式。首创公用事业缴费平台,实现居民缴费"一站式"服务。2012年,被民政部确定为社会救助服务内涵拓展试点城市,智能化养老特色服务品牌"幸福365"被选为试点项目之一,为全国非物质救助提供了科学化、专业化、实用化的运作模式。"金医工程"(区域卫生信息化工程)作为国家医改试点建设项目,被评选为"2012年度安徽省信息化示范工程",获得国务院医改办、卫生部等的高度评价。在安徽省率先启动发行金融社保卡。公安动态巡逻防控项目在全国第一个正式通过公安部与中科院联合验收,在全国范围内起到积极的标杆作用,取得了良好的示范效应。2015年,被民政部列为第三批"全国社区治理和服务创新实验区",2015—2018年,通过实验区建设,社区网格化、信息化建设成效显著,城乡居民享受到更加公开、公平、便捷、高效的政务服务。

近年来,芜湖市通过整合资源电子政务项目,建立了企业服务、公众服务、城市管理服务等多种公共信息服务平台;建成了数据交换与共享平台,实现与公安、司法、教育、社保、妇联、公交等部门交换数据;建立了服务行业综合数据库,包含家政、教育、购物、餐饮、医疗、健身、旅游等服务内容;建立了覆盖全市的社区公共服务综合信息平台,为社会管理创新工作提供基础网络支撑。

二、"互联网＋社区治理"工程主要做法

芜湖市实施"互联网＋社区治理"深度融合工程,经历了项目试点必要性与需求分析、试点工作方案探索、试点示范、全市推广应用、深化提升等具有科学性、持续性的创新路子。通过搭建以社区信息为主体、覆盖城乡的社区公共服务综合信息平台,建成以"为民、便民、利民"为宗旨的公共服务、社会事务服务为一体的社区信息服务网络,并在制度体系、科技手段、服务建设与协同治理方式等四个维度予以保障,积极探索出了信息惠民、融合发展的新方法、新途径。

（一）制度保障：坚持高位统筹推进，完善信息化政策制定

2014 年 6 月，芜湖市被列为信息惠民国家试点城市。为确保芜湖市社区公共服务综合信息平台工作有效落实、长效发展，芜湖市委、市政府成立由主要领导任组长、副组长，党委、政府多个部门主要负责人为成员的芜湖市社区公共服务综合信息平台试点工作领导小组，并明确分工，建立部门间权责对等的合作模式，调动各方的主动性与积极性，促进多部门合力提升信息服务水平。为推动社区服务管理工作持续创新和良性循环，芜湖市制定并出台了《关于加强和完善城乡社区治理的实施意见》《关于成立芜湖市社会服务管理信息化领导小组的通知》《关于印发加快推进社会服务管理信息化工作的指导意见的通知》《关于社会管理网格分工工作的通知》等文件和相关政策规定。本着"政府主导、部门协同、社会参与、惠民利民"的工作原则，制定了《芜湖市社会管理信息化平台总体规划》和《芜湖市社区服务管理信息化平台实施方案》。建立健全信息安全保密责任制，积极推进信息安全等级保护，加强对信息网络工程及网络安全检查；认真开展信息安全风险评估测评，积极采用网络与信息安全技术及产品，加强网上资源的安全保护，提升处理网络信息突发事件、重大事件应急能力。加强信息安全教育和岗位培训，普及信息化安全知识，提高全民的信息化安全意识。成立了安徽省 CA 认证皖南分中心，基本满足目前认证工作需求。

（二）科技保障：完善大数据服务系统，推进管理信息化建设

芜湖市社区公共服务综合信息平台建设试点工作纳入芜湖"智慧城市"建设、全市社会服务管理信息化建设统筹推进。按照"统一领导、统一规划、统一标准"的原则，芜湖市成立了由市委书记和市长挂帅的社会服务管理工作委员会，高起点做好顶层设计。坚持以大数据为基础，以信息化应用为支撑，持续推进社会服务管理信息化建设。全力打通政府各部门间数据交换共享渠道，通过市级各部门数据整合、省市数据交换协同、社区网格员动态采集更新以及政务服务过程中的数据积累 4 个渠道，陆续整合和汇集了包括公安、民政、市场监管、卫生健康等省市 215 个单位、1795 大类、1256 亿条次数据，运用数据规整技术，沉淀数据 45.62 亿条，形成准确、高质的规整库数据 15.05 亿条，建成全市人口库、法人库、房屋库等 19 个专题库、953 类数据共享表和 162 类电子证照。围绕个人、企业的全生命周期服务，建立了"信息系统生命树"模型，

持续建设完善政务信息资源共享交换平台。芜湖市坚持市级统筹规划，统一建设，统一管理，整体培训，县区、镇街、村居三级不再建设，只负责具体做好推广应用，既有利于避免重复建设、根除信息孤岛，又有利于形成全市通盘设计、整体推进大数据支撑下的政府服务和基层治理模式创新。通过信息平台试点的实施，构建统一政府网络平台。建设安全可靠、具有扩展性的统一信息平台内外网络平台，集成统一的政府服务。

近年来，芜湖市推进智慧基础设施建设，不断提升网络基础，全省率先建成"全光网市"，政务网络率先完成四级全覆盖，市区窄带物联网完成全覆盖建设。汇聚共享云计算资源，建成全省首个政务云计算中心，三大通信运营商云数据中心集中汇聚，具备 7200 万亿次/秒（7.2 PFlops）异构计算能力的超算中心完成建设并投入运营。打造多个公共支撑平台，政务信息资源共享交换平台、全市统一地理信息（GIS）共享平台，视频资源共享平台（"天网"和"雪亮"工程）、同城异地容灾备份中心等建设完成。"高分中心"、自然资源"时空云"平台等正在推进建设。夯实政务数据基础，开展数据归集共享专项行动，发布全省首个数据资源"一目录三清单"（即数据共享目录、应用需求清单、共享责任清单、负面清单），强化数据治理与安全管理。确立包括社区信息化、社会信息化、企业信息化和政务信息化在内的"四位一体"战略定位，走具有芜湖特色的发展之路，把芜湖建设成为中国中部地区信息化应用示范城市。

（三）服务保障：打造"互联网＋"服务平台，提升信息惠民水平

创新以"一站通"平台为核心的政务服务新模式，构建了"一窗受理、一网通办"的城乡社区服务体系，把办事跑腿变成数据跑路，切实提升公共服务水平，解决服务群众"最后一公里"问题。一是办事全覆盖。围绕简政放权，梳理制定全市各级、各部门行政权力（责任）清单、公共服务清单，精简证明清单，实现全市域范围统一清单制度，统一事项、统一材料、统一流程、统一受理起点等，统一纳入"一站通"政务服务信息化平台实行网上流转和审批。依托政府权力清单（责任清单）和公共服务清单，统一规范和优化再造形成了网上运行事项及办事指南，建立网上运行事项动态调整机制。二是服务多渠道。线下将办事窗口延伸到所有社区居委会和村委会，实行"多点受理、受办分离、综合收件、后台审批、一点办结、全城通办"，实现城乡居民足不出社区（村）就能办成政府服务事项；线上打造了"易户网""易企网"网站和微信公众号，并开发出移动端APP"城市令"，提供网上办事服务，政府服务事项网上办结件可由政

府提供免费 EMS 邮寄送达居民手中。通过"线上＋线下"的模式,真正把政府服务搬到市民的"家门口",让城乡居民享受到公开、公平、便捷、高效的政务服务。三是引导社会服务管理重心下沉。通过搭建社区网站、社区微信群或者社区 APP 等社区信息管理平台,小范围或者全辖区内发表议题、讨论和投票,参与某项重要事务的决策、公共事务的管理和社会管理的监督,利用信息的可交互性,充分进行公共讨论和"网络虚拟协商",使协商议事实现即时化进行,有效汇集社区民意,加大发挥社区自治作用,积极构建以社区党组织为主导,居民委员会、业委会和物业公司共同参与的居民自治模式,拓展基层协商民主建设的广度和深度,促进社区善治,提高社区凝聚力。

(四)协同保障:构建网格协同体系,实现社区精细化治理

芜湖市全面推行以"网格化"管理平台为枢纽的新型城乡社区网格化管理,形成了"一图支撑、一号热线、一格巡查、多方协同"的社区网格化管理体系,实现社会服务管理精细化。第一,全市依托一张 GIS 底图,城区每 300～500 户、农村以自然村为单元划分网格,全市城乡共划分为 3796 个网格,做到了无缝覆盖。整合基层队伍,按"一格一员"配备专兼职社区网格员,城市地区一般由社区工作者兼任网格员,农村地区一般由村干部兼任网格员。第二,建设应用网格化综合管理平台及其移动终端,纳入社会管理、城市管理和市场监管等各类事项,网格员通过"社管通"移动终端对网格内"人、地、物、事、组织"信息进行采集、上报和核查。社管网格员与城管网格员、市场监管网格员实行各负其责、互为补充的工作模式,形成社会管理的工作合力。同时,引入"全民社管"理念,居民通过"易户网"微信端,可以随手拍、随时报公共安全、环境卫生、市场监管等方面问题,由市长热线分办,有关方面处理,网格员负责反馈。第三,构建指挥调度工作体系,依托"12345"市长服务热线,整合协同各级网格化管理指挥中心,构建以社管、城管和市场监管为主的综合监管协同运行体系,建立"有人巡查、有人报告、有人负责、有人解决、有人督查"的闭环运行体系。第四,不断完善工作机制,出台了《关于进一步推进全市城乡社区网格化服务管理的意见》《芜湖市市区社区工作者(网格员)管理办法》《芜湖市社区工作者管理办法》,制定了网格化管理考核细则和日常巡查、分类走访等制度,强化痕迹管理,实行 GIS 定位、绩效考核,确保民情信息第一时间收集、矛盾纠纷第一时间调处、安全隐患第一时间消除。

三、"互联网＋社区治理"工程主要成效

依托社区综合信息平台，芜湖"互联网＋社区治理"深度融合工程广泛吸纳社区服务企业、社会组织信息资源，促进了社区公共服务、市场化便民服务、志愿服务信息资源共享共用，对构建设施智能、服务便捷、管理精细、环境宜居的"智慧社区"发挥了积极推动作用。

(一)精简办事流程，提升了社区管理和服务水平

通过"一站通"平台的建设和应用，办事服务从部门"条条受理"转变成"综合受理"。以前一个社区服务大厅一般有8～10个窗口，至少有8～10名工作人员，现在只需综合受理、发件窗口1～2个，工作人员1～2名，办事窗口和工作人员减少了67％以上，精减的工作人员全部下沉到基层网格内开展面对面的服务管理。政府各部门通过对办事流程进行信息化再造，审批流程得到优化，办事效能提升了70％以上，大大降低了行政成本，实现了减员增效。通过信息化手段、标准化服务、制度化监督，每个居民都能平等便捷享受政务服务，避免了群众办事靠走关系、找熟人的现象，有力地促进了社会公平、公正、公开。网上政务服务实行统一门户、统一认证、统一支付、统一监察、全程留痕；先后开展6轮行政权力和公共服务事项清单梳理和流程优化工作，全市共发布政务服务事项9.2万个，99.9％的事项可在网上办理，通过数据校验支撑，办事所需材料精简25％，办理时间节约30％，电子证照可支撑办事服务率达48％，基本实现公共服务事项1日办结。开发手机APP"城市令"，提供公共法律服务、文化教育、医疗健康、交通出行等掌上惠民服务。

(二)提供个性服务，增强了群众幸福感和满意度

芜湖市将"互联网＋""网格化管理""信息化传递"等深度融合，通过网格员、"社管通"终端、"一站通"服务平台等把社区居民的现实需求与各公共服务部门职能进行快速勾连，真正做到了"让信息多跑路，让群众少跑腿"，有效解决了居民群众办事难、办事慢问题。"易户网"开启了居民自助服务的全新模式，推进了政民互动，依托公共数据中心，贴近居民需求开发智能交通、票据管家、社区支付通等系列实用的服务软件，积极引导各类社会服务资源参与公共服务，主动为市民提供丰富多样、精彩纷呈的个性化服务，有效提升了群众的

幸福感和满意度。

(三)搭建信息平台,实现了社区治理精细化和均等化

芜湖市社区公共服务综合信息平台有效覆盖全市域,整体平台架构围绕应用、管理、服务三大体系进行设计。管理体系依托芜湖市社会服务管理信息化平台,有效融合各种管理工具和应用工具,基于核心数据库(人口数据库、房屋数据库、地理信息数据库、地名地址数据库)的信息支撑,实现对社会管理工作的决策分析、指挥调度、监督考核。应用体系为公众提供应用服务,社会服务管理信息化平台提供五类服务受理途径(主动上门、社区窗口受理、电话受理、网上受理、手持终端受理),最终实现应用、管理、服务三大体系的融合。通过搭建以社区信息为主体、覆盖城乡的社区公共服务综合信息平台,建成以"为民、便民、利民"为宗旨的公共服务、社会事务服务为一体的社区信息服务网络;通过电子市民中心等项目的建设,整合各类信息服务窗口,以公民、企业生命周期为主线、以各项行政事务并联审批为内容,采用统一入口、统一身份认证、统一服务平台,实现从"一站式"服务向"零站式"服务的转变。围绕以居民为中心的业务流程,增加网上业务,加强公共管理和服务,增加服务内容、扩大服务范围、提高服务质量。

四、"互联网＋社区治理"工程经验总结

芜湖市"互联网＋社区治理"深度融合工程,长期秉承着构建"党委领导、政府负责、社会协同、公众参与、法治保障"新体制,进一步整合基层工作资源,有效采用信息化技术,创新体制机制,打造覆盖全市城乡社区服务管理新模式,切实解决联系服务群众"最后一公里"问题的社区治理信息化建设总体思路,通过发挥"互联网"的优势效应,作用于社区公共事务与公共服务之中,形成了一套符合本地发展并能够在全国推广的可持续、可操作的社区建设实践经验。

(一)科学规划、统筹推进,建立社区治理信息"生命树"

芜湖市坚持以人为本,创造性地提出社会服务管理信息化"生命树"模型,以政府大数据为主干,全面梳理政府各部门的服务与管理职责,把市民"由生到逝"各阶段的需求与政府各部门职能相对应,在需要政府服务管理的每个环

节建立和完善相应的业务平台，实现基础数据共建共享、服务管理各司其职、业务流程闭环运行，通过大数据资源的整合和应用提升政府社会治理能力。

（二）打破壁垒、信息共享，促使政府职能部门"互联通"

政府大数据的建立和应用是社区治理信息化建设的核心，政府各部门数据资源的协同共享、业务系统的互联互通是社区治理信息化建设的关键和难点，必须解决政府各部门条块分割和"信息孤岛"等问题。为此，芜湖市以"不交换数据就交帽子"的坚定决心，打通了政府各部门间数据交换共享的渠道，基于公共数据中心建设，芜湖市率先在全省实现了省直部门条块数据交换、业务协同。将原本分散存储在不同部门、行业的公共数据汇集到全市统一的公共数据中心，强力推进政府各部门数据共建共享，解决了政府各部门信息化系统的重复建设和基层信息重复采集问题，为政府的大数据应用提供支撑。目前，全市已交换共享省直计生、质监以及市直公安、城管、人社、民政、市场监督、教育、财政、司法、住建等89个（部门）大类、18.6亿条数据，提炼实有人口数据409万条、房屋信息141万户。

（三）畅通渠道、搭建平台，构筑社区为民办事"一站通"

芜湖市开发建设为民办事"一站通"平台，将政府各职能部门所有与居民相关的行政审批和非行政审批办事项整合到"一站通"平台，实行"多点受理，受办分离，综合接件，后台审批，一站办结，电子监察，全城通办，全年无休"。通过网络将为民办事"一站通"平台延伸到社区、村，基层受理员近距离综合受理城乡居民的各类行政审批和代办事项，能办结的当场办结，需审批的由基层受理员通过高拍仪将居民提供的纸质材料转换成电子附件，流转给相应部门进行网上审批，限时办结。办理结果属于证明类的，直接通过网络流转回受理点打印发件；属于证件类的，快递寄回或由网格员送证上门，真正做到"方便留给群众、麻烦留给自己"。

（四）强化运用、精准支撑，打造社区防控的"保护网"

"新冠"疫情发生后，芜湖市积极利用大数据等信息技术，助力全市做好疫情防控和企业复工复产各项工作。

1."一个专班"强防控。抽调市、县（市、区）160余名人员，成立数据专班，全面承担市疫情防控应急指挥部数据运用工作。在省内率先推出返（来）芜人员健康登记平台,有效采集信息 42.3 万条、车辆 20.6 万台。依托线上平台,归集省、市多个渠道疫情防控重点人员信息,按照"数据归集处理—数据分发—信息摸排—反馈上报"的工作流程,统筹归集接受各类信息 97037 条,比对、去重形成有效信息 39344 条,摸排反馈重点人员信息 6082 条,构筑了"外防输入、内防扩散"的精准数据支撑。

2."一网通办"不打烊。倡导群众和企业登录安徽政务服务网或"皖事通",或者通过"周末便民政务服务直通车",全面推广实施"网上办、预约办、邮寄办",疫情期间,累计接受咨询 49169 人次,网上办件 47358 件,市级大厅预约现场办件 66411 件。

3."一码通行"助复工。依托"皖事通芜湖城市令"APP,在全市推广应用"安康码",相较于其他地区,芜湖市除了"一码三色、全市全覆盖"以外,推出"个人主动扫码核验""工作人员扫码核验""个人主动亮码通行""工作人员输入核验"等 4 种使用模式,广泛适用于返(来)芜人员登记、企业复工登记、单位楼宇场所登记、医疗机构就诊等全部场景。首次明确了"安康码"申领、使用核验、颜色转换、异议处理等完整的服务闭环。"安康码"上线 20 小时,共申领83576 个,累计亮码 310968 次,核验 3535 次。

4."一端应用"保服务。依托"皖事通芜湖城市令"APP 等,围绕群众和企业需求,相继推出市民和企业口罩预约、网上教育、疫情防控等各类惠民服务。疫情以来,"皖事通芜湖城市令"新增注册近 14 万人,其中法人用户近 4000户,访问量 580 万次。如口罩预约访问量 397 万人次、预约数量 194 余万只、预约人数 41 万人、预约企业 9 万余家。网上教育平台访问 80 余万人次,日均使用用户约 4 万人,点播 242 万次。

(芜湖市民政局)

上海市静安区:运用社区分析工具推动社区治理与服务精准高效

社区是社会治理的基础平台,是不断增进人民福祉的关键点和着力点。党的十九大报告指出,中国特色社会主义进入新时代,我国社会主要矛盾已经转化为人民日益增长的美好生活需要和不平衡不充分的发展之间的矛盾。具体到社区治理领域,集中表现为居民对和谐幸福社区生活的向往与社区治理质量和效能滞后的矛盾。2016 年底,为进一步加大社区调查力度,实现社区精准服务、促进居民有效参与、提升社区工作专业水平,上海市静安区民政局创新研发了"社区分析工具",制作《静安区社区分析工具指导手册》,指导居委会坚持需求导向、问题导向、效果导向,精准客观地找出社区的共同需求,解决实际问题。

社区分析工具从了解社区着手、分析社区着眼、解决问题着力,是融入专业社会工作方法开展社区大调研、实现社区全要素分析和全过程服务的一套科学工具。2016 年底初步设计完成,2017 年 3 月在 9 个居委会开展试点,7 月在全区所有居委会推广实行。截至 2018 年底,开展问卷调研 21 万余户、个别访谈 5300 余户、收集社区发展意见建议 6300 余条,形成"1+14"份全区及各街镇的需求报告。

一、主要做法

社区分析的步骤主要分为社区了解(对社区资源、需求与问题等的充分调研、资料统计、结果梳理)、社区回应(议题和项目确立与执行、问题分类解决)、社区评价三个阶段。主要方法为资料搜集、数据统计、分类归纳、方案实施、效果评价。

(一)精心设计,让基层调研的方法科学管用

社区分析工具由静安区居委会工作研究会协同设计,居委会干部参与论证,经反复修改,制定出了社区分析的内容及流程。它的核心是以基层干部为主对社区及居民进行信息、需求、资源等的调查、资料统计与梳理,在此基础上进行分类归纳、制定方案、回应居民等。社区分析工具为基层提供了篇幅合理、有针对性的调查、统计、分析模板,在实践操作中,每个居委会可以因地制宜地把居民能回答、想回答的问题拼接成个性版的问卷,也可以就已排摸到的情况进行选择性深入调查分析,极大地适应了各个社区不同的特点和个性。

(二)明确标准,让居民需求的浮现真实全面

社区分析工具是不带预设的大调研,一切以社区为本。了解社区居民的真实需求,寻找真正的"急难愁"问题和社区工作的着力点。社区分析的操作主体为居委会干部、社区党员、楼组长等;问卷内容涉及公共服务、自我管理、特殊人群服务等;调查方式是传统入户加上新媒体手段。对于街镇和居委会,提出了明确的工作要求和标准。要求各居委会首轮走访要选择一个完整"块"(可以是居民区整体、小区、楼组等),该完整"块"不少于 150 户,2018 年要求进一步扩大覆盖面,达辖区实有户数的 50%。需求比例超过 50% 及以上的社区需求(问题)应给出回应方式,各居委会至少选择 1 个需求(问题)拟制回应方案,并将回应所需经费编入下年度本居民区工作经费预算。通过走访调研,各居委会梳理出呼声强烈的社区需求,着手开展精准服务,居民的获得感、参与度都有了大幅提升。

(三)注重指导,让基层队伍的成长快速高效

在社区分析工具指导手册里,超过一半都是可以直接拿来用的问卷和表格,起到了很重要的桥梁作用,让社区分析的理论呈现出具体的操作形态。社区分析各阶段共计 5 大表单、11 个过程性附件,充分指导居委会调查问什么、资源怎么分、数据如何算、需求怎么排、回应做什么。区民政局全过程跟进,各街镇负责业务指导,为居委会开展好社区分析工作提供技术保障。社区分析工具推动了居委会工作人员重新回归"走家串户""依靠群众"的状态,群众工作能力得到提升,工作作风更深入,与社区群众的关系更紧密。同时,社区分析工具成了带教培养新人的有力手段,不再限于一问一答的经验式传教,社区

新人有章可循，能通过社区分析工具迅速了解社区、走进社区。

(四)迭代升级，让分析工具的使用便捷智能

优化了问卷和表单设计，把社区分析搬进了居委会日常电子办公的社区综合治理服务平台，开发问卷移动端填写、需求报告自动生成、共性需求自动归类、社区热词自动呈现、回应方案制定等多个线上处理功能；实现了动态化采集信息，为每个居委会设置独立二维码，扫描填写后自动归入辖区数据海。以"户"为单位精确到"室"，建立一户一档，掌握采集进度，真正实现前端输入与后台数据零时差交互，体现信息采集的及时性与动态化；实现了智能化数据分析，建立社区需求(问题)的共性信息基础模型与个性指标交叉模型，实时产生数据分析结果。系统中提供前10位需求、各类型首位需求、社区热词图、社区发展意见建议、需求统计报告等多个模板供居民区使用。

二、主要成效

从发现真实的需求，到分析社区的问题，最后通过综合施策体现精细治理和精准服务实效，社区分析工具紧紧贴合了"三个导向"的要求。画出社区肖像，把脉社区问题，社区治理和服务从经验判断到数据说话，居民从被动接受到关注过程，从关注个体需求到形成公共议题，从解决个体需要到寻找最优方式解决群体需求，社区治理的效能得到了提升。

(一)探索了传统群众工作与专业技术相结合的可行方法

社区分析工具是传统群众工作方法与专业社会工作、数据分析运用、统计学等专业方法的结合。不但糅合走百家门、知百家情、连百家心的传统优秀群众工作方法，让居委会干部和居民群众多接触、多面对、有话说、有事聊、敢说话、会说话。同时，运用标准化流程、模板式表单、信息化技术的科学手段采集民意、统计民意、处理民意，使居委会敲得开房门、走得进民心，工作效率也得到有效提升。

(二)探索了把数据采集分析作为精准服务依据的可行举措

通过将掌握的信息、资源、需求通过数据化的方式呈现，不仅让街镇和居

委会判断出下一步的工作重点、实事项目与资金安排,同时给予政府相关部门对社区分类指导、政策扶持、政府决策以数据支撑。自动生成的需求排序图表和可自主选择的需求交叉比对模式,让区、街、居三个层面能完整掌握居民集中反映的各类问题,快速做出反应。基层反映,相比经验式的判断,数据呈现对居民来说更有说服力,是居民区重点项目和街道实事项目的来源,是街镇和居委会有效回应社情、民情的重要保障与基础工具。如,2017年和2018年全区每个居民区都选择一个群众呼声高的需求做出回应方案并组织实施,这些因地制宜、按需解决的快速反应让老百姓大大增加了满意度和信任度。又如,彭浦新村街道通过社区分析数据呈现,将群众反映集中的部分需求纳入2018年街道实事项目中。社区分析工具可演化,可变通,可以最大限度帮助居委会干部在有限的工作时间和繁重的工作任务下,实现对居民区状况和群众需求的排摸,也可以掌握更多解决问题的资源和方法。

(三)探索了链接居民与社区持续互动的可行机制

社区分析设计逻辑在于"有始有终",是一个社区信息掌握、社区需求排摸、回应主题筛选、回应方案制定、过程效能评价的闭环,预留了多种方式和途径让居民充分参与。社区信息补充于居民、社区资源来源于居民、社区动员扎根于居民、社区需求产生于居民、社区回应服务于居民、社区评价反馈于居民。通过排摸、分析与回应,居民提出的问题得到解决或反馈,如,陌生楼组因为设立党员代收快递点而变得熟络、空巢老人因为配置"爱心计时器"提高了居家安全系数、商品房小区因为设置了"每周菜点"而建立了熟人关系。居民对自己提出的需求和问题也有了关注的内在动力,从旁观者成为利益相关者,成为社区治理中可依靠的对象。

(四)探索了基层治理工具演绎深化的可行路径

社区分析工具提供的是一个基础样式和基本模板,工具的意义在于鼓励街镇和居委会根据实际情况和自身特点进行深化和演化,充分运用工具的延展性,因地制宜地开展社区分析工作。如,彭浦新村街道对所辖33个居民区的需求数据进行分析,针对需求度超过50%的80类、409个项目,总结形成了街道层面的《社区分析报告》需求篇和资源篇,部分共性需求上升为街道的公共服务和公共管理项目,并纳入社区代表会议讨论,形成街道实事项目。又如,天目西路街道借力社区分析工具,探索形成了"分类治理四步工作法",从社区形态、社区规模、社区资源、治理基础四个角度判断社区现状，形成居民区的"资源清单"、居委会的"服务清单"及 27 个小区的"治理清单"和"需求清单"，制定"发现社区诉求—分析社区诉求—回应社区诉求—营造社区氛围"的四步工作法。街镇对数据的二次梳理、居委会对工具的三级演化都体现了社区分析工具实用性、在地性、有效性的基层价值。

三、工作思考

（一）社区分析工具，赋予了传统群众工作方法以新的时代使命

人与人之间的距离拉近、人与人之间的正向积极交流，都是很好的传统群众工作方法。社区分析工具在传统方法上加载平台和手段，透过工具能加速对传统工作方法的吸收，快速处理人与人在互动间产生的大量信息，并产生相关的数据处理结果。社区分析工具不是孤军奋战，也不是一枝独秀，它是对群众工作的辅佐，让基层能更顺畅地开展社区工作，这才是社区分析工具的使命。

（二）分层分类分流，是提升治理效能的基础

经过这 2 年在静安区的实践，不难发现"信息错层、资源错配"的现象。所谓的"信息对称"，不只体现在"发出"与"接收"这两个信号，更需要"持续互动"与"不断澄清"的过程交互。所谓的"资源匹配"，不止体现在"解决问题"，更体现在"发现盲点"与"资源节能"。社区分析工具将数据分层、将需求分类，由数据来指引更合理、更明确、更快捷的服务提供主体，为真正实现基层"减负增效"提供基础保障。

（三）大数据之大，在于创造更多的公共价值

不是数据来源越多就一定是大数据。从数据获取、分析到应用，大数据最重要的是要转化为有效的、能支撑决策的小数据。所以，数据应用很重要，如何帮助基层应用更重要。社区分析工具的数据从基层来，但不应止步于基层，基层是一个综合体，既能咀嚼数据信息，也能反馈数据结果，进而创造更多的公共价值。

习近平总书记在上海视察时提出："城市治理的'最后一公里'就在社区。社区是党委和政府联系群众、服务群众的神经末梢,要及时感知社区居民的操心事、烦心事、揪心事,一件一件加以解决。老百姓心里有杆秤。我们把老百姓放在心中,老百姓才会把我们放在心中。加强社区治理,既要发挥基层党组织的领导作用,也要发挥居民自治功能,把社区居民积极性、主动性调动起来,做到人人参与、人人负责、人人奉献、人人共享。"社区分析工具就是基层社区挖掘社区资源、掌握居民需求的有力手段,下阶段将围绕"数据有判断、回应有流程"的核心理念,进一步挖掘数据的使用价值与应用流向,探索社区分析成果之于居委会、街镇、部门等三级主体的使用路径,以及需求数据之于政府决策方向、社区工作倾向、社会服务导向的影响作用。不断以"需求导向、问题导向、效果导向"为指引,成为基层工作人员善用的工具,让资源协同和群众参与更活跃、更主动,让社区调研的成果使更多的百姓得实惠,让静安的社区治理和服务更精准高效。

（上海市静安区民政局）

杭州市下城区:推进街道政务信息化建设构建精密智治的"下城模式"

2020年3月,习近平总书记在浙江杭州考察时,明确提出,"让城市更聪明一些、更智慧一些,是推动城市治理体系和治理能力现代化的必由之路,前景广阔","希望杭州在建设城市大脑方面继续探索创新,进一步挖掘城市发展潜力,加快建设智慧城市,为全国创造更多可推广的经验"。下城区作为杭州市建设新时代全面展示中国特色社会主义制度优越性重要窗口的排头兵,长期重视城市治理与基层社会治理的智慧化建设。近年来,下城区以习近平新时代中国特色社会主义思想为指导,全面贯彻落实国家、省、市关于智慧化建设的各项任务,全面推进基层治理数字化转型,逐渐走出了一条具有浙江特征、杭州特点、下城特色的基层智慧治理新路子。

一、基本情况:基层社会治理的"下城实践"

下城区位于杭州市的核心区域,地域面积31.46平方公里,常住人口53.6万人,户籍人口42.37人,下辖8个街道75个社区。截至目前,下城区共有社区专职工作者956人,其中,男性290人,占比30.33%;取得助理社会工作师及以上的有603人,占比63.08%,345人取得社会工作师资格,258人取得助理社会工作师资格。下城区登记注册的社会组织489家,其中民办非企业(社会服务机构)364家,社会团体121家,基金会4家。

下城区在基层社会治理建设方面,起步早,基础好,发展快。近年来,下城区更是抓住规划引领、创新驱动、项目带动、机制激励四大关键环节,全面加强和完善基层社会治理。一方面,紧紧围绕"深化社区体制改革、积极构建行政机制、志愿机制和市场机制互联互补的社区服务供给方式"的建设主题,形成了以"三制融合"为核心的基层社会治理"下城模式";另一方面,以精密智控、精准服务、整体智治为目标,全面推进智慧治理与基层社会治理紧密结合的新模式,逐步推动基层社会治理从经验判断型向数据分析型、从被动应付型向主动推送型转变,进一步提升辖区群众的参与度、满意度和获得感。为此,下城区先后荣获全国社区治理和服务创新实验区、全国社区建设示范区、全国和谐社区建设示范城区、全国社会工作人才队伍建设试点示范区、首批"全国社会工作服务示范区"等近百项荣誉称号。

二、问题导向:破解精密智治的"四合"难题

下城区良好的基层社会创新认识、实践基础在积极推动智慧治理有效支撑基层社会治理现代化的同时,也面临着政务信息分散、服务手段单一、社区居民自治较弱等突出问题,特别是在精密智治实践中呈现出"四合"难题。

(一)部门信息壁垒难以有效突破,信息数据难"整合"

条块分割、层级分化是智慧治理实践过程中的主要问题,一方面,与基层社会治理与服务相关的民政、医疗、卫生、教育等资源分属于不同的部门条块,彼此之间缺少有效联通,数据难以在基层政府及社区实现有效整合;另一方面,部分信息系统建设层级较高,整合信息平台要突破的难度较大,"信息孤岛"现象长期存在。这需要上级部门在数据整合和平台融合方面予以支持,实现区—街道—社区及相关部门之间的数据联通、实时共享。

(二)智慧治理缺乏统一标准,数据信息及平台难"融合"

智慧治理缺乏统一标准,是实现数据信息有效联通的又一阻碍因素。一方面,由于街道管理职责不清,有责无权、力量分散,对于部门下沉的管理服务力量缺乏系统有效的管理机制与标准;另一方面,由于缺少统一标准,"多头开发、信息低水平重复采集""网络硬件的异质、异构、不兼容"等问题时常发生,不同街道及社区相应数据及平台无法有效融合,使得数据更多呈现出信息鸿沟、数据沉睡、决策小样本等特征。

(三)智慧治理手段单一,与满足居民对美好社区生活的目标难"耦合"

智慧治理服务形式单一,主要仍以面对面办理等传统人工服务为主,智能化、便捷化、信息化不足。同时,社区智慧治理更多作为城市基层智慧治理在社区的延伸,缺乏对"社区"本质属性的关注,缺乏对社区居民需求的精准感知并提供精准化服务措施,缺少对于社区居民服务和利益需求表达、民主协商参与等的有效关注,社区居民对于基层智慧治理手段及方式的满意度有待提升,智慧治理与提升社区居民对社区的认同感、归属感能力尚待加强。

(四)社会组织等主体参与较弱,社会力量难"聚合"

下城区在基层智慧治理的实践中更多呈现出政府主导的特征,而包括市场、社会等主体力量在内的参与建设较弱。一方面,由于政府部门的数据壁垒尚未打通,且数据对方开放程度低,企业、社会组织等合作建设的基础较弱;另一方面,纳入智慧化治理中的社会组织等往往功能单一,参与能力较弱,难以有效实现虚拟平台与现实生活治理与服务的有效对接。同时,各主体间运用智慧手段参与的技术水平差异较大,影响了智慧治理的效能发挥。

三、主要做法:构建精密智治的"下城模式"

党的十九届四中全会指出,要"完善党委领导、政府负责、民主协商、社会协同、公众参与、法治保障、科技支撑"的社会治理体系。针对在精密智治实践中出现的难题,下城区勇于担当、积极作为,2019 年,下城区以"街道政务信息化标准流程建设"为主题,成功申报民政部全国街道服务管理创新实验区,并以此为契机,与浙江省"最多跑一次"改革、"城市大脑"建设和深化基层社会治理紧密结合,以组织和制度建设为核心,从突破信息壁垒搭平台、再造政务流程建标准、拓展智慧应用促治理入手,着力推动以"数字化平台、标准化流程、智能化服务、社会化应用"为主要内容的精密智治新模式,助力基层社会治理现代化。

(一)加强组织领导,打造精密智治"主控板"

1.凸显党的全面领导。聚焦主责主业转职能,调整街道处室设置和职能定位,科学设置"六办三中心",落实三定方案、定职定岗、人员衔接等改革任务,积极推动街道将工作重心转到加强党的建设和公共服务、公共管理、公共安全上来,将加强党的全面领导作为街道最突出、最重要的职能定位,全面凸显党在基层智慧治理中的领导地位及领导角色。

2.完善组织协调机制。成立由区委区政府主要领导挂帅的街道服务管理创新工作领导小组,下设工作专班,由分管副区长具体统筹推进。区委、区政府将实验区建设工作经费纳入财政预算,建立健全区和街道稳步增长的财政资金投入机制。将包括全国街道服务管理等在内的社区治理与服务实验区建设纳入全国深化改革重要课题和全区攻坚克难保发展重点项目。将智慧治理建设工作纳入全区综合考评体系,纳入有关部门、街道年度综合考评,提高全区智慧治理的综合水平,以考核倒逼工作推进,全力推进改革创新。

3.强化制度体系保障。建立任务清单制,制订出台《关于创建全国街道服务管理创新实验区的工作方案》《关于加快推进社区治理和服务创新意见》等一揽子政策及配套文件,明确基层社会治理及智慧治理的基本任务、实验举措、实施步骤和工作要求。建立专题协调制,及时分析研究解决遇到的难点问题,确保存在的问题得到科学的研判和及时解决。依托杭州市高层次人才政策,大力推进下城区智慧治理人才引智,保障智慧治理有效运转。

(二)研发信息平台,打造政务数字"驾驶舱"

1.服务资源"一网全揽"。突破部门信息壁垒,已整合政法,民政,城管,人社,市场监管,住建,卫健,公安,教育等省、市、区级部门信息系统平台数据以及辖区社会面信息数据,全区数据由区数据资源管理局统一管理、分配和维护,并按权限下放给街道,确保数据安全,实现实有房屋、实有居民、实有企业、公共设施等信息数据实时归集、按需共享、动态更新。防疫中,政务数字"驾驶舱"火速上线集疫情监测、预警、统计等功能于一体的"疫情防控模块",依托"三实"数据库,快速处置管控人员、流动人口等人员数据,实现居家隔离对象"解除量"和"存量"双数据的动态研判监测,为基层合理安排管控措施提供依据。

2.服务保障"一网汇集"。对民政、人社、卫健、残联等民生保障信息数据进行实时归集,已整合 1.16 万余名各类民生保障对象的实时数据,实现对各类民生服务对象的数字化个案管理,以民生保障政策作为依据进行比对和分析,实现为民生保障政策要件全匹配的服务对象提供政务服务主动办,为仍需核查部分信息的服务对象提供政务服务提前告知,进一步扩大信息数据在民生服务领域中的应用,确保基础民生保障"不错一人、不漏一人"。

3.服务力量"一网协同"。完善集发现问题、解决问题、办理反馈、监督评价为一体的闭环式管理流程,依托"移动单兵"和"1 Do"实时派单系统,实现行政执法队伍、社区工作队伍、志愿服务队伍等服务力量线上线下联动指挥,全面提高各类事件处置效率。在处置 8 月 28 日建国北路地铁塌陷事件中,潮鸣街道政务数字"驾驶舱"在应急响应、人员疏散、实时监测动向等方面发挥了重要作用,有效保障了辖区居民生命财产安全。

(三)再造标准流程,打造便民利民"高速路"

1.打造"规范化"服务平台。按照"布局科学、智慧高效、服务周全、环境舒适"的要求,推进 8 个街道社会治理综合服务中心标准化建设,规范设置便民服务区、综合执法区和联动指挥区。率先探索制定基层窗口人员《作业指导书》,把计生、人社、民政、残联等 12 个街道办事服务窗口整合成 4 个标准化综合窗口,做到无差别统一受理接件,实现"一窗受理、受办分离",在 75 个社区便民服务中心全面推广综合窗口一口式、特需服务代办制。

2.制定"标准化"政务流程。优化统一审批服务流程和办件标准,梳理形成办事材料的颗粒化、标准化知识库,依据群众所需、街道所能,推动行政审批和公共服务职能向街道下沉,实现街道"即办即结"审批事项最大化和社区"即来即收"收件事项最大化。按照服务事项名称、办理层级、办理时限、办理流程,全面厘清街道受理的 132 项政务服务事项清单,其中街道直接办结 39 项。

3.创新"全时办"服务模式。通过增设 24 小时智能工作台、24 小时自助服务终端,开通移动办事平台,实现审批服务"事前一公里"到办理全流程"移动办",探索审批服务事项"全时办"。创新推进"1 Call 办"极简政务服务模式,利用"人工智能＋移动终端平台",以聊天场景化服务方式,为老百姓提供"一句话就能办事"的 24 小时贴心政务在线咨询和办理服务。防疫工作中,依托"1 Call"政务平台推出"自主报送＋智能寻呼＋人工补漏"工作法,"1 Call"24 小时在线收集、汇总居家观察人员自主报送的当日体温、健康状况及意见建议;智能寻呼机器人自动语音呼叫,居民应答即可收集信息;其他人员由社区人工补漏核查,切实为减轻基层工作负担。

(四)拓宽智慧应用,打造基层治理"新引擎"

1."智慧设备"促进减负增效。依托卫星定位、高清监控、视觉识别等技术手段,智能识别道路不洁、垃圾满溢、车辆违停等城市管理难题,通过自动派单,第一时间落实工作力量进行处置,以智能化手段提升基层减负增效。推广"互联网＋可信身份认证"技术在政务服务领域应用,实现"刷脸办事""容缺审批",居民办事更加贴心、便利。防疫工作中,该区依托政务数字"驾驶舱",紧急研发上线复工复产"最多问一次"政策咨询模块,该模块汇集权威复工复产政策,为复工企业提供"AI＋人工"在线咨询,及时解决企业实际困难。

2."智慧研判"促进精准施策。依托街道政务数字"驾驶舱",运用大数据分析研判街道、社区在综合治理、民生保障等方面的服务配置需求,进一步优化养老服务、居民活动、文化服务、体育健身等社区服务设施配置,优化专职社区工作者、专职助老助残员等服务力量配备,优化政府购买服务项目、社区社会组织、志愿服务力量等服务资源分配。利用人脸识别和智能分析手段,统计分析服务大厅办件类型、时长等变量,提前预判大厅群众办事需求,改善提升服务细节,促进办事便捷率和满意率双提升。

3."智慧场景"促进精准服务。深化政务服务系统在小区垃圾分类、文明养犬、业委会财务等方面的运用,促进公开,加强动态监管,以公开透明促小区和谐,减少矛盾发生。以老旧小区改造为契机,通过增设智能门磁门禁、烟感报警等设施设备,对高龄、孤寡、独居等重点服务对象实时监测,降低意外事件发生率。拓宽居民线上参与社区治理路径,实现社区公共服务线上公告互动,居民困难诉求线上征集反馈,社区公共事务线上参与协商,社区公开事项线上监督评价。

(五)创新社区智治,打造基层智治"加速器"

1.建设"社区智治在线"平台。下城区在全国唯一以信息化为主题的全国街道服务管理创新实验区的基础上,在 2020 年 6 月,在全省率先启动"社区微脑"计划,开发"杭州社区智治在线——下城平台"。该平台能实现与杭州城市大脑、"基层治理四平台"等数字化平台之间信息的快速流转,并且打通民政、社保、城管等部门数据以及小区物业、智能安防、市政服务、社会服务机构等信息系统,构建实时动态的基础资源数据库。

2.规划聚焦"136"顶层设计。"1"是指坚持一个理念,即坚持以人民为中心的发展理念;"3"是指围绕精密智控、精准服务与全周期管理三个治理维度;"6"是指重点打造"六全"功能场景,即,数据支撑的全要素精密智控、以人为本的全周期精准服务、平战结合的全流程闭环管理、万物智联的全维度治理场景、共建共享的全内容数字生态、一站集成的全业务融合平台,通过"136"顶层规划,有效探索在社区层面构建精密智控与精准服务相衔接的全周期管理模式,逐步推动社区治理和服务从经验判断型向数据分析型、被动应付型向主动推送型转变,全力做到"数据通用、实战管用、基层好用、群众受用"。

3.贴近居民日常生活服务。社区智治在线优化了多个模块,使得社工管理更精准,老百姓生活、办事更快捷。如"智慧停车"模块,可就近寻找停车场及空车位;"亲邻E站",不仅社区、社会组织、志愿服务机构可实时发布服务活动信息,接受居民在线报名,居民还可以就近找到社区、物业、长者照护等服务,还能线上说事、议事、评事。目前,已有交警、残联、人社等部门的8个事项实现全流程"跑零次""视频办"。此外,社区智治在线还能实现社区行政执法队伍、社区工作者队伍以及志愿者队伍的联动指挥。

四、特色成效:树立精密智治的"下城标杆"

下城区以街道政务信息化标准流程建设为载体,强化党的全面领导,积极创新精密智治的基层社会治理新模式,着力构建基层服务便民利民、精准精细、减负增效三大"标杆"。自2019年至今,共投入建设和运营经费800万元,为各街道数字驾驶舱以及信息化建设提供资金支持。

(一)精简办事流程,树立"便民惠民"标杆

实现全区各部门数据在街道实时归集,将数据资源当成一项基础设施,纳入街道整体建设发展规划,以支撑街道服务功能提升。一是服务事项实现"规范化"。聚焦"全域全网、零窗零跑、就近就便",按照服务事项名称、办理层级、办理时限、办理流程,全面厘清132项政务服务事项清单,其中由街道直接办结的39项。二是服务受理实现"无差别"。在全市率先探索制订基层窗口人员《作业指导书》,把计生、人社、民政、残联等12个服务窗口整合成4个标准化综合窗口,做到无差别统一受理接件,前台负责接收材料,后台负责审核办理,实现"一窗受理、受办分离"。三是服务办理实现"全天候"。深化推进"I

Call办"极简政务服务模式,增设24小时智能工作台、24小时自助服务终端,开通网上便民服务平台,开发微信公众号,发挥数据协同效应,为居民提供多样化的办理方式,按需选择,实现了7×24小时全天候办理,成为辖区居民群众的网上"市民之家"。

(二)优化资源配置,树立"精准精细"标杆

借助大数据,通过对街道人口、辖区公共服务设施进行梳理,对辖区居民需求进行分析,以此更加精准地进行社区管理和服务资源的配备。一是服务设施"升级换代"。推进8个街道社会治理综合服务中心、74个社区便民服务中心标准化建设,打造布局科学、智慧高效、服务周全、环境舒适的"一站式"服务中心。针对全区老年人口比例偏高等实际情况,围绕康复护理、托养服务、康复辅助等特色化、个性化服务需求,着力打造"1+2"的养老服务综合体项目及"5+5"的养老服务中心建设。二是服务资源"科学匹配"。依托街道政务信息云大脑数据库系统,深入分析研判街道、社区在综合治理、民生保障等方面的服务配置需求,进一步优化养老服务、居民活动、文化服务、体育健身等社区服务设施的配置,优化专职社区工作者、专职助老助残员等服务力量的配备,优化政府购买服务项目、社区社会组织、志愿服务力量等服务资源的分配。全面梳理每个社区、楼幢及单元重点服务人群的分布情况,合理划分社区网格,推进"多网融合",配齐配强网格服务人员,力争实现"问题不出网格"。三是服务方式"智能优化"。推进民生保障综合服务系统建设,对居家养老、困难帮扶、慈善救助、助残扶残等民生保障信息数据进行实时归集,结合民生保障政策的研判分析,对家庭、个人享受各类民生服务的个案管理,对因年龄变化、身故、户籍变动等原因发生的服务变更或退出进行监测预警,实现对困难群众、老年人、残疾人等救助、保障对象主动提前服务。

(三)整合工作力量,树立"减负增效"标杆

整合基层工作力量,优化服务管理平台,通过智能手段支撑实现基层减负、服务增效。一是技术支撑实现工作减负。推进"设备换人",全面整合辖区公安、城管、街道等监控资源,建立街道AI智能监控系统,通过系统派单,第一时间落实网格力量进行处置。以老旧小区改造为契机,通过增设智能门磁门禁、烟感报警等设施设备,对高龄、孤寡、独居等重点服务人员实时监测动向,降低意外事件发生率。二是人员下沉实现力量融合。围绕为基层减负的目

标,整合条线部门下沉的服务力量,向街道放权赋能。在长庆、潮鸣街道先行一步,打破行业界限、人员编制等问题,整合下沉公共服务、审批服务、行政执法等原部门条线工作人员,同步推进权限延伸和下沉,构建扁平化的协作联动工作机制。三是平台整合实现功能优化。推进"城市大脑""基层治理四平台""云上城管""智慧社区"等系统功能融合,升级可视化指挥、智慧化分析功能,完善集发现问题、解决问题、办理反馈、监督评价为一体的闭环式管理服务流程,提升事件处置、为民服务的办结率和满意率。试点研发"社区服务""民主协商""居务监督"等社区治理"码"上参与功能模块,实现社区公共服务线上公告互动,居民困难诉求线上征集反馈,社区公共事务线上参与协商,社区公开事项线上监督评价。

五、未来计划:谋划精密智治的新方向

下一阶段,下城区将立足于"重要窗口"优等生的角色,继续以党和国家关于基层社会治理的系列战略部署及任务为引领,以习近平总书记"为全国创造更多可推广的经验"期许为目标,以在基层社会治理实现精密智控、精准服务、整体智治为方向,高质量推进下城区基层社会治理,为此,将重点在三个方向做出推进。

一是探索"社区智治在线"建设,进一步打通信息壁垒,夯实基层社会治理基础。继续深化精密智治建设成果,全面推进以"数字化平台,标准化流程,智慧化服务,社会化运用"为特征,管理和服务为一体的社区智治在线建设,整合平台资源,有效破解多平台壁垒,纵向打通公安、民政、社保、城管等部门数据,横向打通小区物业、智能安防、市政服务、家政服务、驻社区单位、社区服务机构的业务系统,以民生保障政策作为依据进行比对和分析,实现对各类民生服务对象的数字化个案管理和主动服务。

二是优化"社区智治在线"社区属性,进一步拓宽居民参与路径,提升社区居民自治效能。扩大亲邻 E 站、I call 等居民可输入的应用端运用,搭建社区线上说事、议事、评事的平台,拓宽社区居民参与社区治理的路径;社区、社会组织、志愿服务机构可在线发布活动信息,社区居民可通过线上获取各类活动信息和重大事项,真正实现居民参与和互动;社区服务信息实施线上公开,接受社区居民监督。

三是加强科学评价指标设计,进一步健全智慧治理资源支撑,提升精密智

治的科学化、长效化。依托专业化资源支撑,构建科学、合理,并具有前瞻性的社区智治评价指标体系,打造社区智慧治理的"测试仪",完善下城精密智治的系统化建设;以下城区"人才生态黄金 30 条"为抓手,优化健全下城区精密智治的人才政策体系,打造集引智、育智、借智与扩智为一体的人才模式,提升智慧治理专业人才队伍建设,实现基层智慧治理的高效运转。

(杭州市下城区民政局)

徐州市鼓楼区:基层智慧治理模式与机制

近年来,徐州市鼓楼区围绕"美好鼓楼、精治共造"治理目标,以多方共治为总思路,以智能治理为新引擎,持续探索智慧社区建设、网格化治理行动和社会治理集成改革"三步走"的基层治理路径,统筹推进"网络＋网格""六治＋四微"的治理举措,走出一条具有鼓楼特色的城区善治之路。

一、坚持以善治为目标,构筑社会治理同心圆

鼓楼区以实现善治为目标,初步构建了党建为统领、德治为先导、自治为基础、法治为保障的"四位一体"社会治理同心圆。通过"党建＋"工程、基层协商民主、新时代文明实践、网格化社会治理等抓手,统筹推进基层自治、德治、法治,实现民意、法律和道德相互促进、相辅相成;通过综治手段实现公平感、幸福感、安全感、获得感及组织力全面提升;通过共治措施凝聚社会治理共同体、社会治理产业联盟、社会治理研究院、社会治理网格学院等力量,最终形成六维共治的整体框架,全面提升社会治理社会化、法治化、智能化、专业化水平。

(一)党建基础全提升

坚持思想引领。抓实"不忘初心、牢记使命"主题教育,以小巷书记论坛、党性教育班、素质提升班、廉政警示班"一坛三班"为载体,抓好基层党组织书记队伍的教育培训,汇聚引领社会治理的强大思想动力。抓好制度建设。完善"三项机制"激励干部大胆创新,担当作为,实现培养在一线、锻炼在一线、成长在一线。实行社区党组织书记"区街共管",出台《关于社区党组织书记选拔

任用工作实施意见》，从严选用选配业绩突出、群众公认的社区党组织书记 21
人，社区党组织书记队伍的整体能力素质得到有效提升。深入实施"源头活
水"计划，制定出台《关于选拔建立社区后备干部的实施意见》，选配年富力强、
素质优良的后备干部 138 人，全面提升基层治理骨干队伍能力水平。强化资
金保障。设立 300 万元基层党建工作专项经费，投入 2000 余万元保障社区
"两委人员"工资待遇。开展"建中心、惠民心"行动，社区综合服务中心全部提
档升级。

(二)党组织建设全覆盖

优化组织设置，构建覆盖严密、贯通上下、联通左右的组织体系，夯实集成
治理改革的组织基础。纵向组织体系一贯到底。拉长区委、街道大工委、社区
大党委、网格党支部四级组织体系链条，延伸楼栋党小组、党员示范户，实行 1
名党员示范户联 10 名党员、1 名党员联 10 户群众工作机制，切实打通联系服
务群众最后一公里。横向组织体系互联到边。以街道大工委为核心，形成机
关部门、事业单位、园区、楼宇、商圈、"两新"组织等驻地单位党组织横向互联
互通，实现区域党建一体化。

(三)党员干部全发动

以"四联"工作机制践行群众路线，推动党委、支部、党员和群众四体联动。
领导联街，当好"红领队"。区四套班子领导直接联系街道，落实研究重大问
题、破解工作难题、推动落地落实"三项任务"。部门联社，做好"红帮手"。63
家区级部门、事业单位直接联系 68 个社区，利用每月一次的社区活动日，建立
参加一次社区党组织活动、参加一项志愿服务、结对一户困难居民、为社区办
好一件实事、提出一条合理化建议"五个一"工作机制，帮助建强基层战斗堡
垒。社区联网，建好"红网格"。社区"两委"成员兼任网格长，规范学习清单、
教育清单、管理清单、需求清单、服务清单"五张工作清单"，实现党员学习在网
格、教育在网格、管理在网格、服务在网格。党员联户，当好"红管家"。按照宜
亲、宜近、宜邻的原则，社区党员直接联系群众，做好大事要去看、民意要去听、
政策要去讲、矛盾要去解、困难要去帮"五件事"，切实实现服务群众零距离。

(四)党建统领全方位

建立"1＋2＋N"推进路径。"1"即党的建设；"2"即共性选项，即围绕中

心＋重点任务、立足岗位＋日常工作；"N"即特色选项，为本部门本单位的特色工作。重点通过党建＋产业转型，党建＋效能建设，党建＋基层治理，党建＋民生保障，党建＋生态环保，引领经济发展高质量、营商环境高质量、人民生活高质量、宜居鼓楼高质量和治理水平现代化。

（五）考核评价全要素

以党建考核作为高质量发展考核、绩效考核、涉农社区重点工作目标考核的系数，实现考核全覆盖。实行机关党组织"效能指数"、街道党工委"服务指数"、社区党组织"堡垒指数"和党员积分考核"先锋指数"分级分类考核，实现测评全领域。实行量化积分、综合评价，考核结果按照（15％、25％、50％、10％）比例评为先进、较好、一般、后进四个等级，用"红橙黄灰"四色予以标识，并对考核结果全运用。对评定为红色的华康社区、下淀社区等 10 个党组织班子和书记，优先推荐参加评优评先，并作为绩效考评的重要依据。对评定为灰色的李沃社区、彭校社区等 7 个社区党组织，列为后进党组织予以整顿转化，相关责任人给予组织处理。

二、坚持以综治为手段，打造网格治理全要素

坚持系统化思维、全局性站位，健全四级网格治理体系，以各级网格中心为枢纽，以信息化为支撑，推动社会治理重心向基层下移，实现网格治理全要素。

（一）构建"四级联动"的网格治理体系

按照标准在社区划分网格进行治理，形成了覆盖区级、7 个街道、68 个社区、417 个网格的四级网格治理体系，建立网格党支部和网格驿站，统筹综治、公安、民政、城管等 23 个社会治理领域，构建联动、联通、联勤的工作体系，优化调整巡逻、执法、服务等工作机制，初步形成了全要素"一张网"工作格局。建立区智慧鼓楼联动指挥中心，区中心建立"一专班一机构"双核驱动的组织架构，"一专班"即社会治理创新集成改革专班，从纪监、组织、政法、经发、民政等 10 个核心部门抽调专门人员，负责建章立制、督查考核等制度设计工作；"一机构"即事业编制的网格化服务管理中心，统一选聘工作人员负责系统维护、指挥联动等操作层面工作，专班和中心人员在区中心集中办公、统一管理、

形成合力。

(二)组建"专兼结合"的网格治理队伍

整合街道、社区人员力量下沉到一线网格,招聘 85 名专职网格员,在每个网格选配"四组八员"(督导组包括网格督导长、督导员,管理组包括网格长和网格书记,治理组包括专、兼职网格员,辅助组包括网格辅警和网格城管),结合网格志愿者和网格协管员,共同承担网格治理职责,打造群防群治的社会治理模式。细化网格书记、网格长、网格员工作职责,梳理《鼓楼区网格化工作清单》,量化考核依据,依托评价考核信息化平台,对专职网格员工作实现留痕记录、动态管理、高效考核。

(三)健全"部门联动"的指挥协调机制

梳理机构改革后各职能部门工作内容,依托大数据平台,建立审批服务一窗口、综合执法一队伍、基层治理一网格、指挥调度一中心工作机制。开展街道吹哨、部门报到,确保吹哨吹得响、哨响有人应,实现基层社会治理联动联查联处。实施法网融合的联动执行机制,警网融合的互动机制,城网融合的互补机制。结合梳网清格行动,全面开展重点人员、重点场所、出租房(群租房)等重点管理对象摸排行动,确保底数清、情况明。

三、坚持以德治为先导,建设宣传教化新载体

充分发挥德治引领作用,引导公众用社会公德、职业道德、家庭美德、个人品德等道德规范修身律己,形成支撑共建共治共享的强大正能量。

(一)做强以实践中心为枢纽的社会治理德治基地

印发《鼓楼区新时代文明实践中心建设工作实施意见》,建成区级中心 1个、街道所 6 个、社区站 58 个、实践驿站 1 个、文明实践广场 1 个,文明实践工作覆盖至全区 417 个网格。开展五单流程服务机制,网格征单、实践站报单、实践所领单、中心派单、队伍接单,志愿服务队根据区实践中心派单,承接开展志愿服务活动,并将活动情况反馈给区实践中心。聚力志愿平台建设,成立鼓楼区志愿服务联合会,落实志愿服务时长兑换机制,打造"四点半"课堂、红领

巾寻访、"543"志愿联盟等特色志愿活动。

(二)培育以先进人物为骨干的社会治理德治力量

开展"学有榜样、行有示范"学习活动，评选表彰第四届"鼓楼榜样"13个，先后18人当选中国好人，23人当选江苏好人、27人当选徐州好人，84人成为鼓楼榜样，积极探索推动"鼓楼榜样"下沉担任网格协管员，切实凝聚社会治理共同体。

(三)拓展以教化人心、凝聚力量为目标的社会治理德治载体

开展7项集中整治，高标准落实全国文明城市复审保牌工作。开展文明单位、文明社区、文明家庭、文明校园创建，推进文明旅游、文明交通、文明餐桌等行动，利用传统节日、重要节庆，开展"全面达小康、幸福舞起来"广场舞比赛、国际街舞大赛、"我们的节日"、全民阅读等各类活动，丰富群众文化生活。打造鼓楼发布站群云平台，推进"鼓楼信息发布矩阵、智慧鼓楼政务服务、新时代文明实践中心"贯通融合，与徐报融媒、今日头条、凤凰新闻等融媒体平台建立共享发布合作机制，形成一平发布、多端互动传播新格局。

四、坚持以自治为基础，探索基层治理新路径

充分发挥人大代表、政协委员的桥梁纽带作用，健全居民自治机制，搭建智慧社区平台，建强"网上居委会"，培育多层次、多方化的社会组织，大力促进"三社联动"，激发治理活力。

(一)开展"协商全领域"行动。建立"3＋X"协商体系

通过街道、社区、网格三级协商平台和动态设立的专项协商渠道，对网格内重大决策事项、重大问题、涉及公共利益的信访或矛盾，组织协商主体和相关专业部门广泛咨询、共同协商。推广"4F"协商模式。总结环城街道华康社区协商工作经验，按照"发挥社区协商枢纽作用、发现群众热点难点问题、发起议题搭建协商平台、发动群众全面广泛参与"的"4F"模式，通过业主委员会初步协商、社区专项委员会专业协商、街道综合协商的方式，引导各协商主体理清路径、达成共识，在"上访"和"上诉"之间探索开辟一条新的利益诉求解决途

径。规范 10 项协商载体。在初级协商阶段,通过民生约谈、业委会专题协商会议、业主大会 3 种形式,协商解决网格(小区、园区、商场、楼宇等)内部问题;在专业协商阶段,通过专项委员会协商会、社区居民议事会、居民理事会、民情恳谈会等 4 种形式开展协商工作;在综合协商阶段,通过专题协商、界别协商、提案"开门办理"等 3 种形式,集中专业部门资源开展协商,促进协商民主广泛性、多层次、制度化发展。目前,累计开展线上线下协商 419 次,协商问题 1354件,达成共识 1323 件,达成率 97.7%,群众满意率不断提升。

(二)建强"网上居委会"

搭建了集合政务服务、公共服务、自治服务、商务服务等多种功能的智慧社区服务平台,将多个部门资源进行有效整合,241 项便民服务事项进入智慧社区平台公示,139 项办理事项实现不见面办理。设置两委人员、社情动态、组团联社、村规民约、精准救助等基本栏目;试点推行开展"e 选举""e 决策""e决策""e 管理""e 监督"工作,围绕"5e"云自治要求,开辟"三务"公开、搜集空间、协商空间、决策空间、选举空间等功能;通过社区建议版块搜集涉及环境政治、小区安全、矛盾纠纷等方面的意见和建议。建立社区动态数据库,提升精准服务。为辖区居民建立基础信息数据库,规范数据采集标准,建立 7 类户标签和 60 余类个人标签,将特殊人群进行标签化归档管理,建立动态管理机制。截至目前,基础数据库中标准地址库信息 19.5 万条,户籍人口 38 万人。试点推行开展"e 选举""e 决策""e 决策""e 管理""e 监督"工作。

(三)推进"三社联动"

梳理延伸至社区的服务事项,编制《基层群众自治组织依法履行职责事项》12 项和《基层群众自治组织协助政府工作事项清单》47 项,"两份清单"的梳理和公布不仅划清了"行政权力"与"自治权利"的界限,明确政府和基层自治组织各自的工作职责,实现政社分开、政社合作、政社互评,更为下一步"政""社"之间有效互动提供了保障。建立居民委员会候选人联审机制。区纪委监委、组织部、民政、公安等部门建立候选人联审机制,审查各街道报送的居民委员会成员候选人名单,发现不适合参选人员,督促街道立即取消其参选资格。制定《鼓楼区关于在全区推行"全科社工"服务模式的实施意见》,全面推行"全科社工"服务模式,逐步形成了"一窗式受理、一口清导办、全科式服务"的社区工作新机制。建立社会组织培育发展机制,大力培育发展社会组织。以社会和居民需求为导向，加快发展生活服务类、公益慈善类、居民互助类、文化体育类、社区维权类社区社会组织。重点培育为老年人、妇女、儿童、残疾人等特定群体服务的社区社会组织。截至目前，全区共有社会组织647个，其中登记438个、备案209个。其中，为老服务类147家、红白理事会68家、儿童服务类22家、残疾人服务类21家。发展枢纽型、支持型社会组织。建成区级社会组织创益服务中心，打造集"党建指导、孵化培育、能力建设、信息交流、供需对接、政策咨询、成果展示、人才实践"等八大功能于一体的综合性服务交流平台。同时引入第三方社工机构进行运营，免费为社区社会组织提供能力培训、信息共享、创业扶持等服务。积极推进建立街道社会组织联合会和社区社会组织工作室，充分发挥各类枢纽型组织作用，有效整合区域内及周边社会组织、经济组织等资源，引导社区骨干、志愿者和广大居民主动参与社区治理。成立了全区志愿者联合会，推动建立以辖区党员、社区居民为主体的社区志愿者服务队建设，充分发挥志愿者引领示范作用，积极投入社区治理工作中，并实行积分制度，激励吸引更多的社区志愿者为社区治理多做贡献。

五、坚持以法治为保障，筑牢依法治区主阵地

运用法治思维和法治方式，加强执法队伍建设，深入开展多元矛盾调解，实现法律援助全覆盖，以"法润鼓楼"为引领，积极推进法律"八进"活动，加强法治文化建设，构筑法治服务体系。

(一)大力推进法治政府建设

制定《鼓楼区法治政府建设实施方案(2017—2020年)》，将每年重点任务纳入区委全委会报告和政府工作报告。严格落实"三项制度"，积极推进行政执法公示制度、建立执法全过程记录制度、严格执行重大行政执法决定法制审核制度，强化事前事中事后监管力度，保障和监督行政执法机关正确履行职责。加强执法队伍建设，建立和推行行政执法人员考核制度，全面落实行政执法责任，严格规范执法行为，对执法人员开展针对性的综合培训，通过"你点题、我培训"的"订单式"培训，助力建设高素质执法队伍。

(二)大力构筑多元调解体系

学习新时代"枫桥经验"，全面推行"1234"大调解机制，以社区调委会、网

格化建设为依托,推动调解工作"关口前移、重心下移、力量下沉",加快区、街道、社区三级调委会实体平台规范化建设,推进调解组织向全行业、新领域拓展,推动矛盾纠纷排查调处向主动预防、动态研判和事前预警转变。加强公调对接。在辖区派出所成立"人民调解工作室",派驻专职调解员与各网格联动、交流,实现矛盾化解的专业化运行。完善诉调对接。区司法局与鼓楼区法院联合制发了《鼓楼区诉讼与非诉讼对接实施办法(试行)》,在区法院设立非诉调解中心,打通诉讼非诉双向通道,婚姻、家庭、物业等类案件实行调解前置,统筹行政调解等8类非诉纠纷化解渠道,对达成调解协议的,引导当事人进行司法确认,以法律形式固化调解成果。推进访调对接。制定出台《关于切实加强"访调对接"工作的意见》,明确工作机制、工作流程及调解范围,建立初信初访人民调解优先调处机制,区级实行派驻调解员、信访案件分流调处,街道实行信访调处直接对接,就地化解信访矛盾纠纷。

(三)大力构建法治服务体系

完善"谁执法谁普法"责任制。深入推进"七五"普法,制定《鼓楼区国家机关"谁执法谁普法"责任制实施办法》,建立普法责任清单、普法责任制联席会议、"一月一法"普法联动等制度。深化"法律八进"活动。以"法润鼓楼"为引领,以"尊法学法守法用法"为主题,坚持法治文化与优秀传统文化、道德教育、精神文明创建、社会公益服务"四结合",积极推进法律进机关、进社区、进学校、进企业、进单位、进家庭、进军营、进监狱。加强法治文化建设。推进法治文化建设,推进政策、阵地、产品、活动"四落实"。开展"互联网+法治宣传教育",充分利用网络平台开展普法宣传,不断满足群众的法治文化需求。

六、坚持以智治为支撑,打造智能治理新高地

投入1000余万元,在区中心高标准购置10组智能服务器,配套开发鼓楼区网格化社会治理系统集群,包括社会治理数据云和指挥台两大板块,以及数据集成、指挥联动、风险研判、评价考核等11个子系统,努力提升数据分析和模块化应用能力,推动治理模式从事后应对向源头防范转型。

(一)融通后台数据库

由区中心负责对社会治理数据库的整合、管理和应用,通过专(兼)职网格

员现场采集、服务窗口便民采集、信访接待留痕采集等方式,持续采集实有人口、标准地址等社会治理静态要素;围绕事件、信访、投诉、举报等社会治理动态要素,通过数字城管、12345、领导信箱、智慧社区、智慧督查等渠道整合留存,最终归集为人口、证照、地址、法人四大数据库,为智慧治理夯实数据基础。

(二)联通中台指挥塔

平时闭环管理。统一诉求归集,区网格中心将源于政府热线、数字城管、智慧社区、马上就办平台、领导信箱、上级派发、媒体焦点、公共反馈等事件在区、街层面汇总归集,从鼓楼社会治理派单平台,按照上级推送类、非警务类、自处理类、风险类、民生求助类、矛盾纠纷类6种类型分别派发,通过采集上报、核实立案、指挥派遣、处理反馈、核查结案、考核评价进行处理,形成六步闭环处置的工作法。战时秒级响应。强化视频调度,依托高空"鹰眼"系统,整合公安、城管、物业、教育等视频来源,将7396个监控端口接入区中心平台,形成高低位视频联动切换、全景巡查的监控体系。强化联动指挥,在区中心对786名专职网格员和网格长实现可视化定位指挥。强化协同会商,区中心与街道、社区中心建立视频会商平台,做到即时沟通、同频共振。特别是在新冠肺炎疫情防控期间,鼓楼区运用天眼系统、人脸、虹膜、步态、视频监控等生物和视频识别技术实施智能监测,精确绘制疫情防控"战疫地图",加强疫情溯源和监测,做到出租房、复工人员、流动人口、涉疫人员精准管控,疫情防控秒级响应。

(三)贯通前台服务队

按照"寓管理于服务"的网格工作理念,逐步将面向群众工作的服务窗口和服务人员,通过电脑端和手机端纳入网格化社会治理系统管理。社区层面,强制推行政务服务一窗采集、一网通办,实现493项不见面审批,推动社区人员腾出双手、迈开双腿,下沉社区抓治理。街道层面,重点整合以城管、市监、应急为主体的综合执法队伍,网格书记、网格长、专兼职网格员为主体的综合服务队伍,统一事件处置渠道,形成部门执法和网格服务互助互促的工作格局。

(南京市鼓楼区民政局)

第五篇

邻里与微治理制度创新案例

湖州市：坚持"四个到底"
打造幸福邻里中心新平台

一、发展现状与存在问题

近年来，湖州市坚持以党建为引领，以全国、全省社区治理和服务创新实验区建设为抓手，突出问题导向、勇于实践，不断夯实基层基础，积极推进社会治理现代化，在城乡社区治理上涌现了不少值得推广的创新社区治理模式。如安吉县乡村治理"余村经验"、德清县的"乡贤参事会"、长兴县的"户主大会"、南浔区和孚镇获港"六老六大员"的"双六"工作机制等，充分组织动员各种社会力量参与到社会治理和公共服务供给之中。但是这些模式在治理过程中也面临了一些困境与局限。如社区公共服务资源碎片化，基层党政部门、社区、社会组织、社会工作者往往各自开展工作，较难整合协调；村（社区）工作职能行政化，职责事项多，工作压力大；基层自治组织力量不强，社区公共问题的解决主要依靠社区干部、党员、居民代表等，普通居民社区协商议事参与率低；社区协商议事缺乏统一平台，没有建立长效机制；等等。

习近平总书记指出："改革创新要牢固树立全局观，基层探索要观照全局，大胆探索，积极作为。"目前，湖州市基层社会治理创新的脚步仍不停步，各项工作也在稳步推进，为改善城乡社区治理目前存在的困境，切实提升湖州市城乡社区治理水平，我们对现有问题进行了剖析，积极探索社区治理新的发展路径，因地制宜、开拓进取，力争打造具有湖州特色的社区治理新格局。

二、问题分析与发展目标

构建自治法治德治相结合的基层社会治理格局，是国家治理现代化的重要方面。湖州市城乡社会治理现状所存在的问题，既有基层治理机制体制不完善的原因，也有治理发展理念滞后的因素。党委政府的行政化事务在基层工作中占主导地位，工作职责界限模糊，治理工作缺乏动力。究其原因，主要有以下四个方面。

（一）社区治理职责体系不清，工作履职"错位"

社区治理工作没有以满足居民多元化需求为出发点，而是主要承担行政和社会管理事务，以党委政府指派的行政任务为主，居民民主自治被行政化工作覆盖。2019年湖州市开展涉村（社区）"七多"问题清理工作，推进基层减压松绑工作，但是基层表格数量多、多头报、重复报等突出问题依然存在，基层治理活力还不强。同时，专业社工人才在融入社区建设过程中，由于培育机制不完善，没有开展专业服务的平台，渐渐被社区行政化事务同化。

（二）社区治理统筹协调不强，多方共治"失位"

社区服务用房管理分散，根据市、区县职能部门下达的事务，按照考核评比中对社区服务管理用房、机构牌子等的硬性指标，各自建立标准，缺乏整合性平台。阵地营造功能没有统筹，社区建立党群服务中心、新时代文明实践所（站）、青少年之家、社区家长学校、居家养老服务照料中心等，工作开展分门别类，各自为政，阵地营造没有实现合力。社区社会组织力量没有充分发挥作用，常被视为社区内部机构，社工的常态化、专业化、规范化服务不能正常开展，没有在社区治理中发挥作用。

（三）社区治理履职能力不足，内生动力"缺位"

基层治理中社区、社会组织、社工人才的"三社联动"作用没有得到充分发挥，相互间缺乏联动平台。社区社会组织培育能力不强，专业型社会组织（如养老等），由于受自身能力水平制约，独立开展活动能力不强，不能有效履行社区建设职能，部分枢纽型社会组织尚处在发展初期阶段，存在内部管理机制不健全,人员配备不到位等诸多问题。社区居民领袖培养力度不够,作用发挥不够,在社区建设中没有成为骨干力量,居民参与基层治理意识淡薄,没有归属感。

(四)社区治理配套保障不够,综合支撑"差位"

社区治理的"软件""硬件"配套不达标,主要体现在社区服务用房和专职人员配备上。社区服务用房呈"碎片化",尤其在老城区,存有"低、小、散"的问题。根据《中共湖州市委 湖州市人民政府关于深化城乡社区建设加强和完善城乡社区治理的实施意见》,要求按每个城市社区 6～12 人标准配备专职工作者,社区户数超过 2000 户的,每增加 300～400 户可增配 1 人,实行总量控制。根据目前各社区人员配备情况,基本为 4～5 人,专职工作人员保障不足,基层工作压力大。

习近平总书记指出:"真正实现社会和谐稳定、国家长治久安,还是要靠制度,靠我们在国家治理上的高超能力,靠高素质干部队伍。我们要更好发挥中国特色社会主义制度的优越性,必须从各个领域推进国家治理体系和治理能力现代化。"湖州市将以德清县全国城乡社区治理和服务创新实验区创建成果为突破点,以满足人民对美好生活的向往作为一切工作的出发点和落脚点,坚持为民办实事长效机制,在全市推进幸福邻里中心建设项目。通过充分整合社会资源,加强阵地营造建设,强化"三社联动"核心作用,建立完善社会治理保障机制,打造社会治理共同体。

三、制度建设与创新做法

党的十九大提出建设"政府治理和社会调节、居民自治良性互动"的社区治理体系,全国各地都在积极探索特色模式和路径。湖州市坚持试点先行、总体规划、统筹推进,立足湖州市基层社会治理发展新需求,全域推进幸福邻里中心建设,走出了一条政府治理与社会调节、居民自治良性互动的新路子,成为湖州市基层社会治理金名片。

幸福邻里中心是以幸福(Happy)、健康(Healthy)、互助(Helpful)"3H"为核心理念,以"3＋X"服务职能为核心职能("3"即集服务居民、协商议事、组织培育三大职能为一体的公共空间,"X"为邻里中心的特色功能),秉持共建共享理念,突出幸福和谐标准,以健康、互助、幸福为基点,以融洽邻里关系、促进邻里友爱、实现邻里自治为维度，以"幸福邻里，党群如亲"为宗旨，通过资源整合、人员集聚、组织重塑、环境共营，全力打造融政府服务、社会参与、群众自治于一体的基层治理模式。幸福邻里中心建设最早于 2016 年在德清武康街道春晖社区进行试点探索，2018 年纳入市政府十大民生实事项目，在全市进行推广，项目建设始终坚持以党建引领为牵引，不断统筹社会资源，通过建立标准化机制，锚定基层治理各个环节，形成了规划、建设、运营、考核和监管一体化的系列闭环机制。

（一）坚持一元牵引统到底，全面整合资源

城乡社区治理直接关系到广大群众美好生活新向往新需求的实现程度，在推进幸福邻里中心建设伊始，始终以坚持党建引领，密切党群关系，构建"党建引领、社会协同、全员参与"共建共治共享格局为总目标。

1.统筹阵地促同建。以党建引领为核心，整合社区服务用房，优化阵地功能。全面开展村社活动场所规范提升行动，采取回收、置换、转租等方式，将市直单位 3.3 万平方米用房交给街道社区使用，同时，推行村社干部集中办公，科学规划，调整用于幸福邻里中心建设布局。突出便民服务，延伸拓展为文明实践中心、民主议事厅、文体活动室、养老服务所、社会组织孵化室等。构建"党建＋便民"融合体，让社区党组织、幸福邻里中心、社区社会组织等拧成一股绳，形成合力，通过场所共管、活动共建、资源共享、难题共解的方式，使之成为党群活动的中心，便民服务的场所，社会组织、社工机构参与社会治理的平台，真正起到"党群如亲"的效果。

2.统筹工作促同推。坚持资源整合，推动协同化治理模式。以幸福邻里中心为载体，与党群服务中心、新时代文明实践中心共同谋划、同推共提。截至目前，全市落地幸福邻里中心的 25 家社工机构共建立 17 个党支部，实现党组织和服务全覆盖。德清县深入实施"十线百村"党建提升工程，全面推行村社阵地"一扬三亮"工程，开展村社党组织标准化认证，明确民情恳谈室、群众说事室等功能，打造基层治理主阵地。同时，幸福邻里中心作为社会组织的培育孵化基地，为公益类社会组织、社区社会组织和社工机构等提供场地设施、能力建设、资源拓展等服务。吴兴区开展社会组织"睦邻自治"项目，通过公开选举成立自治队伍，以"社工＋自治队伍"形式与社区协商，有效解决了小区内乱停车、垃圾分类脏乱差、养宠物不规范等社区治理难题。

3.统筹资源促同享。以融合社区资源为载体，"化碎为整"，促进资源共

享。为打破长期以来各部门在社区服务设施建设中,各自为政、各唱各戏的局面,在谋划幸福邻里中心建设时,以资源整合为主要任务,一方面通过设施集聚、空间共享、功能整合将政府资源进行优化重组,改变以往各部门(单位)场馆设施区域分散、功能单一的状况;另一方面通过培育发展社区社会组织,组建各类志愿服务队伍,组织居民开展自助互助服务,激活社会资源,为群众提升更多所盼所想的多元化服务,真正实现问需于民、问计于民、问情于民。

(二)坚持一张蓝图绘到底,全域统筹规划

在浙江省民政厅的指导下,在湖州市委、市政府的大力支持下,湖州市幸福邻里中心建设作为市政府十大民生实事项目之一,不断探索新途径、形成新格局,开启湖州市创新城乡社区治理体系的新里程。

1.纳入政府民生实事项目,稳健运行。市委市政府高度重视湖州市幸福邻里中心建设项目,自 2018 年起,要求在全域推进幸福邻里中心建设,并纳入市政府十大民生实事项目。根据计划安排,至 2020 年,在全市建成幸福邻里中心 150 家。在市委市政府的统筹协调下,为因地制宜建设幸福邻里中心项目、明确经费补助标准等方面提供保障。在建设面积上,规定乡镇(街道)级、村(社区)级、自然村(小区)级幸福邻里中心建设面积一般分别不少于 800 平方米、500 平方米和 300 平方米;在经费保障上,明确由各级财政在福彩公益金中列支保障,补助金额为 5 万~40 万元不等,运营经费由各级财政保障,运营标准为乡镇(街道)级 30 万元/年、村(社区)级 20 万元/年、自然村(小区)级 10 万元/年。

2.纳入基层减负重大举措,稳步推进。积极贯彻落实中央、省关于整治形式主义突出问题、切实减轻基层负担工作,与推进幸福邻里中心社会化运营结合起来。一方面,全力推进村(社区)减压松绑,建立村(社区)职责事项准入机制,制定村(社区)职责事项两张清单,即《村(社区)依法依规应当承担事务清单(12 项)》和《村(社区)协助市级机关部门事务清单(33 项)》。将村(社区)事务清理规范工作作为“三服务”活动,尤其是基层减负的重要内容,精心部署、狠抓落实,确保取得实效。另一方面,把原由政府直接提供的服务类事项,通过政府购买社会化服务,公开招投标形式,让具备条件的社会组织承接幸福邻里中心的运营,实现“专业的人做专业的事”,承担部分村(社区)感到“心有余而力不足”的工作。

3.纳入民政高质量发展要求,稳扎稳打。根据《中共湖州市委 湖州市人

民政府关于加强示范引领推进新时代民政事业高质量发展的意见》（湖委发〔2020〕13号）文件精神，围绕打造民政事业高质量发展示范市总体目标，完善提升城乡社区综合服务设施，推进幸福邻里中心建设项目。加快解决社区综合服务设施面积不达标、布局不合理、使用不方便等问题。统筹融合村（社区）党群服务中心、幸福邻里中心、文明实践中心等阵地建设，推进社会组织和社工机构入驻。每年新建50家幸福邻里中心，推进星级评定和标准化运行，实现乡镇（街道）服务全覆盖。至2022年底，在全市范围建设250家左右幸福邻里中心，并实现专业化、社会化运营。

（三）坚持一套标准贯到底，全程定规立矩

为增强基层活力，提高服务水平，推进幸福邻里中心建设规范化运行，湖州市出台《湖州市人民政府办公室关于推进幸福邻里中心建设和服务管理的实施意见》，编制发布《幸福邻里中心建设与服务管理规范》市级标准，做到既制好标准，更用好标准，确保标准规范落实到建设运行的每一个环节。

1. 坚持高标准制标。因地制宜建设幸福邻里中心，明确幸福邻里中心的建设面积、设施配套、基本功能、绩效评估等具体要求。科学规划中心功能站室，围绕服务居民、协商议事、组织培育的服务定位，充分整合各类资源，为城乡居民打造距离更短、场地更大、服务更全的综合性服务场所。坚持在党组织领导下，开展协商议事和基层党建活动，要求每个中心要有一名党建工作联络员。建设经费补助采取乡镇（街道）为主，区县财政补助的形式予以保障，在总量控制前提下，完成建设且符合标准的，可申请区县福彩公益金或财政资金补助。运营服务管理模式原则上采取政府购买服务的社会化运作方式，鼓励和支持社会力量承接中心运营。

2. 坚持严要求执标。强化职责分工，有序推进项目建设，同时规范程序，严格按要求落实审批程序。幸福邻里中心项目启动前，区县民政部门要先走访考察，对项目可行性逐一评估，做到有的放矢；项目建设期间，乡镇（街道）每月上报工作进度，区县民政部门每季进行实地督查，做到有序推进；项目建成后，先由区县民政部门对照建设标准进行验收，再由市级民政部门进行复查复核。运营过程中，出资方、委托方和运营方应签订项目协议书，协议中明确服务对象及内容，明晰各方权利义务。

3. 坚持第三方评估。幸福邻里中心项目运营后，市、区县民政部门通过委托第三方评估机构对幸福邻里中心的运营情况进行督导和评估，建立评估与

资金拨付挂钩机制,根据年度中期和终期评估结果,给予运营经费补助,确保项目运营的专业化和规范化。通过建立评估机制,督促承接幸福邻里中心运营的单位(社会组织)严格执行资金使用计划,实行项目资金专账核算,做到专款专用。同时,对检查中发现运营不正常、资金使用管理不规范的,督促限期整改;对整改不力的,予以调减直至收回补助处理。

(四)坚持一把尺子量到底,全链督考结合

通过建立星级评定办法和资金使用管理办法等,进一步完善服务管理模式,形成倒逼机制,结合全链接式考核督查结果,切实提高幸福邻里中心运营成效。

1. 以星级评定倒逼提质。以促进幸福邻里中心建设水平和提升服务管理绩效为出发点,编制发布《湖州市幸福邻里中心星级评定管理办法(试行)》。星级评定设四个星级,三星级以上比例不得超过总数的70%,由市、区县民政部门分级评定。获得星级等级的幸福邻里中心由市民政局统一印发通报、颁发星级标牌。民政部门会同财政部门,根据每年星级评定通报对星级幸福邻里中心予以一次性奖补。连续2年达不到三星级的,取消该幸福邻里中心运营机构参与该幸福邻里中心运营招投标资格。

2. 以规范管理强化增效。有效保障幸福邻里中心健康有序建设运营,提升城乡居民幸福感、满意度,建立规范、标准、运营使用全整套的制度化管理要求。先后制定出台《湖州市人民政府办公室关于推进幸福邻里中心建设和服务管理的意见》《幸福邻里中心建设与服务管理规范》《湖州市幸福邻里中心星级评定管理办法(试行)》《湖州市区幸福邻里中心建设运营资金使用管理办法》。通过制度管理,细化乡镇(街道)级幸福邻里中心建设运营标准,在统筹资源、经费保障、人员配备等方面,突出重点,明确事项,推进幸福邻里中心建设项目运营的日趋完善,不断增强规范化后管理的成效。

3. 以社会运营育强队伍。为幸福邻里中心开展专业社会工作服务,提供人才培养"三位一体"阶梯培育机制。幸福邻里中心为专业社工人才提供就业岗位,明确要求专职工作人员需50%以上持有社会工作者职业证书或具备社会工作专业背景。推进社工人才培育机制,通过聚合培训资源,开展有计划、大规模、系统化的专业培训,鼓励普通社会工作从业人员参加社会工作者职业水平考试,2019年全市通过社工考试人员较上年增长120%,荣获2019年浙江省全国社会工作者职业水平考试最佳组织奖。创新设立的"南太湖社会工

作领军人才"培养机制，对省、市级领军人才，两年内给予最高 5 万元、3 万元的培训补助经费，截至目前共培养南太湖社会工作领军人才 159 人。

四、建设成果与创新成效

湖州市以全域推进幸福邻里中心建设项目为载体，强化党建核心引领，积极探索"居民自治规范化、多方共治一体化、精密智治科学化"，创新"自治＋智治"融合治理模式。目前，已经建成幸福邻里中心 130 家，共投入建设和运营经费 6112.45 万元，落地社会组织（社工机构）57 家、新增专业社工岗位 232 个，培育社区社会组织 474 家，开展服务活动 7649 余场（次）、协商解决问题 1327 余个、惠及居民 86.6 万人次。

（一）创新服务方式，提高居民满意度

以满足社区居民多元需求出发，推进社区社会服务供给侧改革。吴兴区在全市首推"街道中央食堂"新模式，解决城市长者就餐难问题。安吉县余村为满足老年人养老服务需求，与当地电信部门合作，创建了一个集智能家庭生活、居家养老服务功能于一体的"幸福驿站"，采用"互联网＋"模式为当地老人提供多样化养老服务。南浔区頔塘社区作为全市唯一入选浙江省首批未来社区建设试点项目，将基于阿里云智联网 AIoT 搭建新的数字平台，创新引入5G 管家的概念，今后頔塘南岸的居民可以通过人脸识别系统、智慧垃圾收集系统、无人超市、智能停车系统等 9 大场景的智慧设施获得更加便利的生活，还会形成远程会诊、远程门诊、紧急救援等未来健康场景，让"在家看病"成为可能，未来頔塘社区将真正成为一个"有归属感、有舒适感、有未来感"的社区生活共同体。

（二）培育社会组织，提升居民参与率

通过充分挖掘社区资源，激发居民潜能，培育社区社会组织和居民领袖，实现邻里之前互通互融。德清县舞阳街道宋村村欣宋嘉园小区，依托宋村村幸福邻里平台，星辰社工开展"1＋1＋N"楼道红管家微项目，探索建立"楼事共定、楼利共享、楼务共督、楼绩共评"的楼道自治机制，从而推动实现小区文明有序、平安和谐；吴兴区通过"集中孵化＋网格培育"模式，对社会组织进行系统培育和扶持；依托幸福议事会、居民会客厅等载体，湖东街道全市首创"四

方会谈"机制；龙泉街道与湖州市仁与公益组织发展中心开启全市首个"街区自治"合作模式；飞英街道余家漾社区引入睦邻社会工作发展中心，以"社工＋自治队伍"形式组成"社区议事会"，开展"睦邻自治"项目；朝阳街道"议政会"形成了以"人大代表＋政协委员＋民情代表"相结合的议政成员架构模式，实现"街道议政、社区议事、民主议商"，全省首创网上全程直播，获1万多名网友在线观看。

（三）引导居民自治，增强居民获得感

通过将数据化手段跟基层良性社会秩序与居民的公共服务需求有机结合，最大化提升居民参与城乡社会治理的热情和能力，组织和引导居民开展协商议事，推进民事民议、民事管事，把矛盾纠纷化解在基层。德清县新市镇采用"幸福云""六确六推"云治理模式，通过实用的信息技术实现信息共享，打破线上线下的数字壁垒，充分调动村民参与村务管理的积极性和创造性，自治解决群众关心的切身利益问题，如环境整治、垃圾分类、美丽庭院、村规民约等。长兴县全面推行"3＋X""户主大会"机制，即实行村居"两委"述职述廉、接受户主评议、表扬先进3项基本内容和"X"项各村居自选动作，全年规划问政于"户主"，治理成效问政于"户主大会"，打破了以前党员干部带头干，群众站在一边看这种形式，有效形成一个基层事务村（居）民共同做，户户参与做的良好共治共享氛围。

五、下一步目标

通过中心平台的打造，借助社会组织力量，充分挖掘社区居民自治的潜力，真正实现自主治理、主动治理和长效治理。湖州市将紧扣国家治理体系和治理能力现代化的总目标，不断推进中心建设。下一步，将认真全面贯彻党的十九大和十九届二中、三中、四中全会精神，深入学习贯彻习近平总书记考察浙江重要讲话精神，更好地发挥中国特色社会主义制度的优越性，推进国家治理体系和治理能力现代化。

一是以全力推进湖州新时代民政事业高质量发展全省示范区建设出发点，加大财政对建设运营经费保障力度。通过引入第三方测评，完善幸福邻里中心考核和等级评定机制，以考评体系联动运营经费保障机制。

二是有效发挥幸福邻里中心资源统筹集聚功能。外延上，加强对部门社

区"碎片化"资源整合，坚持与社区党群服务中心、新时代文明实践中心阵地联建、功能融合；内延上，加强将民政基层便民资源集聚，坚持把养老服务、儿童之家等资源集聚、服务优化。

三是发挥幸福邻里中心筑巢引凤的作用，加强对社区社会组织和社工、志愿者的培育和引导。广泛链接引入省内外优秀社会组织，根据社区居民实际需要，有针对地培育和孵化社区社会组织，引导有基础的社会团体、志愿者团队等群众组织，依法登记注册为社会组织，让"游击队"变成"正规军"；充分发挥幸福邻里中心"三社"实体化运作平台作用，为各部门培育社区社会组织提供场所，使之成为本土社工历练成长的重要舞台，成为南太湖领军人才培育的基地摇篮，在实践中增强社工的工作能力和专业化服务水平。

（湖州市民政局）

南通市崇川区：探索"邻里＋"治理模式
实现基层社会精细智治

崇川区是南通市的主城区，面积 100 平方公里，人口 80 万人，下辖 10 个街道、1 个省级开发区，106 个社区、874 个邻里。2019 年，全区实现地区生产总值 930 亿元，一般公共预算收入 72.5 亿元，综合实力居长三角地级市中心城区前列。2013 年崇川区启动"邻里自理"基层社会管理创新，到 2016 年基本完成社区自治组织"邻里"的架构创新，以及邻里运行的"自理"机制，取得了较好的成效。《人民日报（内参）》两次刊发崇川社区改革和邻里建设经验，中央电视台连续 5 年专题报道。党的十九届四中全会提出推进国家治理体系和治理能力现代化，这是筑牢中国长治久安制度根基的重大举措。崇川区委区政府全面贯彻落实党的十九届四中全会精神，立足主城区高质量发展战略定位，持续加强和创新社区治理现代化，推进以基层社会治理单元为主体的"邻里自理"向基层治理单元更为标准化、科学化，治理内容更为精准化、实效化，治理主体更为多方化、自主化的"邻里＋"跃升，着力打造区域治理共享共治共同体，不断提升居民群众对社会治理现代化的获得感、幸福感。

一、从"邻里自理"到"邻里＋"的动因

"政府—社区"的组织架构是当前我国社会治理的主要形态，上级政府和企事业单位剥离出来的社会职能下移或转移给社区，社区蜕变为"小而全"的"行政化社区"，联系服务居民不够，影响力和感召力不足，社会动员功能弱化；同时，社区社会组织发育不全，尚不能很好地承担凝聚、整合、同化、规范社会群体行为和心理的功能，社区公共参与和人际互动欠缺，居民归属感、认同度淡漠。这些问题反映了城市基层社会治理在服务基础、组织基础和共治基础

等方面的短板。最大限度地动员吸引群众参与社会治理，最大可能地缩短政府与居民的距离，打通服务群众最后 500 米，是崇川创新"邻里自理"到"邻里＋"的根本动因。

(一)邻里自理：补齐基层社会治理"短板"

崇川区的"邻里自理"，是在社区居委会以下设置"邻里"，构建"区—街道—社区—邻里"四级组织架构。具体的做法是涉农社区村组结构基本完整的，按原村民小组建制、150 户左右设置邻里；城市社区以 3～10 个楼幢、300户左右设置邻里；拆迁安置小区参照城市社区设置邻里。邻里划分一般以现有小区为基础，以居民共同居住空间和习惯为要素，一般以路、河、标志性建筑等为界，包括机关、企业、学校、商店、居民户等，各邻里之间有机衔接。依托社区邻里，组织广大人民群众参与，把管理对象转化为管理主体或参与者，形成政府与群众协调同向的效应，崇川这种新型基层组织"邻里"是在社区居委会下的自治单元"邻里"，开展的"实体化"建设，是支撑崇川基层治理的重要基础。"邻里自理"模式的创新，初步形成了崇川区基层社会治理新机制。2016年，崇川构建和完善了法治为纲、德治为魂、服务为本、自治为基"四位一体"的社区邻里治理体系。"相邻几幢楼，亲近三百户。有个理事长，还有九大员。互助又互爱，幸福一家人。家长里短日日侃，孤老病残人人帮。大事小事议一议，邻里有事齐出力。居民代表动动嘴，邻里社干跑跑腿。志愿团队撸撸袖，温馨家园事事美。"邻里群众自编的顺口溜生动地诠释了崇川邻里的定义、内涵、运作机制。

(二)邻里自理：基层治理的初级创新模式

崇川区社区居委会下邻里自理模式创新，对照党的十九届四中全会关于提高社会治理能力现代化要求，是初级的创新模式，但这种模式属全国首创，具有率先试水意义，且取得了一定成效。

1.邻里自理为社邻良性互动提供了可能。崇川在社区层面设立"邻里"，形成政府—社区—邻里这一模式填补了过去社区居委会下缺少自治组织，承接各项活动的"空白"，有利于社区党组织、社区居委会将引导群众与依靠群众有机对接起来，从而激发居民的参与热情。

2.邻里自理实体呈现拉近了服务居民的距离。崇川在全区 929 个邻里设置邻里服务处 393 个，为邻里居民提供各类便捷化的服务。初步构建了崇川区社区邻里"一中心多点"覆盖的服务网络,打造了具有崇川特色的服务社区居民的实体化平台,缩短了为社区邻里居民服务的距离。

3.邻里自理为各类社会组织发展提供了舞台。推进邻里自理以来,崇川区登记备案的社会组织1552个,其中社区社会组织1100余家,较邻里自理启动前分别提高了86%和200%。几年来,通过持续开展"公益创投"等活动,投入项目资金1000余万元,支持服务项目200余个,惠及居民群众20万人次。

4.邻里自理推动社工队伍持续优化。全区三分之一以上的社区工作者下沉到邻里担任专职邻里干事,承担协调联络、汇集信息、服务居民等基本职能,社工下沉邻里增长了本领,锻炼了才干。

(三)"邻里+":破解邻里自理探索中存在问题的再探索

邻里自理模式创新的探索实践,为社会治理能力现代化,提供了经验。但由于社会治理创新是党的十八大以来的新课题,虽然取得了较好成绩,得到全国社会治理专家学者的肯定,国家、省主流媒体也进行了宣传推广。但也有以下几个方面需要突破。

1.邻里自理制度优化有待突破。崇川区作为南通市唯一的中心城区,辖区人口密集,人文资源丰厚。但随着社会转型的加剧,城市化、市场化进程的加快,群众利益诉求更加复杂多样,影响基层和谐稳定的因素增多,社会治理和服务的任务更为艰巨繁重。一方面由于制度路径依赖与体制惯性,许多来自区、街道的行政事务不断往社区挤压,造成居民委员会自治职能不断弱化;另一方面社区居民身份日趋多元、需求更加多样,对社区公共事务管理与公共服务质量的要求越来越高。构建社区邻里治理新格局,实现邻里治理的精准化,破解这两个方面的瓶颈尤为重要。

2.邻里自理运行机制有待进一步激活。由于承担了较多的行政职能,社区居委会面临着职责交叉、职权模糊、职能不均的现象,处在相对尴尬的局面上,既要满足政府管理与执行的需求,又要满足社区居民的利益诉求;既要依赖于政府获得公共服务供给资源,又要面对社区居民不断变化增长的服务要求;既是政府行政工作的协作者,也是居民自我治理的执行者。因此,进一步加强邻里建设,打造"邻里+"的2.0版本,扩充邻里治理能量和民主潜能,有效发挥居民的参与,厘清社区与政府、社区与邻里在基层治理中的职能显得更为迫切。

3.邻里居民参与度有待提高。崇川区在动员居民参与邻里建设方面形成了一系列探索,但居民的参与度与邻里建设的预期目标还有一定的差距。社区邻里的议事机制和评议载体吸引力不够强,与群众距离最近的发声渠道还不多,让群众第一时间表达意见,协商事务的举措还不实。如何进一步加强与居民之间的联系,动员居民参与社区邻里治理是当前邻里建设的核心问题。

4.邻里文化认同度有待提升。当前城市社区约每平方公里3000户1万居民体量的治理单元空间导致干群疏远靠不近。同时,个人"原子化"、群体"碎片化"、人际"干燥化"成为综合性的城市社会生态,守望相助、出入为友的生活共同体尚未形成,居民之间缺少共同的利益诉求、价值认同和秩序规范。邻里建设通过划小治理空间,将治理空间由社区下沉到居民小区的相邻楼幢,充分了解社区居民需求,一定程度上缓解了干群疏离问题,但在塑造邻里文化,建立邻里价值认同等方面仍需进一步加强探索。

5.邻里服务供给有待加大。一些社区基本服务功能的配置还难以满足当前居民群众的需求。社会组织的发育未能及时跟上经济社会的快速发展,社会活力有待进一步激发。旨在"畅通联系服务居民最后500米"的邻里治理改革,通过进一步下沉各类服务资源和服务力量,有效改善了社区服务质量,但是距离居民群众的要求还有较大的差距,服务资源和服务力量的整合还不够科学,服务的精准度还不够,亟待构建多方参与、门类齐全的服务体系。

二、"邻里+"治理的主题和方向:优化与重建基层治理体制机制

"邻里+"治理的方向,必须以新时代习近平中国特色社会主义思想为指导,党的十九届四中全会精神为方向,以人民群众根本利益需求为宗旨,以崇川基层社会治理实践为依托,在"邻里+"实践中,着力优化与重建邻里现代治理组织体系、制度体系、运行机制。

(一)围绕两大治理主题

崇川区在开展"邻里+"基层治理现代化探索中紧紧围绕"'邻里+'社区治理机制探索""'邻里+'基层治理精准、细致、智慧治理探索"两大主题为重点。前者围绕基层现代治理的要求,进一步重构优化符合崇川基层治理末端——邻里治理的框架、支柱;后者坚持以党建为核心,从完善邻里服务、邻里自治,培育邻里价值认同、邻里社工队伍、邻里社会组织者进行精准对接、细致

打造、智慧运行,从而聚焦邻里居民群众需求的增长点,找准邻里各方利益的结合点,更好地满足邻里群众多层次、差异化、个性化的需求,提升基层治理末梢"邻里＋"治理的现代化水平。

(二)"邻里＋"在架构上的"深度"解读:打造治理共同体

崇川深刻认识到,构建基层社会治理新格局,是适应社会主要矛盾转化和建设社会治理共同体的必然要求。我国社会主要矛盾的转化,群众不仅对物质文化生活提出了更高要求,而且在民主、法治、公平、正义、安全、环境等方面的要求日益增长,更加重视知情权、参与权、表达权、监督权,参与社会治理的意愿更加强烈。"邻里＋"适应这种需求应运而生。在体制重构和优化上,崇川区针对社区、邻里不同的功能定位,设置了不同的组织架构。在社区层面,实现了"一委一居一站一办"新型组织架构的全覆盖,并在此基础上,以网格化服务管理工作的推进为契机,每个邻里选举产生"邻里和谐促进会"理事长、理事(楼道、楼栋长),配备 1 名专职社工担任邻里干事,履行"信息、服务、自治"3 项基本职能。通过基层治理末梢重构,让邻里成为社区的下一级治理单元,既是"实体化"的居民小组,也是赋予边界的网格空间;既通过居民小组自治实践来推动社区居委会的自治能力提升,又通过区、街、社区资源力量的下沉来实现网格化服务管理的有机覆盖和功能叠加。

(三)"邻里＋"在运行机制上的"温度"内涵:打造柔性自治多方主体

崇川的邻里在地域单元上,与居民小组和社区网格相重合,"邻里＋"不是延伸行政手臂和网格化管理的组成部分,是在管理性网格基础上,更加强调自治性的区域单元、内聚性的群体结构等内生性要素,是社区治理单元谱系和线条上的一个重要环节。"邻里＋"最重要的内涵是培育居民自治,通过加强居民之间的联系,引导居民多方参与和广泛协商,积极营造"守望相助、和谐相亲"的邻里氛围。所以,"邻里＋"更是一种有它温度的柔性治理。通过"邻里＋"进一步拓展和完善群众参与基层群众自治的制度化渠道,先后编制下发了《崇川区社区邻里基层治理文件汇编》《邻里＋城市基层治理的崇川方案》;发挥法治保障作用,推动法律服务下沉,106 个社区全部建成法律服务站,三分之一的邻里建有律师服务点,为群众自治提供法律保障;发挥道德引领作用,评选崇川好人、道德模范,让自治有制可参、有法可依、有样可学。

(四)"邻里＋"在服务上的"精度"对接：满足多样化需求

社会的复杂性决定了社会治理的复杂性，社会治理的复杂性又决定了邻里的复杂性。邻里的特点决定了不同的邻里需要面对千差万别的问题和侧重不同的服务需求。"邻里＋"通过推进资源下沉到邻里、信息化等措施的支撑，提升邻里治理的精细化程度，探索以邻里空间治理为基础的"绣花针"治理模式，实现从邻里到"邻里＋"的跃升。

三、"邻里＋"：社会基层治理跃升模式的内容体系

"邻里＋"聚焦邻里治理结构的重塑优化，邻里文化价值体系的培育认同，邻里服务供给体系的增加扩充以及邻里标准建设等方面，放大"邻里＋"的辐射效应、整合效应和连带效应，将邻里的信息、服务和自治功能与共建共治共享的社会治理格局贯通起来，具象到组织体系更优、信息渠道更畅、服务距离更短、自治程度更高、地缘文化更浓、基层基础更稳的内容上来。

(一)"邻里＋党建"，让核心更有力、架构更完善

坚持党建引领邻里治理，着力完善 3 大治理体系。一是构建社区党委—邻里党支部—楼道党小组—党员中心户的邻里党组织架构。目前，崇川已建立 106 个社区大党委，732 个(网格)邻里党支部，1345 个楼道党小组，2091 个党员中心户，成为邻里治理的核心。二是进一步做实基础治理单元——邻里，根据城市、涉农社区的不同情况，叠加邻里、居民小组和网格职能，推进邻里、居民小组以及网格"三合一"改革，推进邻里、居民小组、网格形成有机统一体，缩小治理单元和空间。三是着力构建以邻里党支部为核心、以"邻里和谐促进会"为主体，形成专业、志愿、共管三组力量，履行信息、调解、秩序等九大员职责的"一心一会三组力量九大员"的邻里自治组织架构体系。2019 年，崇川先后制定下发《关于加强"四有"邻里党组织建设意见》、邻里和谐促进会自治章程、邻里理事长、理事、楼道长推选办法等文件。

(二)"邻里＋服务"，让供给更丰富、服务更精准

着力培育三大类服务。一是延伸公共服务。采取"共性＋个性"的方式因

地因需提供"3＋X"服务项目,包括"帮困助残、为老为小、文化体育"三类公共服务项目,以及借助社会资源和社区内生资源在邻里设置个性服务项目。制定基本公共服务清单,配备基本服务团队,常态开展服务进邻里活动,不断提高居民的获得感。二是加强社会服务。健全社会组织参与治理机制,实施"一邻一品"邻里公益微项目,每年区财政安排不少于 250 万元、街道层面安排不少于 20 万元、社区党建为民服务资金列支 5 万元,实施公益助力计划以及向社会组织、市场主体购买服务,丰富邻里服务供给。三是倡导志愿服务。通过培育邻里价值认同,塑造"守望相助,和谐相亲"邻里文化,倡导楼道文化、院落文化、家庭文化等凝聚志愿服务力量。整合邻里能工巧匠和教师、律师、医师及党员干部等志愿服务力量,编辑公布邻里服务资源录,搭建志愿者、服务对象和服务项目对接平台。发现和整理邻里故事、邻里人物小传,评选和宣传邻里道德模范、好人好事,用身边事教育身边人,引导邻里居民崇德向善。在崇川邻里,常年活跃着 2100 多支各类服务队伍,每年完成各类服务项目 6000 多个。培育出闻名全国的新城桥街道"小老"帮"老老"巾帼挽霞助老服务、和平桥街道北濠桥社区"康伴计划邻里行"、观音山街道青龙桥社区残疾人葡萄园等服务品牌。

(三)"邻里＋自治",让参与更广泛、形式更多样

一是开展邻里"议事式协商"自治。充分发挥邻里和谐促进会作用,支持和帮助邻里居民养成协商意识、掌握协商方法、提高协商能力,推动形成既有民主又有集中、既尊重多数人意愿又保护少数人合法权益的邻里协商自治。钟秀街道中心村社区天勤邻里打造的"书记下午茶"民主协商形式,邀请共建单位、辖区企业、社会团体、邻里代表,在邻里服务处,用喝茶的办法,面对面协商解决问题,听取意见。1 年多来,共议事协商邻里拆违、绿化、治安等问题 15 件。二是开展"一事一联盟"自治。以解决实际问题为导向,融合邻里辖区内企事业单位、社会组织、邻里骨干等多方共治力量组成议事联盟,以共同参与治理的方式,推动居民群众公共领域的问题解决和落实,形成常态联盟机制,推动社区居民自治。虹桥街道跃龙社区建立梦想家园项目联盟,建成 12 个空中花园、绿化面积 7000 多平方米。三是推动群众评议自治。组织和引导居民依法依规对社区邻里公共服务、社区干部、社区邻里好人好事进行评议、评选,营造"邻里事、邻里议,邻里人、邻里评"氛围,充分激发邻里自治潜能。虹桥街道桃坞路社区群众评议团,集思广益,提出错时交通、限时单行等办法,解决了

困扰机关幼儿园 15 年的门前拥堵难题。1 年多来,崇川通过群众评议解决各类文明创建、城市建设、老小区改造、交通等事项 620 多件。

(四)"邻里＋价值",让认同更同向、归属更强烈

根据崇川邻里实际,倡导积极向上的乡土文化、睦邻文化。每年组织邻里文化活动 10000 余场,参与人次 300 余万。崇川区打造的"邻里文化大串门"、"四季风采靓崇川"邻里文化品牌闻名遐迩。着力发挥好邻里文化的凝聚、引导、娱乐、约束、激励功能,形成各具特色、共同认可、遵守、倡导的邻里口号、邻里公约,厚植邻里文化土壤。充分利用邻里资源,因邻制宜,做到每个邻里有文化活动场所。大力倡导楼道文化、院落文化、家庭文化,建立邻里文化兴趣小组、阅读小组,建设邻里家庭文化室。近几年新修、改造小游园 42 个、成立各类文化兴趣小组、阅读社团 600 多个。将 5 月 20 日(我爱邻)定为崇川邻里志愿服务日。发现和整理邻里故事、邻里人物小传,评选和宣传邻里道德模范、好人好事,用身边事教育身边人,引导邻里居民崇德向善。编辑出版《邻里故事》《邻里画册》。以"邻里守望、和谐相亲"为主题,围绕"邻里学、邻里帮、邻里安、邻里和、邻里乐、邻里美"等方面,广泛开展各类睦邻活动,积极构建"主动融入多、各自为政少;相互保护多、彼此伤害少;服务创造多、索取消耗少"的邻里和谐新局面。群众广泛参与提炼的新时代崇川精神"登高望远、勇毅精进""相邻、相亲、相照应,互信、互助、不互扰"的邻里精神深入人心。

(五)"邻里＋信息",让渠道更畅通、流转更高效

放大"邻里＋信息"效应,促进资源下沉,贯通信息流转渠道,实现信息在邻里掌握、问题在邻里解决、矛盾在邻里化解的目标。一是前移信息人员。按照每 2～3 个邻里配备 1 名社区干部的要求,配齐邻里社干,负责协调处理邻里事务。区、街、社区结合管理重心下移,将外口协管员、社区民警、综合执法人员安排到邻里,明确其下沉频次、职责范围、相关要求和评价标准,建立服务协调机制。二是强化信息互动。建立专兼职邻里信息员队伍,邻里社干为专职信息员,实行轨迹化管理,邻里理事会成员为兼职信息员,实行巡防式联动,专兼职信息员之间运用语音快报,实时共享受等方式实时互动。定期发布社区邻里动态信息,动员居民关注社会管理、积极反映社情民意、共同建言献策、参与协商议事。三是整合信息平台。科学整合社会治理、数字化城管、12345等信息化平台,建设联动指挥中心,集中信息采集、分析研判、分类流转、调度

处理、结果反馈等功能,实现社会治理协同联动"一窗受理、一体派单、一网运行"。

(六)"邻里＋社工",让队伍更专业、精力更专注

一是制定出台系列文件。先后制订出台《关于进一步加强社区邻里工作者队伍建设的实施办法》《社工管理办法》,建立公正、择优的社工录用机制,在全省率先实行通过面试优先录用优秀退伍军人加入社工。二是科学配备、使用邻里社工。邻里按照"7＋N"模式配备社工,落实社工待遇自然增长机制,建立有序、有效的交流、上升和淘汰机制,鼓励社工参加全国社工师职业资格考试,2020年全区社区工作者持证率达50％以上。推行"全科社工"服务模式,将区街两级62项公共服务事项全部下沉社区,社区设置全科服务窗口,全科社工持证上岗。每个邻里网格配备1名邻里社工,全天候下沉邻里,落实5项职责,完成好25项工作任务。三是开展党员干部"志愿服务进邻里"活动。以"助力邻里九项行动"(协助邻里做好信息、保洁、保安、调解、巡防、宣传、评议、秩序、帮扶九项工作)为依托,健全邻里党员"1＋N"认岗定责制度,即每名党员至少认领一个岗位、开展一项行动,区级机关党支部和邻里党支部每年党员参加邻里志愿服务不少于25小时,2019年,全区共有9000多名各级干部参加邻里志愿服务活动。四是大力度提拔、奖励表现突出的社工。2020年抗疫期间,由于邻里"距离近、信息快、服务精、情况熟",更由于通过"邻里＋"邻里组织架构系统完善,邻里运行机制自治灵活,邻里参与主体多方自律,邻里服务贴心快捷,邻里信息掌握准确,"邻里＋"崇川基层治理模式,充分显示了它的优势,在抗疫中有40名社工受到晋档晋级奖励。

(七)"邻里＋智慧",让治理更现代,管理更智能

实现社会治理现代化,治理智能化是关键。2020年上半年,崇川区投入近3000万元,立足"汇聚共享、智能搜索、集约服务、分析研判、行政问效、联动指挥"的功能定位,建设"一体联管、一门共管、一网统管"的区域治理现代化指挥中心。街道社会治理现代化指挥中心同步推进,2020年4月,学田街道率先建成,全面对接区级指挥平台,实时汇聚数据,联动处置事件。借助两级中心,2020年6月建成全市首个智慧邻里,实现邻里出入、邻里安全、邻里发布、邻里交通、邻里服务五个系统的智能化管理。

四、"邻里＋"社会治理的启示

(一)"邻里＋"治理体系重构有利于基层治理赋能

在社区下设实体化邻里，"邻里＋"完善了三大系列治理组织，体现了党的十九大"推动社会治理重心向基层下移"、党的十九届四中全会提升社会治理现代化，构建社会治理体系，建设社会治理共治共享共同体的要求。崇川首创的邻里社会治理组织机构是基层治理体系建设在社区治理层面的探索实践。通过多方主体的参与自治，调动了群众参与治理的积极性，是社会治理的自觉。崇川区以邻里党支部、党小组、党员中心户、理事长、理事的形式，加上邻里社会组织的参与，吸纳数万名党员、居民群众参与，放大了社会治理的组织层面，拓展了社会治理渠道。调查显示，在崇川超过七成的干部和居民群众认可"邻里＋"治理模式。

(二)"邻里＋"标准化建设有利于提升治理功能

近5年，崇川区出台社区邻里建设意见、社区标准化建设实施意见等指导性文件32件，形成较为完整的社区邻里建设制度体系，体现了新时代"完善党委领导、政府负责、社会协同、公众参与、法治保障、科技支撑的社会治理体制"的要求。在邻里自理、"邻里＋"实践中规范了社区邻里的标准设置，制定了社区邻里准入制度，从制度上、机制上消除了在社区邻里任意设置机构、挂牌、增加功能等现象，有利于社区减负、明确职能和集中精力服务群众。调查显示，70.3％的社区干部认为社区标准化建设提升了群众认可度。

(三)"邻里＋"激活治理队伍专业化有利于提升治理动能

以邻里社工专业化、职业化为例，区财政增加3000万元制定并落实"四岗十二级"（社区岗位分A、B、C、D四岗，每个岗位工资划分三个档次，可根据服务年限、考核结果等次晋级）薪酬体系，全科社工持证上岗成为全省首例并获江苏卫视专题报道，邻里社工持全要素APP履职，推行群众评议，体现了党的十九届四中全会"提高社会治理社会化、法治化、智能化、专业化水平"的要求。目前，崇川社工总数达1407人，平均年龄37.8岁，45周岁以下占比72.2％，大专及以上文化程度人数占91％以上、本科学历占56％,党员人数占56％,通过全国社会工作职业资格考试人数超过400人。

(四)"邻里＋"精准智治有利于提升群众获得感

"邻里＋"从"有用性、参与度、获得感"三个维度,制定评分标准,通过群众评议团评议社区功能布局实效。调查显示,85％的居民对社区服务表示满意,公共服务大厅、社区卫生服务站、文体活动室使用率较高,邻里服务处成了居民群众爱去、想去、自觉去的共享空间。

(南通市崇川区民政局)

上海市杨浦区:以微治理制度建设做好基层治理大文章

一、基层治理现状

上海市杨浦区面积 60.61 平方公里,共有 12 个街道,302 个居委会,常住人口 132 万,是上海人口最多、面积最大的中心城区。杨浦的发展与中国近代历史密不可分,拥有"百年大学、百年工业、百年市政"的三个百年文明。杨浦科教知识人才资源集聚,区域内有 10 所高校,其中,复旦、同济、上海理工都超过百年历史。杨浦被誉为中国近代民族工业的摇篮,20 世纪七八十年代工业总产值曾占上海的四分之一。杨浦还保留了民国时期"大上海计划"的一系列重要的市政设施,许多至今还发挥作用。"三个百年"的积淀也使杨浦形成了典型的二元发展结构,一方面,科教人才资源丰富,是上海科创中心重要承载区,国家创新型试点城区和全国"双创"示范基地;另一方面,退休产业工人多、老年人多,低保、残疾等社会弱势群体多,居民社区服务的需求总量大,需求类型结构多元。从城区居民行为社会心理特征来看,在社区里,居民既保持相对独立又在特定需求下彼此相连,他们既是社区服务的需求者,也是社区事务治理的主体参与者。

自 2014 年 1 月民政部批复上海市杨浦区为全国社区治理和服务创新实验区以来,杨浦区按照党的十八届三中全会提出的"坚持系统治理,加强党委领导,发挥政府主导作用,鼓励和支持社会各方面参与,实现政府治理和社会自我调节、居民自治良性互动"的要求,以"增强社会协同、创新社区治理"为实验主题,全面推进实验区建设,最大限度地整合各类资源,强化社区自治和服务功能,健全社区治理和服务体系,努力探索出一条具有杨浦特色的社区建设新路径。在此路径指引下,杨浦区整合、盘活部门和社区现有资源,引导居民有效融入社区,打造邻里相亲的"熟人社区",全面推进"睦邻中心"建设,以此作为增强社会协同、创新社区治理的"自选动作"和"自主品牌"。到2015年,全区共建成60家社区睦邻中心,平均每平方公里拥有1家睦邻中心。

以延吉新村街道为例,每个睦邻中心每年平均有5万多人次的居民活动量,这些"社会人"的组织和集聚,促使社区产生新的秩序,比如文体团队的内部治理,不同团队的资源分配,以及以团队为主力的社区居民,开始涉足小区的公共事务,自发参与到社区的管理。在社区居民、社会组织、政府部门的良性互动中,社区生态越发活跃。一是更好地回应了居民需求。社会组织在策划项目、开展服务之前都要进行需求调研,基于需求而提供的服务内容,使群众更有获得感,使社区更有"黏稠度"。二是更好地发挥了政社合作优势。采取政府购买服务及第三方、居民群众评估相结合的方式,监督社会组织的服务成效;同时鼓励党员、志愿者和自治团队参与睦邻中心管理,发挥居民自我管理、自我服务的能量。三是更加丰富了公共活动空间。"睦邻中心"给社区各类人群提供了一个会友、活动、交流的公共空间,大家都可以在这个平台发表对社区公共事务的意见,经过磨合和梳理,逐步形成大多数人认同的社区自治议题和居民公约,进一步激发居民参与社区治理的活力,有效破解社区人情冷漠和一盘散沙的局面。总之,"睦邻中心"已逐渐成为全区社区自治的枢纽,成为社区、社会组织、政府携手推进社区治理的载体,成为收集社情民意、激发社区活力、打造社区共同体的前沿阵地。

2016年,杨浦区将睦邻文化理念和睦邻治理机制从睦邻中心延伸拓展至睦邻小区、睦邻社区、睦邻街区,形成区域性的社区睦邻家园治理体系。2017年,根据习近平总书记"从人民群众关心的事情做起"的指示,杨浦区委、区政府着力关注群众生活中的"一件件小事",聚焦群众关切的"为难事",在"睦邻家园"价值体系的引领下,开展社区"微治理",以微见著、从微入手,创新社区微治理制度,增强居民自治的体验度,提高居民群众参与社区治理过程中的获得感,不断提升基层社区治理能力与水平。

党的十九届四中全会指出,"必须加强和创新社会治理,完善党委领导、政府负责、民主协商、社会协同、公众参与、法治保障、科技支撑的社会治理体系"。2019年11月29日,杨浦区以"深化'三微治理',共建'睦邻家园'"为主题举行新时代上海社区工作法论坛,现场发布了《"三微治理"工作导则》和《杨浦区"三微治理"社区工作法案例汇编》,宣传总结推广了杨浦经验,为全市社区治理能力和水平的提升做出贡献。

2020年至今,新冠肺炎疫情肆虐全球。在多年来持续开展居民"微治理"

自治活动的背景下，杨浦区居民"主人翁"意识强烈，为抗击疫情、保卫家园，在需要大批志愿者推进小区封闭式管理、口罩预约、外来人员排摸登记等工作时，社区居民广泛参与、长时工作、认真负责，为杨浦区取得成效显著的疫情防控成果贡献了自己的力量。

经过7年建设，杨浦区"微治理"工作取得了明显成效，为居民解决了一批"急难愁盼"问题，增强了居民获得感、幸福感和安全感，也形成了一些好的社区工作方法。但同时也应看到，当前社区治理依然是基层社会治理的薄弱环节，"微治理"依然处于初级阶段，"微治理"的工作机制还需进一步完善、"微治理"的理念还有待进一步深入、居民自治活力还需进一步激发。

二、制度建设的开展

在推进"微治理"的过程中，杨浦区注重激发居民群众的内生需求和自发动力，辅之以政府必要的协助，不断推动居民区的自治建设。杨浦区各居民区在居民区党组织的领导下，针对居民日常生活中的"急难愁盼"，通过居民的自我协商与相互合作，完成一个个"微治理"的项目，积点成面，最终营造出杨浦区蒸蒸日上的自治氛围。

(一)坚持党的领导,注重多方参与

加强居民区党组织对"微治理"工作的领导，推进居民区党组织建设，切实发挥居民区党组织的政治优势、组织优势和群众工作优势，组织引导社区居民有序开展自治。加强居民区党组织对居委会、业委会、物业公司及其他社会组织的指导，保障他们依法履行职责，支持他们参与社区治理。引领社区群众团体、社区群众活动团队、社区志愿者有序参与社区治理和服务，动员驻区单位开放资源、履行社会责任。在充分发挥党员的先锋模范作用的同时，着力挖掘社区群众中的"能人""达人"，充分发挥其在社区治理中的积极作用。

(二)坚持民主协商,注重治理过程

加强社区民主协商，优化联席会议平台建设，结合听证会、协调会、评议会等制度，对涉及社区和群众切身利益的重大事项，由居民区党组织或居委会组织业委会、物业公司、驻区单位和社区居民代表等共同协商决策。持续优化社区治理过程，高度重视需求调查、意见征询和项目听证、实施、评议等治理过程。

(三)坚持循序渐进,注重先易后难

把握社会治理规律,遵循居民自治工作从初级到中级再到高级的发展规律,循序推进居民自治工作。坚持先从与社区居民需求契合度高且容易取得突破的事项做起,先易后难,再根据居民自治能力和水平的提升逐步提高居民自治难度。

(四)坚持依法自治,注重机制创新

加强法治建设,组织引导社区居民制定各类居民公约、自治章程,提高居民自治工作法治化水平。弘扬社会主义法治精神,积极培育社区居民的规则意识和法治意识,推动社区居民运用法治思维和法治方式解决社区问题和化解社区矛盾。建立健全居民自治工作机制,鼓励居民在自治项目的立项、实施、管理、监督等方面创新工作制度和工作方法。

(五)坚持分类治理,注重工作实效

加强分类指导,注重区分老公房(售后公房)、商品房、动迁安置房、老洋房等不同类型居民区,注重分析居民需求特征、辖区面积差异、人口规模和结构以及自治工作难度系数等因素,因地制宜,分类开展"微治理"工作。直奔社区居民最关心最直接最现实的利益问题,不搞花拳绣腿、蜻蜓点水和隔靴搔痒,注重工作实效。

睦邻家园"微治理"的制度设计和机制创新背后是一系列区级制度性文件做保障。目前,已经围绕睦邻家园建设和居民自治出台了《杨浦区社区睦邻中心建设指导意见》《关于本区深化睦邻家园建设的实施意见》《杨浦区居委会工作办法》等一系列制度性文件,为居民区"微治理"工作的推进提供了坚实的制度保障。

三、制度建设与制度创新

社区"微治理"的实施体系可概括为"1＋12＋X","1"即杨浦区民政局,"12"即12个街道,"X"即相关参与的居委会。具体而言,即由杨浦区民政局出台相关指导文件,并对各街道进行指导,由街道动员、帮助有治理意愿的居委会,依靠社区力量、利用社区资源,推动社区楼栋微整治、空间微改造、景观微更新,以达成睦邻家园建设目标的具体实践。

2018 年以来,杨浦区推进"微治理",引导居民用自治的办法解决社区"愁难事",经过"顶层设计、点上探索、经验总结、制度定型、全面推广"的过程,总结出了一套完整的制度体系和实践路径。"微治理"有明确的推进原则和明晰的推进路径,以及完善的制度保障。

"微治理"推进原则即以问题为导向,回应居民身边的"急难愁盼";以社会化为方向,提升社区行动力;以价值为凝聚,传承中国特有的睦邻文化;以制度为保障,推动社区治理上台阶(见图 1)。五环递进撬动自治,多方协同助力自治,互联网+提升自治,为自治营造友好社会生态。

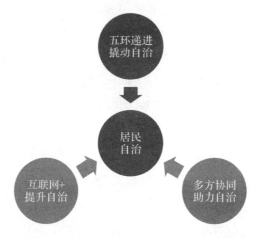

图 1 "微治理"推进原则

(一)五环递进撬动自治

杨浦区通过五方面制度安排为居民自治创造条件,从"为民做主"向"由民做主"转变(见图 2)。

搭建自治空间　确保自治资金　推进自治项目　提升自治能力　评估自治成果

图 2 "微治理"推进路径

在居民家门口建设了社区睦邻中心,通过空间微改造建成睦邻客厅、睦邻议事厅,实现居民互动有平台,议事协商有空间。在所有街道均成立社区基金会,吸纳社会资金总额达到 3340 万元,拓展了居民自治的资金来源。以项目化形式开展"微治理",凝聚多方力量,形成有效议题,开展有序协商,规范推进流程。开展分层、分级的各类培训,加强居委会能力建设。挖掘社区自治达人,提升社区治理组织化程度。委托社会组织对自治项目开展第三方评估,举行优秀自治项目评选活动,营造居民自治良好氛围,增强居民自治的体验度和成就感。

(二)多方协同助力自治

一是建立党建引领下的"三驾马车"机制,强调居民区党组织承担起协调整合居委会、业委会、物业公司"三驾马车"的核心作用,减少居民自治的摩擦成本;二是广开门路发挥市场调节机制,在加装电梯、空间改造、智能车棚等自治领域引入市场力量;三是发挥社会组织的专业特长,策划适合居民参与的自治活动,协助居委会做好社区服务,近三年来,社区社会组织以平均每年近百家的速度蓬勃增长;四是设立"三师两顾问"制度(即社区政工师、社区规划师、社区健康师、社区治理顾问、社区法律顾问),邀请了复旦、同济、财大等驻区高校的专家和知名律师事务所的律师,为居民自治保驾护航;五是驻区单位履行社会责任,发挥资源优势,参与社区治理,实现共治共享(见图3)。

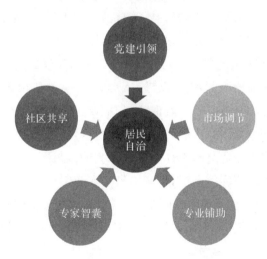

图3 "微治理"协同机制

(三)互联网＋提升自治

杨浦区近年来借助"互联网＋"技术,推进社区治理智能化,开发了社区管理信息系统,为居委会减负增能。同时,打造居委会"全岗通"信息支撑平台和居民掌上办事平台——"e睦邻",居委会凭借一个 APP,实现了线上、线下均能为民服务,提升了自治能力。正在试运行的"网上睦邻议事厅"开设邻里群,方便居民议事协商、集思广益。

四、制度建设与制度创新的成效

通过以上制度设计和实践路径,激发了居民自治的强大活力。经过多年的实践,杨浦区睦邻家园"微治理"成果明显,体现在:治理难题得到解决;社区关系更加和谐;社会行动力明显提升;睦邻文化深入人心;人民生活更加幸福;基层政权更加牢固。如今,杨浦区"微治理"成果遍地开花。

在"楼栋微整治"上,四平路街道抚顺路363弄居民区安顺苑小区在热心居民的积极参与下,将原本脏乱的底楼架空层改造成了整洁敞亮的睦邻客厅,并形成了睦邻客厅改造的"杠杆撬动"工作法。在项目的资金问题上,经楼栋热心居民沟通协调、小区民主协商会议讨论及街道的帮助支持,最终以居民和街道1∶1资金配比方式,撬动了小区5号楼居民每户出资4000元,共计筹得改造资金9.6万元;在项目的监管上,经过楼组会议协商,本着人人参与的原则,5号楼每户家庭出1人组建了一支由12人组成的楼道自治管理小组,设置组长、副组长、财务会计、出纳以及监事各1名,并经多次协商形成了楼组改造公约;在项目的实施上,睦邻客厅改造工程虽然不大,但是技术含量较高,仅靠居民一己之力很难完成。以设计改造效果图为例,由于缺乏专业知识和软件使用技巧,自治小组无法设计出令居民满意的方案。组长及时求助居民区党组织,通过居民区党组织的牵线搭桥,街道借助辖区内院校"共治"资源优势,先后邀请同济大学创意设计学院和景观设计学院的专业老师设计出多套漂亮的效果图,让居民选择决定,最终建成了美观大方的睦邻客厅,成为小区一景。在此案例中,抚顺路363弄居民区党组织和居委会注重把握上级要求和居民需求的联结点,把"政府想做的"和"居民想要的"结合起来,把"自下而上"与"自上而下"结合起来,把政府出资支持与居民自筹资金结合起来,很好地发挥了自身的纽带和引领作用,生动诠释了"政府治理和居民自治良性互动"。另外,该案例还给我们一个启示,即找到"楼组微更新"这个支点,用"政府资金"这个"杠杆"去"撬动"居民的"钱袋子",这在当下居民自治活力还不够强劲的现实背景下,是很有启发意义的。

在"空间微改造"上,殷行街道市光四村第三居民区充分发挥居民自治能动性,引入第三方企业共同改造小区车库,并形成了智能非机动车库改造BOT(建设—经营—转让,Build-Operate-Transfer)工作法。该居民区原非机动车库存在乱停车、乱充电、有人看但无人管等情况,既影响了居民的正常生活,更存在严重的安全隐患。针对这一问题,居民在议事会上讨论并通过了建设智能车库的意见,随后在居民区党组织的牵线搭桥下,街道组织部分业委会成员、居民代表参观了静安区临汾路街道的示范车库。大家将所见所学与本小区实际相结合,通过业主代表大会协商制订了详细的车库改造方案。方案确定车库的改造、运营和维护均采用 BOT 模式。经过协商,车库主要由企业负责建设和运营,前 5 年企业通过收取停车费和充电费收回成本。后 5 年,企业和业委会按照合同约定分配利润,业委会将分获的利润委托物业公司管理,用于车库的日常维护。10 年后,车库内的智能充电设备所有权归全体业主所有,企业则在同等条件下享有提供维修维护服务的优先权。在此基础上,街道为居民提供了具备建造和管理资质的企业名单,降低了居民自行寻找企业的成本和风险,同时还以改造项目所需资金的 15%～20% 作为引导资金,鼓励市场企业带资进入项目,有效解决了居民财力不足的问题。智能车库建成后,居民通过微信群开展了新车库征名活动,并形成了相关的管理制度,还自发组建了"车库巡保队",每天定时开展义务巡逻和保洁工作,据实填写巡查记录,发现问题及时向居委会或物业公司反馈,确保了智能车库的良好运转。在此案例中,市光四村第三居民区引入 BOT 模式,将智能车库的"建""管"都交由市场来运作,不仅解决了车库建设前期的资金问题,而且消除了维护和修缮的后顾之忧。这不仅使居民享受到了优质服务,而且使企业获得一个长期且相对稳定的收益保障,有效解决了政府和社会共建共治活力不足的问题,实现了政府治理和社会调节、居民自治的良性互动。殷行街道在全街道辖区范围内复制推广了 BOT 模式,已建成 133 个智能车库,即将做到全覆盖。

在"景观微更新"上,大桥街道幸福村居民区明丰苑小区的居民开展的"睦邻情深酿花香,激活自治'新引擎'"自治项目,将小区杂草丛生的废旧花园打造成了百草丰茂的睦邻花园。该小区内有一个废弃了近 20 年、约 300 平方米的花园。由于长期缺乏管理,花园变成了蚊虫滋生的温床。一到夏天,花园附近"蚊满为患",居民们饱受蚊虫叮咬之苦,迫切希望对小区花园加以改造,营造一个整洁美丽的居住环境。在居民区党组织的统领下,多次召集居委会、小区业委会、物业公司以及居民代表召开协调会,决定改造费用从小区公益性收益中支出。随后,居民区党组织综合居民意见,制订了睦邻花园改造方案,并在居民听证会上一次性全票通过。在花园改造的过程中,居民们还积极动手参与凉亭粉刷、花草种植等活动。经过 1 个月的努力,小区花园旧貌换新颜。居民们看到整修一新的花园,又集思广益,通过小区微信群开展了新花园征名活动。经过投票,最终将花园内的休闲凉亭命名为"聚合亭",花园命名为"馨丽园"。花园改造好以后,小区内爱好盆景绿化的居民自发组建了绿缘花友会。花友会通过认建认养的方式,鼓励居民在认建的绿化带种植花草树木,主动承担绿地内的杂草铲除、垃圾清理、虫害防治等工作。"自治微花园"的星星之火点燃了明丰苑小区的自治工作热潮。结合花园的改造,明丰苑小区在居民区党组织的领导下,打造了"楼组议事亭—小区议事园—三委议事厅"三级议事平台。通过这一平台,居民们纷纷走出家门,共商小区"做什么""谁来做""怎么做"等问题。例如,针对小区6号楼加装电梯问题,6号楼的居民先在楼组召开会议,确定大部分居民有加装意向后,在整个小区进行了征询,在居委会、业委会和物委会的帮助下,6号楼成立了加装电梯工作小组,明确了各家各户费用分摊标准,最终使加装电梯项目得以顺利实施。在该案例中,明丰苑小区通过花园改造项目,增强了居民区党组织、居委会的权威,也通过该项目使小区居民初步产生了自治意识,在此基础上,该小区建立了三级议事平台,活用"三会"制度,顺利开展了6号楼加装电梯等自治项目,进一步激发了该小区居民的自治热情。

在抗击新冠肺炎疫情的过程中,杨浦区充分认识到社区是疫情联防联控、群防群控的关键防线,社区防控想打胜仗要有正确的策略方法,无论是依法、科学、精准的防控策略或重心下沉、关口前移、属地管理的防控模式,还是因地制宜灵活机动的社区工作方法都为打赢社区的疫情防控战提供了基本的前提。利用多年来开展"微治理"活动的成果,促进政府治理和社会调节、居民自治的良性互动,打造出联防联控、群防群治的多方参与格局。街道和居民区通过区域化党建平台,在夯实企业主体责任的基础上,实现了街道和居民区与驻区单位的良性互动。在持续开展"微治理"的基础上,杨浦区注重激发居民主动参与的热情,充分发挥志愿者的作用,本次社区疫情防控工作中,杨浦区12个街道总共动员志愿者近3万人,工作范围覆盖全区住宅小区975个、商务楼宇248幢、科技园区20个、建筑工地199个、大学10所及中小学186所。

杨浦区睦邻家园"微治理"实践的意义在于为特大型城市基层社会治理走出了一条行之有效的途径,展示了杨浦特点的基层治理模式;也为学术界理论创新提供了基层经验和成功案例,彰显了新时代中国特色基层社会治理的无限魅力。社区虽小,使命重大。杨浦区将以社区"微治理"为抓手,把社区建设好、治理好,让居民群众有更多的获得感、幸福感和安全感,把杨浦区在社区治理工作中创造的"微治理"工作法的"绣花功夫"认真做精做细,不断满足人民群众对美好生活的追求。

(上海市杨浦区民政局)

苏州市张家港市：推行"民生微实事" 构建基层微治理新机制

　　社区是党和政府联系、服务居民群众的"最后一公里"。近年来，张家港市以基层民生需求为导向，通过实施"民生微实事"机制，为构建基层微治理体系增添了关键部件，极大地提高了居民群众的获得感、幸福感，在促进社区服务精准化精细化、进一步完善基层微治理机制上探索出一条有效路径。

一、背景与起因

　　时间回拨到 2018 年初，张家港市在社区治理和服务领域还存在 3 个较为明显的问题。

(一)政府公共服务与群众需求存在脱节

　　相比体量大、工期长的政府民生实事工程，社区内有大量具体而细微的实事，比如小区没有方位指示牌和楼号索引牌、住宅周围缺少文体活动场所、电瓶车没有充电桩、小区楼道里没有灯等，这些群众更关心的"小急难事"，品类繁多，却没有明确的资金渠道和快速便捷的解决路径，真实地影响着居民群众的幸福指数。如何打通实事惠民的"最后一公里"，解决因为项目小而无法纳入政府实事工程，或者因为社区资金不足、申报实施流程繁复而长期得不到妥善解决的民生诉求，成为张家港市委市政府重点关注的问题。

(二)社区议事协商缺乏长效落实机制

　　张家港市自 2015 年起深化村居民自治，全面推行以村居民议事会为主要议事载体的城乡社区协商，到 2018 年，相关议事协商模式已基本实现全市城乡社区全覆盖,通过议事协商,解决了大量矛盾纠纷和群众关心的热点难点问题。但是也有一些社区反映,感觉能议的事情都议完了,议事协商出来的结果,能够落实的已经落实,还有一些需要资金和资源落实的无法落实,群众参与议事协商的热情有所减退。如何进一步畅通议事协商成果落地渠道,让议事协商能够常态化长效化运行,成为一个新的课题。

(三)共建共治共享格局形成缺乏关键着力点

张家港市在社会组织服务、志愿者服务、区域共建单位服务等方面均有较为突出的措施,但在社区层面,各个主体均有各自服务居民的方式,呈现多方共治的格局,虽然有社区党组织统一指挥,但未能将几股力量汇集到一个渠道为居民群众提供服务,急需一个载体提供关键着力点。

二、创新目标

经过广泛调研论证,2018 年 1 月,张家港在江苏省第一家实施"民生微实事"项目。民生微实事,即在政府民生实事工程基础上,通过"群众点单"的方式,由市镇两级财政共同出资,并列入年度民生实事工程,实施社区群众关注度高、受益面广、单个项目资金量不高于 10 万元的惠民项目,动态、快速、有效解决居民群众身边的小事、急事、难事。

在创新实施民生微实事初期,我们抱着 3 个目的:一是解决政府民生实事工程覆盖不到的问题,实现政府公共服务覆盖到基层毛细血管,解决居民关心的小急难问题,提升幸福感和获得感。二是为社区议事协商提供新的驱动力,拓宽社区议事协商成果落地渠道,为深化基层群众自治赋能,提升群众参与热情,形成基层自治闭环。三是进一步促进共建共治共享,更加有效地挖掘社区居民真实需求,并通过民生微实事形成多方主体共同服务居民的合力,构建完善共建共治共享的社区治理格局。

三、特色做法

"民生微实事"项目贴近居民、贴近生活,主要涉及社区治理营造、安全隐患消除、社区环境整治、文体功能完善、居民公益关爱等几个方面,比如楼道融合自治能力提升、沿河防护栏维护、小区路灯亮化、休闲广场改造、社区老人关爱等因项目小而无法纳入政府实事工程,或因社区资金不足、申报实施流程繁复而长期得不到妥善解决的惠民工程,每个项目一般不超过 10 万元。通过"群众点菜、政府买单",以短、平、快方式解决群众身边的小、急、难事情,所需资金均由市、镇两级财政纳入年度预算,其中市级财政每年安排 1000 万元专项资金,镇财政配比不低于 1∶1 的相应资金。

项目具体流程如下:①由社区党组织、居委会向社区党员、居民群众、"两代表一委员"、驻社区单位、辖区企业、社会组织等公开征集项目建议,并汇总整理提交居民议事会。②居民议事会对项目建议进行充分讨论、筛选、表决后初步拟定项目名单。③社区上报区镇后,区镇在 5 个工作日内完成审核,并在 5 个工作日内确定实施主体。④项目签订合同或协议后,原则上服务类项目应在 1 个月内正式开展,工程类项目应在一周内启动施工、6 个月内完工。⑤项目结束后,各镇(区)按相关规定开展验收评估工作,并将结果在社区公示 3 天。

在推进民生微实事过程中,张家港市高度重视设置完善相关机制细节,做到"四个确保"。

(一)确保项目征集自下而上、来源于民

民生微实事项目征集最大限度体察民情、倾听民意、纾解民困。在推进"替民做主"转变为"由民做主"基层群众自治工作中,全面搭建村(居)民议事会平台,将民生微实事项目全流程叠加到议事平台上,发挥议事会征询、议事、协商、监督功能,形成"提议、商议、决议、评议"居民协商议事闭环体系,就近就细解决群众实际问题。在这个闭环体系中,第一道项目征集提议环节最为关键,居民的关切度、需求度决定了项目实施中居民的参与度、满意度,因此项目征集来源于民,来源于自下而上的群众意见。一是多媒体广泛宣传。在全市各个社区显示屏、公开栏、社区公众微信号、社区居民微信交流群中,均发布关于民生微实事的宣传手册、微实事项目申报建议书等资料。二是多途径广泛征集。通过党员代表、居民代表会议、议事员、楼道长上门、线下设点、线上提议等多种形式,广泛向社区党员、居民群众、"两代表一委员"、驻社区单位、辖区企业、社会组织等公开征集项目建议,汇总整理后提交议事会,以此增加项目的覆盖面和居民的认可度。三是信息化广泛应用。顺应"互联网＋政务服务"发展趋势,依托智慧社区等平台,为社区居民提供更方便、更快捷的大数据、智能化支撑,进一步激发居民参与民生微实事、参与社区公共事务的热情。

（二）确保实施流程不断优化、快速落地

为了更好地引导社区、区镇开展民生微实事，张家港在推行过程中不断总结不足，相关机制不断优化迭代，让民生微实事更好地适应现实情况的变化。两年来先后出台《张家港市民生微实事项目工作指引》《张家港市实施民生微实事指导意见》《张家港市民生微实事项目实施办法》《关于张家港市民生微实事项目的补充规定》《张家港市民生微实事项目专项经费使用管理办法》等 5 份文件，明确民生微实事的内涵、责任主体、资金安排，在项目征集、项目遴选、项目确定、项目实施、项目评估等方面提供操作指引，搭建一个较为科学完整的政策体系。一是在项目审核方面。进一步简化流程，压缩部门审议审核周期，项目上报到产生从 23 天缩短到 10 个工作日，破解了基层干部普遍反映的流程复杂、落地时间长的问题。对资金低于 1 万元的项目和需要急办的项目，由各区镇自行制定规范，简化项目流程。二是在服务内容方面。随着民生微实事的不断成熟推进，服务内容也在不断提档升级。目前的项目不再局限于工程建设，服务类项目的占比提高了两成，达到 37％。项目更加注重民政兜底保障职能，更加聚焦增强居民自助互助、缓解特需家庭困难的居民关爱公益项目，支持精准服务脑梗、失独等社区困难群体。此外一些新的需求，如垃圾分类、生活圈指示图、生态浮床等惠民项目不断涌现。三是在资金拨付方面。将项目资金一年一审结算方式转变为一季度一结算，市财政局每半年度向市民政局预拨市级财政补助 500 万元，市民政局每季度按照区镇核定的项目金额向区镇拨付当季度已完工并通过市级民生微实事部门联席会议认定项目的资金，在较短时间内解决多年来困扰居民而未获解决的难题，充分体现了民生微实事便捷高效的优势。

（三）确保项目监督贯穿始终、跟踪落实

张家港市把做好流程监督管理，预防实施过程中出现微腐败，作为确保民生微实事常态运行的重中之重。一是建立全过程监督机制。开展社区居民全程监督、办事处常规监督、区镇把关监督和市级职能部门联合监督，使项目在阳光下实施。项目实施全程接受项目提议人、社区党员、居民群众、"两代表一委员"和居民议事会的监督。办事处依法依规做好项目组织管理工作，从日常抓好项目督查。区镇针对项目程序严格把关，按季度对项目开展情况进行检查。市级部门联合监督，财政部门监督资金使用情况，民政局每年按照不低于

10％的比例抽查项目,按月通报区镇民生微实事工作推进情况。截至 2020 年
5 月,累计使用市镇两级财政资金 2783.59 万元,尚未产生引发争议或出现审
计问题的项目。二是强化市级监管检查。民政牵头按季度召开民生微实事部
门联席会议,组织、发改、财政、住建、城管、文明办、团市委等联席会议成员单
位共同研究解决基层在推进民生微实事项目过程中的各种问题,认定民生微
实事项目并形成决议。三是监督调整项目库及实施主体库。动态跟进项目实
施情况,建立"民生微实事项目库",定期收集各区镇优秀项目,更新项目库。
对于公众满意度测评低于 60％的项目,市财政补助酌情扣减,对于列入负面
清单的项目市财政不再拨付补助资金。区镇建立项目专项实施主体库,民生
微实事部门联席会议每季度公布实施主体好评榜,对无正当理由超过 3 次逾
期实施或不实施项目的,移出实施主体库。

(四)确保项目内容不断丰富、多方参与

民生微实事发动了各社区党组织、居委会(项目征集的责任主体),居民议
事会(协商讨论、筛选确定项目的重要载体),社会组织、企业(项目承接实施责
任主体)的广泛参与。政府层面上,确保资金保障、程序规范、监管到位;基层
层面上,实现"点子有人出、项目有人接、服务有人做",使政府治理与社会参
与、社区自治实现有效衔接。民生微实事项目设计突出民生导向,解决了一些
老问题,回应了一些新需求,更加精准聚焦服务脑梗、失独等社区困难群体,更
突出人文关怀。

四、具体成效

民生微实事项目推进两年多来,取得了很大的社会成效,形成了群众得实
惠、社区得发展、政府树形象的良好态势,成为精准对接群众需求的重要抓手,
构建社区共建共治共享治理模式的有力纽带。

截至 2020 年 5 月,全市 98％的城市社区开展了民生微实事项目,已产生
630 个项目,其中工程类 448 个、服务类 182 个。民生微实事获评 2018 第十七
届苏州市"十大民心工程"入围奖、2018 年度苏州市现代民政建设创新成果、
2019 年度苏州市"关爱民生法治行"优秀项目、2018—2019 年度江苏基层社会
治理创新成果提名奖。《中国社会报》、学习强国、《新华日报》头版、《苏州信息
快报》等都先后报道了张家港市民生微实事项目做法,民生微实事品牌影响力

不断扩大。

（一）政府公共服务更加贴近百姓需求，化"不买账"为"拍手赞"

民生微实事的项目需求来源于社区居民，通过充分发挥居民作为社区自治主体的积极性和能动性，实现"居民提、居民议、居民定、居民评"，改变了"政府买了单、群众不买账"的现象，得到了居民的交口称赞。通过项目建设，基层党组织的核心引领作用得到充分发挥，在宣传发动、项目把关和资源链接方面，最广泛动员基层群众、社区党员参与到项目提议、审议和满意度评价中来，基层党组织的凝聚力和号召力也得到了明显增强。第三方调查数据显示，居民群众对民生微实事项目的总体知晓率为 92.8%。随机调研的 42 个社区的850 位居民和 67 位项目提议人、议事员、社区书记主任等，总体满意度达83.6%。

比如，大新社区府前新村 1、2 幢的自行车库建于 20 世纪 90 年代，由于未铺设线路，居民只能从家中私拉电线通入自行车库进行照明、充电，在小区上空形成了一道道"飞线"。每逢雨天，那些年久老化、铜丝裸露的电线迸溅出火花，让过往的行人和车辆心惊胆战。"飞线"问题不仅影响了小区整体的环境面貌，而且存在着很大的安全隐患，是所有住户的"心头大患"，是小区的难点、痛点问题。项目通过居民议事会商议后，针对工程造价高达几十万元的问题，社区积极与供电部门现场分析，通过由社区申请一个总电表，加装 53 个分电表，采用预付费的方法，让居民能在车库中充电，且最终花费不过 2.6 万元。项目自 2019 年 4 月 20 日上报后，用 8 天时间签约落地，加上施工共 20 天就解决了"高空飞线"问题。

（二）群众揪心事、烦心事得到解决，幸福感和满意度显著提升

民生微实事项目作为市政府民生实事工程的补充，将实事工程做到了基层毛细血管里，同时把满足群众"身边的需求"作为第一考量，通过实实在在的服务项目使群众切实感受到实惠就在身边，又成为提升社区服务，促进社区和谐的重要抓手。一批"微而精"项目的落地，让每一个民评民说都能被关注，每一个细小的民愿民盼都能被重视，每一个民急民痛都能被化解，更加凸显了社区公共服务的民生导向，居民群众的幸福指数大大提升。民生微实事充分发挥促进社区和谐稳定的"减压阀"作用，基层千事万事，解决问题才是大事。群众看得见实实在在的效果，纷纷主动为基层社区治理出点子、想办法，基层的

矛盾也随之钝化,社会更加和谐稳定。

比如,杨舍镇长安社区暨阳花园沿河石驳岸增加防护栏项目。暨阳花园14幢北侧沿河因年久失修缺少防护栏,存在一定的安全隐患。多年来,周边居民多次向社区反映,社区也积极协调,但因责任主体不明一直未有结果。2018年3月,经开区(杨舍镇)启动民生微实事工作,长安社区通过项目征集、筛选,上报了该项目,并经城西街道审议、区镇审核、长安社区民生微实事专题居民议事会确定,该项目成为全市第一批民生微实事项目之一。项目资金预算共5万元,于5月14日开工,经过开沟、钢筋水泥浇筑、罗马柱现场安装等一系列的建设,于6月13日完工。防护栏的安装为周边居民增强了沿河生活的安全性,得到了社区居民的高度认可。

(三)"由民做主"落到实处,基层自治形成常态化长效化机制

千难万难,有群众参与就不难。民生微实事与居民议事协商相结合,所有项目的征集、提出、实施、评审等环节充分尊重群众的自主权,均需经议事会讨论才能通过。项目坚持民主决策、程序公开、共建共享原则,实现了由"自上而下"政府给服务到"自下而上"群众选服务的转变,做到"点子有人出、项目有人议、服务有人做",使政府治理与社会参与、社区自治有效衔接。2018—2019年,共召开社区民生微实事项目专题议事会272场,征集项目建议1009个。被赋权的居民群众切实发挥了"主人翁"的主观能动性,社区居民参与社区事务管理的热情被充分激发,更自主、自觉、自愿地投入到社区治理中来,实现了居民自治常态化、议事协商长效化。

(四)参与主体广泛多方、共治共享格局更加清晰

经过两年多的运行,民生微实事项目的知晓度、参与度得到了大幅提升,通过民生微实事项目串起了一条社区治理共建共治共享的生态链。一是从单一供给向多方参与转变。以民生微实事为抓手,充分发挥社区党组织的领导、社区居委会的统筹、社区议事会的协商、社会组织的服务等作用,打造多方参与体系。通过"三社联动",大力引入社会组织作为项目实施主体,发挥社会组织优势,帮助居民群众认识、盘点、整合社区资源,同时通过项目反哺、培育社区社会组织、志愿服务队伍。二是从社区管理向社区治理转变。通过民生微实事树立党和政府服务群众的形象,在项目征集倾听民意的过程中,让党的声音及时在社区传递,在项目实施群众全程参与的过程中,建立起党群干群间的

融洽关系，真正变管为治，实现社区科学化治理。三是从政府主导向共治共享转变。以民生微实事为载体，通过民生政策的"引航"作用，搭建起政府、社会、市场和居民群众共同参与的社区治理平台。通过财政资金的"杠杆"作用，撬动吸引企业、社会组织等全面参与，推动社区资源整合等项目的实施，真正形成"共建、共治、共享"的社区治理格局。

通过两年多的深入推进，"民生微实事"已真正成为张家港市社区治理的一个招牌产品，"民生微实事"以基层民生需求为导向，创新民生服务方式，真正实现了"利民之事，丝发必兴；厉民之事，毫末必去"；充分发挥议事会的作用，既为群众解决切身难题，也为议事协商提供了真实议题和长久动力；既促进了社区各类服务资源、各类服务主体的统筹整合，形成了强大合力，也提升了政府的民望形象，增强了基层党组织的凝聚力。接下来，张家港市将继续擦亮"民生微实事"这块牌子，久久为功，精益求精。一是深挖基层治理潜能，增强民生微实事项目黏合度。提升居民议事能力，发动引导更多的中青年加入议事队伍，优化议事会年龄结构，鼓励区镇购买专业社会组织服务，提升社区议事协商能力。优化居民参与路径，充分发挥互联网、APP 等新媒介的信息交互功能，依托互联网＋政务服务等信息平台，增加"民生微实事"功能应用，探索民生微实事"网上提议、网上办理"新路径，推动线上议事商议、互动交流。二是深耕群众小急难事，提高民生微实事项目精准度。持续深入完善项目库建设，健全项目择优入库和动态出库机制，实现项目库项目的动态化管理。通过选拔优秀项目、引导区镇购买服务、抽查项目等方式，不断帮助居民群众提议好项目，帮助议事会识别好项目，帮助社区指导好项目，引导优质项目与社区居民需求精准对接。三是深化长效运行机制，提升民生微实事项目辐射度。不断更新项目内容，通过发挥社会组织优势，帮助居民群众认识、盘点、整合社区资源；通过鼓励区镇采取捐赠、赞助、冠名等方式，加强辐射带动，更多地整合辖区资源；通过强化民生微实事项目品牌宣传，让更多的企业、爱心人士了解、参与民生微实事项目；继续通过项目助推本土社会组织发展，扩大社区服务供给，巩固深化社会多方参与的社区治理发展模式。

（张家港市民政局）

第六篇

农村社区治理制度创新案例

上海市崇明区:坚持生态引领 全力推进农村"五美社区"建设

近年来,崇明区以党的十九大精神为指导,持续贯彻落实《中共中央国务院关于加强和完善城乡社区治理的意见》(中发〔2017〕13 号)和中办、国办《关于深入推进农村社区建设试点工作的指导意见》(中办发〔2015〕30 号)精神,根据《民政部关于开展全国农村社区治理实验区建设的通知》(民发〔2017〕67 号)要求,深入挖掘自身区域特点,积极组织开展以"自然生态美、宜居环境美、绿色生产美、乡风文明美、生活幸福美"为主要内容的城乡"五美社区"建设和全国农村社区治理实验区建设,开创了世界级生态岛建设的新局面。

一、开展背景

崇明区是上海的远郊区,位于长江入海口,三面环江,一面临海,主要由崇明岛、长兴岛、横沙岛三岛组成,陆域面积 1413 平方公里,约占上海总面积的五分之一。崇明岛是中国第三大岛,世界上最大的河口冲积岛。2016 年 7 月,经国务院批准,崇明撤县设区,翻开了崇明新的发展篇章。现辖 16 个镇、2 个乡,共有 269 个行政村(占全市行政村总数的 17%)。

崇明区拥有独特的生态环境、丰富的自然资源与社会资源,是上海可持续发展的重要战略空间,也是上海重要的生态屏障。上海的绿、上海的水、上海的风向、上海的脉搏,很大程度上靠崇明三岛支撑。当前,崇明区正全力推进世界级生态岛建设,以实际行动践行习近平总书记关于"绿水青山就是金山银山"的重要理念。2014 年,联合国环境规划署发布《崇明生态岛国际评估报告》,认为崇明生态建设的核心价值反映了绿色经济理念,对探索区域生态发展模式具有重要的借鉴意义,并作为经典案例列入联合国绿色经济教材。

2016 年底，上海市委、市政府结合全市和崇明发展实际，高瞻远瞩，顶层设计，制定出台了《崇明世界级生态岛发展"十三五"规划》，明确举全市之力推进崇明世界级生态岛建设。

近年来，崇明区始终坚持生态立岛"一张蓝图绘到底"，取得了一系列成效。先后获得全国双拥模范城、国家级生态示范区、全国绿化模范县、国家可持续发展实验区、国家绿色能源示范县、国家可再生能源建筑应用示范县、国家生态县等称号，还被评为全国第十五个"中国长寿之乡"，也是第一个"长寿岛"。2015 年以来，崇明区创建全国文明城市，并已取得阶段性成果。

2014 年以来，根据上海市委、市政府对崇明的发展要求，崇明区牢牢把握生态立岛定位，结合落实市委创新社会治理加强基层建设文件、美丽乡村建设、农村水环境改造、生活污水纳管、生态林地建设、垃圾分类处置、文明城市创建等重点工作进一步统筹城乡发展，加强农村社区建设试点工作。特别是2020 年初以来，以"自然生态美、宜居环境美、绿色生产美、乡风文明美、生活幸福美"为主要内容的农村"五美社区"建设已取得初步成效，为崇明区加快推进城乡一体化发展，全力建设世界级生态岛奠定坚实的农村社区基础。

二、建设目标

(一)主要目标

以建设世界级生态岛为指引，以村民自治为基础，以完善管理服务为重点，结合农村"五美社区"建设、村庄综合改造、文明城市创建等，全面提高农村社区建设和管理水平，打造"管理有序、服务完善、文明祥和"的农村新社区，为建设"生态崇明、美丽崇明、幸福崇明"奠定更坚实的社区基础。

(二)基本任务

按照"补好短板、突出重点"的原则，认真抓好六项基本任务：一是完善农村社区治理体系；二是推动多方化主体参与农村社区治理；三是提升农村社区公共服务供给水平；四是推进农村社区平安建设；五是加强农村社区文化认同；六是改善农村社区人居环境。

三、具体工作举措

注重发挥农村社区党组织的领导核心作用,加强农村社区治理机制创新和自治机制建设。通过价值引领、组织动员、支持服务、统筹协调、凝聚骨干等方式,提升党组织在人民群众中的威信,巩固党组织的核心地位,更好地发挥党组织和广大党员干部在农村社区治理中的领导核心作用和先锋模范作用。进一步强化党建引领机制建设,健全党组织领导下的群众自治机制、群团带动机制和社会参与机制等,推动基层党建制度与社区治理机制有序衔接、良性互动,使党建引领有抓手、好操作、能持久。构建横向拓展、纵向到底的 4D 立体式党建服务体系,进一步把党建工作"触角"向"神经末梢"延伸,为创新社会治理、加强基层党建提供不竭动力。

农村社区试点示范村创建中,崇明区注重加强对农村社区的分类指导、示范带动,促使崇明农村社区逐步呈现"各美其美、美美与共"的新气象。截至 2019 年底,崇明区共完成了 1 个国家级、15 个市级、160 个区级"五美社区"试点示范村的建设,为实现崇明区人民的美好生活向往做出了重要贡献。2020年,重点推进横沙乡民生村、新村乡新乐村、庙镇永乐村、港西镇团结村、新河镇新民村、建设镇虹桥村、港沿镇园艺村 7 个 2019 年度市级农村社区建设试点示范村创建,并计划于 2020 年底前实现全区区级"五美社区"试点示范村全覆盖。

(一)加强生态环境综合治理,全力塑造"自然生态美"

崇明区正朝着世界级生态岛的目标不断迈进,"水土林气"等综合治理深入推进。深入实施河长制、湖长制,2019 年全面消除 1595 条段黑臭河道和6364 条段劣 V 类水体,做好农村生活污水处理工作,2019 年底实现 23.2 万户农村村民生活污水处理全覆盖。大力推进"减麦增绿",实现绿肥取代"二麦"种植。拓展农村造林增绿空间,推进村庄休闲绿地、村民公园建设,大大提高了人民群众的生活幸福感。加强农村秸秆露天禁烧管理,构建秸秆收集体系,实现秸秆饲料化、能源化和肥料化等综合利用。2019 年,崇明区的森林覆盖率达到 27.4%,地表水环境功能区达标率达 96.2%,环境空气质量优良率达85.2%。人民群众切身感受到了"天蓝、地绿、水清、气洁"的崇明。

（二）改善农村社区居住环境，积极营造"宜居环境美"

崇明区积极打造体现"白墙青瓦坡屋顶，林水相依满庭芳"的农村社区，推进村庄改造夯实基础，开展专项整治补齐短板，制定完善崇明推进农村人居环境整治工作方案制度，实现"一村一规划"。全力推进"五违四必"区域环境综合整治工作，拆除违法建筑，消除安全隐患，有效提升农村社区人居环境。2019年，全区18个乡镇全部完成无违建村居（乡镇）创建工作，实现100％创建；全区累计拆除违法建筑4079处、123.8万平方米。各村结合网格化管理工作平台，完善农村社区巡查制度，激发群众在社区人居环境整治中的积极性、主动性，提升群众的"主角意识"。坚持"全域覆盖、全程闭环、全面处置、全民参与"，持续抓好垃圾分类收运和处置体系建设，2019年全区可回收物回收量增长10％、湿垃圾分出量增长25％、干垃圾处置量减少27％、有害垃圾分出量增长6％。全区群众自觉参与生活垃圾分类减量，用实际行动融入崇明世界级生态岛建设大局。

（三）加快现代绿色农业发展，大力促进"绿色生产美"

崇明以高科技、高品质、高附加值"三高"为引领，创新推进"农业革命"，接连推出无化学肥料、无化学农药的"两无化"水稻、柑橘、蔬菜，绿色食品认证率达到85％；连续两年推出优质土地面向全球开展精准招商，港沿智慧生态花卉园、万禾智能蔬菜产业园等一批项目已建成投产，正大300万羽蛋鸡场等一批项目正在加快建设。积极培育新型农业经营主体，大力发展博士农场、家庭农场和开心农场，大力提升农民专业合作社和农业龙头企业的辐射力和带动力，努力培育新型职业农民队伍，促进农村经济健康发展。坚持全域旅游、区域联盟发展理念，积极推进国家全域旅游示范区、国家级旅游业改革创新先行区创建，把发展乡村旅游作为重要抓手，全区现有50余家高端民宿和7个集体验、休闲、科普、度假等功能为一体的"开心农场"。2019年，全区接待游客691.5万人次，实现旅游直接收入14.7亿元，分别比上年增长8.9％和10.2％。

（四）加强农村精神文明建设，着力提升"乡风文明美"

坚持把培育和践行社会主义核心价值观作为根本任务，在农村社区建立和谐文明、健康淳朴的乡风民俗，提升村民自治和民主决策的水平。以大力弘扬崇明乡贤精神为引领,定期举办乡贤文化讲坛、研讨会,不断发展乡贤文化,敦厚民心、民风。每年评选表彰十佳"最美崇明人"、十佳"瀛洲好乡贤"。依托全区各乡镇志愿服务中心和各村志愿服务站平台,召集各类志愿者,通过多种形式,由志愿者为困难老人、特殊群体儿童和残疾人开展结对帮扶、亲情陪伴等服务。在全区开展系列活动,积极倡导农村居民"传好家风好家训、扬生态美瀛洲风",通过培育家风家训,实现自我提升。部分村建立了全民积分系统,对村民在遵守村规民约、参与"五美社区""美丽乡村"建设等方面的情况,以量化的形式进行考评,作为评选五星级党员家庭、五星级文明户、申请困难救助等的准入条件,进一步增强村规民约对村民的鼓励和约束作用。通过每年举行烈士公祭日活动、建立瀛东村村史馆等,大力弘扬崇明区农村社区红色文化和海岛人民的垦拓精神。

(五)抓好"三个公共"建设,努力实现"生活幸福美"

坚持以人为核心,加强农村社区公共服务、公共管理、公共安全,有效改善和保障民生,提高广大村民的生活品质。积极构建农村社区公共服务设施体系,明确为老服务、医疗卫生、图书阅览、体育健身等建设目标,提升村委会会"一站式服务"能级和水平。基本完成11家农村薄弱养老机构改造,全区养老床位达到7595张,部分村建成并运行了老年人助餐点,极大地方便了被服务对象的日常生活。建设完成10个基本管理单元并投入运行,实现了撤制镇地区全覆盖。推出三大生态惠民举措,创新开发生态就业岗位,近两年针对就业困难群体设置生态养护员岗位1.3万个;创新实施生态养老补贴,向全区领取城乡居保养老金的崇明户籍人员,每人每月发放70元补贴,城乡居民养老金达到全市平均水平;创新推出生态惠民保险,覆盖崇明户籍的60周岁以上老年人、18周岁以下未成年人近30万人,2019年共有2693人次从保险赔付获益。聚焦老旧小区"三难"问题,完成既有多层住宅加装电梯30台。健全农村社区公共安全体系,加强农村平安社区人防、物防、技防的互联互通,提升百姓安全感。创新打造"阳光村(居)务"工程,建立村(居)务公开电视信息系统,推动村(居)党务信息、村(居)务信息、财务信息、便民服务信息公开,实现全区全覆盖。2019年,共公开村(居)各类信息40余万条。

四、特色创新工作

2017年起，根据《关于深入推进崇明农村社区建设试点工作方案》，通过组织各成员单位开展实地调研、召开座谈会等方式，对各涉农乡镇、各试点示范村推进农村"五美社区"建设情况进行督导。每年度从区级试点示范村中择优申报市级试点示范村，对相关村开展重点指导，并配合市民政局开展实地验收等工作。在区、镇两级成功举办第一、第二、第三届"五美社区节"开幕式及系列活动，充分展示崇明区"五美社区"创建阶段性成果，形成了更广泛的宣传和更深入的联动，推动"五美社区"建设不断创新，持续深化。

（一）创新实施"一站式服务"，提升农村社区服务能级

自2018年初起，崇明区通过创新实施"一站式服务"，进一步提升村委会规范化管理水平，提升为群众的办事服务质量，发挥好村民委员会在社区治理中的作用，并于2018年底实现了全区所有村委会全覆盖。通过对村委会原办公地点进行布局优化、改造升级，进一步节约集约利用办公资源，村委会成员及工作人员不再设置独立办公室，统一在一楼的"一站式服务"大厅实行集中式办公、敞开式办公，实现了"群众上楼"到"干部下楼"的转变。每个村干部都"走下来、走出来"，方便群众一到村委会就能"找得到人、办得了事"，有力打通基层为民服务"最后一公里"。同时优化服务举措，将社会保险办理、社会救助申请等群众需求较为迫切、办理较多的社区事务受理服务延伸至村委会。部分村的城乡居民最低生活保障、困难残疾人生活补贴等13项社区事务中已可在"一站式服务"大厅现场办结；敬老卡办理、因病支出型贫困生活救助等31项事务可在"一站式服务"大厅现场受理，限时办结；其余社区事务可在"一站式服务"大厅进行咨询或者由村干部代收代办。

（二）创新开展"阳光村务工程"，完善村务监督形式

2018年，崇明区在上海全市率先建立村务信息公开电视平台，实现全区269个行政村"阳光村务工程"入户覆盖。通过"阳光村务工程"，将设在每个村委的公开栏、信息栏"搬"到老百姓家的电视屏幕上，将各类村事务信息直送群众家庭，使村级事务公开简便易得、直观明了，方便群众足不出户、随时监督，让群众协商议事更加便捷及时，有力促进规范公共服务、严格财务管理，实

现村民与村务"零距离接触",进一步推动村务管理与群众自治有效衔接、良性互动,这是新时代创新基层治理的生动实践。

(三)创新举办村居大讲堂,提高基层干部队伍工作水平

2017年5月起,创新开展每月"村居大讲堂"活动,对全区各村党支部书记、主任,村后备干部、大学生村官实行全员培训。从2018年起,结合区委、区政府每年的中心工作,将全年的培训活动划分为4个专题,主要聚焦农村社区治理、乡村振兴等重点工作开展模块化培训。截至目前,共开展了31期培训活动,累计培训逾1.3万人次。两年来,"村居大讲堂"通过举办专家学者讲座、实地考察和主题论坛等多种方式,有效提高崇明区村"两委"干部的政策理论素养、工作能力和服务水平。"村居大讲堂"的初衷就是打造一支眼界宽、思路广、能力强、业绩优的基层干部队伍,使这支队伍能更好地适应新形势下城乡社区治理工作要求,为推进崇明国农村社区治理实验区建设、世界级生态岛建设发展提供坚强的队伍保障。

(四)创新引入社会组织力量,激发社区治理活力

2018年以来,在上海市民政局的关心和支持下,结合全国农村社区治理实验区创建的具体任务安排,崇明区民政局积极对接并引导市级社会组织服务崇明城乡社区治理项目。通过对接座谈会、实地走访、项目认领等形式,帮助市级社会组织深入了解崇明农村社区发展需求。2018年5月,共有9个基金会、2个社会团体及4个民办非企业单位与崇明13个村居就20个项目签订了合作协议,合作项目内容涵盖了为老服务、关爱留守儿童、扶贫济困等社区治理中的各类难题,为崇明农村社区治理引入了资源"活水",极大地激发了社区治理活力。崇明区将以争做世界级生态岛不懈奋斗者的勇气、智慧和毅力,不断总结创建中的经验和做法,推动实验区创建和城乡"五美社区"建设更加深入、更高质量、更可持续,为探索和加强全国农村社区治理贡献"崇明案例"。

(上海市崇明区民政局)

台州市三门县:推动村民代表履职规范化激活基层自治组织的"神经末梢"

基层是社会治理的深厚基础和重要支撑。党的十九届四中全会提出,"构建基层社会治理新格局","建设人人有责、人人尽责、人人享有的社会治理共同体"。村民代表是村民自治的重要内容,是推进基层有效治理和基层稳定的一支重要力量。近年来,台州市三门县把"推动村民代表履职规范化建设"作为省级城乡社区治理和服务创新实验区的创建课题,从制定《村民代表工作规程》破题,以制度规范行为,以试点开路推动面上铺开,有效发挥了村民代表作用,有力助推了乡村振兴和基层治理。

一、现状背景

推进村民代表工作规范化建设的重要意义。基层群众自治是当代中国的一项重要的基本政治制度,这一制度的落地生根,直接决定着亿万城乡社区居民的切实权利。习近平同志多次强调,坚持和完善基层群众自治制度,发展基层民主,要切实防止出现人民"形式上有权、实际上无权"的现象。要解决"形式有权实际无权"的现象,就要重点加强基层群众"在日常政治生活中是否有持续参与的权利";既要注重完整的制度程序,也要注重完整的参与实践。根据《中华人民共和国村民委员会组织法》《浙江省实施〈中华人民共和国村民委员会组织法〉办法》《浙江省村民委员会选举办法》等规定,村民代表会议在村庄治理中发挥着讨论决定涉及村民利益的重要事项、评议村民委员会成员工作、推选村民选举委员会成员等重要的作用。在农村基层群众自治实践中村民会议难以经常召开的背景下,村民代表会议和村民直接选举产生的村民代表的作用发挥显得十分必要和重要。村民代表一头连着村民,一头连着村干部,作为基层群众自治的重要活动力量,村民代表履职行权的意识、能力将直接决定着村民代表会议的质量,并直接影响乃至决定着基层群众自治的效果。

推进村民代表工作规范化建设的现实需要。在对村民代表队伍履职情况调研中发现,三门县村民代表整体素质偏低,履职能力弱,作用发挥难,在村民中很难起到示范带头作用。多数农村的年轻人和有能力的人往往在外务工经商,参与村庄建设的积极性不高,推选出来的村民代表不同程度存在"两多两少"问题:老龄人多,年轻人少;低学历的多,中高学历的少,存在着民主和法治意识不强,参政议政能力不足,参与村务管理、决策、监督等存在随意性大、走过场等问题。有的长期外出无法参加会议,或以身体状况欠佳为由拒绝参加会议,导致无法正常履行村民代表职责。有些村为了召开村民代表会议,通过发放误工补贴来达到法定人数,导致日常开支增加,加重村集体经济负担。特别是在 2018 年全市开展大范围的行政村撤并工作后,新村村民代表人数过多,1021 个新建村中平均村民代表 88 人,101 人以上的村有 250 个,占24.5％,存在着召开村民代表会议成本高、难度大、效率低的尴尬局面。如温岭萧南村由 5 个村合并而成,有村民代表 229 人,每次召集会议就需要支付误工补贴 11450 元,加上受到会议场所限制,到会率普遍不高,形不成决议,影响了新村的工作效率和发展稳定。

三门县开展村民代表履职规范化建设的"天时地利人和"。一是三门县具有谋划早的"天时"。三门县高度重视村民代表在村民自治中的作用发挥,2017 年村委会换届期间就着手开展该项工作,2018 年多次赴省厅和相关部门进行沟通学习,并会同中共浙江省委党校专家,多次实地调研、组织研讨,制订了《三门县村民代表履职规范(草案)》,初步形成了一个结构完整、运行有序的工作流程。二是三门县具有基础好的"地利"。三门县实行村党组织成员参选信任票决、党员参选定位专选制度(即村党组织成员参选村民代表只进行信任票决,并且不占选区名额,选区内推选的党员村民代表人数要达到 1/3),村民代表中党员的比例高达 39％,便于党的路线、方针与政治在城乡社区得到有效贯彻;村两委干部与村民代表交叉任职,有效提升了村民代表会议决议的执行效率;村民代表推选人员范围广,代表性更强,重点吸收了学历高、能力强的大学生村官、返乡党员、创业人员等 3 类重点人员,有效提升了代表整体素质。三是三门县具有措施实的"人和"。三门县委、县政府高度重视,成立了由县长任组长,相关部门主要领导为组员的领导小组,并建立每月例会制度,定期研究解决村民代表履职规范化实践中存在的问题,并将该项工作列入 2019 年县党代会工作中进行部署。

二、目标任务

（一）出台一批制度

以省级实验区创建为抓手，不断完善村民代表产生、联系、参与机制、监督、奖惩、培训等机制，以《三门县村民代表工作规程》为总纲，结合各村实际，出台《村民代表提议制度》《村民代表民主协商制度》《短期目标——以省级实验区创建为抓手，不断完善村民代表产生机制、探索村民代表工作委员会制度、创新村民代表联系机制、完善村民代表参与机制、健全村民代表监督制度、优化村民代表奖惩制度、建立村民代表培训机制，为乡村社会有效治理奠定坚实基础》《特约村民代表制度》等村民代表工作相关制度，从制度层面规范村民代表的岗位职责、管理措施、服务培训、会议召开和保障机制，确保村民代表有效履职、作用充分发挥。

（二）建立一套机制

综合考虑村庄实际，建立符合当地客观需求、行之有效的村民代表组织架构，确保村民代表工作有组织、有公开、有考核，问题有渠道发现，事务有专人解决，整体能高效运行。探索在有条件的村庄设立村民代表会议主席团，作为闭会期间的常设机构，负责日常工作，根据村民代表的职业、专业和特长，分门别类，建立经济发展、矛盾化解、乡风文明、公益事业等议事协商小组，参与专项村务的决策、管理和监督。积极吸纳两代表一委员、乡贤、企业负责人为特约村民代表，参与村级事务决策、管理和运转。

（三）明确一套标准

在具备条件的村庄建立固定的村民代表活动室，活动室具体要具备"四个有"的条件，即有运作流程、有活动计划、有代表会议纪律、有村民代表形象照，真正把村民代表晒出来，深化村民代表联系群众的机构设置，夯实村民代表参与村集体事务决策的智力支持，发挥村民代表在村集体事务的民主监督作用，增强村民代表荣誉感、使命感，激励村民代表积极作为，推动村民代表工作公开公正透明运行。

（四）创建一批特色

在为各行政村提供基层民主制度建设的程序化、规范化、标准化制度规范的基础上，指导各乡镇（街道）梳理排摸本区域乡镇村各项资源，充分挖掘各村的历史文化、自然风情、资源禀赋、人文故事、家规家训等特色，挖掘村居特色治理文化，创新社区自治和民主协商机制，打造一批有创意、有底蕴、有故事的自治特色精品村庄，为浙江省"两个高水平"建设提供三门经验，为全国"两个一百年"战略目标的实现提供浙江样本。

三、创新举措

（一）建好三支队伍

建好三支队伍即建好村民代表会议主席团队伍，由村党组织研究酝酿主席团相关草案，提交村两委会议审议通过，组织召开村民代表会议，讨论并通过本村《村民代表会议主席团制度》，选举产生村民代表会议主席团成员。建好村民代表议事协商小组队伍，村民代表会议主席团要结合本村实际，按照村民代表职业、专业和特长，建立经济发展、矛盾化解、人居环境、乡风文明、公益事业等议事协商小组，参与专项村务的决策、管理、监督。建好特约村民代表队伍。村民代表会议主席团讨论通过乡贤、"第一书记"、农村指导员等特约村民代表人选。对经本人申请、村党组织提名的人选，由村民代表会议表决通过，确定为特约村民代表，特约村民代表有建议权，但无表决权。

（二）落实"三联"制度

落实"三联"制度即落实主席团成员联系议事协商小组制度，明确主席团成员分别包抓一个议事协商小组，对涉及村级事务和村民切身利益的事项，开展议事协商，充分了解和征求意见建议。落实村两委干部联系村民代表制度，明确村两委干部分别联系若干名村民代表，收集、受理村民代表的意见建议，及时向村级组织反映，并做好解释、答复。落实村民代表联系户代表制度，明确村民代表联系若干名户代表、贫困户，通过听取情况介绍、个别访谈、实地勘查等方式，及时反映村民诉求，扩大群众的知情权、参与权、表达权、监督权，确保群众诉求第一时间答复、第一时间解决。

(三)开好三个会议

开好三个会议即开好村支委会会议,在会前要通过张贴意见征求书、上门征询、邀请各界人士参加座谈会、村民代表议事协商小组会等形式,广泛征求意见,充分酝酿沟通,研究村民代表相关组建人员和制度草案,达成统一共识,经支委会确认后提交村两委会。开好村两委会会议,对议题内容要进行审议,并确定协商议题,提交村民代表会议。认为议题不合法、不合适、条件不成熟,无法列为议题的,要进行解释说明。开好村民代表会议,做好讨论、审议和表决村民会议授权的有关人员选举和制度通过事项,组织村民代表听取、审议村民委员会、村务监督委员会的工作报告,了解村民代表会议决议落实等情况。村民代表会议要严格按照会议议程召开,邀请特约村民代表列席,维护会场纪律,做好会议记录。

(四)开展三大活动

开展三大活动即开展联系走访活动,主席团要组织村民代表、特约村民代表,通过联系走访慰问等形式,全面了解村级各组织运行情况、困难群众生活状况,积极支持村级发展项目,帮扶困难群众。开展调研视察活动,主席团要联合两代表一委员,组织村民代表各议事协商小组、特约村民代表,围绕村级重大工程、村庄建设、民生实事等内容,开展调研视察,提出书面意见和建议。开展"两评两推"活动,通过村民代表自评和互评,全面了解代表履职情况;通过党员推选和村民代表推选,对年度考核优秀的村民代表,优先推选为入党积极分子和后备干部。

四、制度成效

凝聚起"党群一条心、齐心促振兴"的发展合力。三门县在推进村民代表履职规范化建设过程中,始终坚持把党组织的引领凝聚作用贯彻于村民代表产生、履职、管理全过程,不断增强党组织的领导力号召力。一是在组织架构上强化党的引导力。通过建立村民代表会议主席团制度,作为村民代表监督管理的常设机构,村党组织主要负责人通过法定程序兼任主席团主席,构建了以"村党支部为核心,以村民代表会议为中枢,以村民委员会为执行机构"的治理架构。同时,为确保组织意图和群众意愿的高度统一,在村民代表推选中,采取村党组织成员参选村民代表采用"信任票决"制,不定选区、不占职数,党员村民代表"定位专选"等方式,保证党员村民代表占比三分之一以上切实增强党组织的把控力。二是在思想学习上强化党的引导力。三门县建立村民代表学习积分制,将学习手册人手一份发放给村民代表,要求详细记录学习情况,确保代表学懂悟通上级党委精神。同时,依托三门"红旗第一飘"红色资源,分批次组织村民代表到亭旁红色文化教育基地开展学习,引导其"不忘初心、牢记使命"。特别是要求党员代表带头领学,严格执行"三会一课"等制度,充分发挥示范作用。三是在议事决策上强化党的引导力。对村内重大事项决策流程进一步细化,首先是支委会酝酿研究提出,其次是两委会议讨论补充,最后是提交村民代表大会表决,同时引入乡镇(街道)党委介入纠偏制度,确保村民广泛同意的议题被纳入,充分彰显了党的领导、村民自治、依法治村三者的有机统一。通过党建引领有效保障了中心工作、重点项目等决策一旦形成,能够快速统一思想,高效有力落实。比如在全县中心工作、重点工程推进中,干之前、干之中、干之后,都让村民代表全程参与,确保各项决策部署高效有力推进,该县重点产业项目——大孚健康庄园田园综合体建设中,涉及村的村民代表和镇村干部一起包干到户,做细做实群众工作,仅用 10 天时间就完成政策处理。

营造出"人人讲规矩、左右无闲人"的浓厚氛围。为切实加强对村民代表履职规范化建设的组织领导,确保各项制度创新落到实处,三门县"像管村党员干部的标准,把村民代表这支队伍管起来",切实发挥好代表的模范带头作用。一是"资格联审"严把代表入口关。三门县充分运用大数据、信息化等现代技术手段,建立村民代表选举资格联合审查制度,由纪检、组织、法院、公安等多个部门开展资格联审,确保把政治坚定、作风正派、遵纪守法的人选上来。在试点村资格联审取得较好反响的基础上,将在村级组织换届中进行全面铺开,以全面提升全县代表素质。同时同步建立村民代表后备人才库,定期跟踪考察,定期联谊联系,引导其积极参选,优化代表结构。目前三门县各村人才库中,高中以上学历人数占 73%,40 周岁以下人数占 65%。二是"负面清单"畅通代表出口关。制定"违纪违法""长年外出不正常履职"等 10 种不称职情形清单,明确诫勉教育、停职、辞退、罢免等 4 种处置措施,村名代表当选后全部签订辞职承诺书。同时建立退出代表联系跟踪制度,确保稳定。比如,桥头村有 3 名代表长年外出无法正常履职,镇党委加强引导,做细做通工作,由其本人主动提出辞职,并按照法定程序重新补选,过程非常平稳。三是"两评两推"管好代表履职关。即村民代表自评和互评、党员推和村民代表推，考准考实每一位代表。对表现优秀的优先推选为入党积极分子和后备干部，在创业上给予政策扶持，使其干有方向、干有奔头。加强村民代表培训，每年排出培训计划，县乡分层分级开展培训，提升履职能力。

构建了"小事不出村、矛盾不上交"的善治格局。三门县通过充分发挥村民代表这一"个体"作用，带动起村民这一"群体"参与治理的主动性，从而推动基层实现整体共治共享，让群众有更多的获得感幸福感。一是服务群众网格化。推进村民代表网格与基层党建网"双网融合"，优化网格设置，推动村民代表进网格，实现每个网格都有党员代表负责、每名群众都有代表联系，做到村务决策群众第一时间知晓、群众诉求意见第一时间汇总上报、群众操心事揪心事第一时间解决。在此次新冠肺炎疫情防控中，村民代表全部进网格，参与外来人员排查、居家观察人员情况跟踪、村级卡点防控、志愿服务等工作，共同构筑起了联防联控的铜墙铁壁。二是村务管理组团化。创新建立村民代表议事协商小组队伍，按照职业、特长将村民代表划分为经济发展、矛盾化解、乡风文明、公益事业等组别，提升村务管理专业化水平。建立特约代表组，由乡贤、"第一书记"、农村指导员组成，充分发挥好多方里面的共建作用。比如在信访积案化解上，由村里组织召开协商会，邀请矛盾化解组的村民代表以及信访户自己邀请信任的村干部、家属参加，通过讲法律、讲村情，让信访户主动息访，效果非常好，去年全县通过这种形式有效化解积案 31 件。三是制度执行刚性化。在《村民代表工作规程》中，我们在遵照现有法律的基础上，进一步明确了村民代表 6 条权力，通过赋予提议、审议、质询等权力强化了民主监督，有力保障了"五议两公开"、村规民约等制度的落实。时任浙江省委车俊书记批示肯定的城西村，严格执行议事规章制度，所有的重大事项都经过村两委会、村党员会、村民代表会集体通过，推行村级财务管理"三个不"，不借钱、不贷款、不担保，透明规范严肃，让群众信得过。

形成了"全县一盘棋、统筹共推进"的良好态势。三门县既把省级创新试验区创建工作当作一份荣誉，更细化为一份责任，坚决落实落细各项实验措施。一是顶层设计上多方面完善。在《村民代表工作规范》制定上，三门县多方征求意见，争取省民政厅、市民政局、专家的鼎力支持，在中央党校连续召开两场专家认证会，邀请中央党校、北大、人大等高校 20 余位专家把脉会诊，提出意见建议 112 条，结合三门实际，认真消化吸收、修改完善，形成涵盖 32 大条 85 小条内容的工作规范，以及村民代表管理、议事协商、提议制度等 6 项实施细则，构建了"一主六副"的制度体系，为村民代表规范化建设在全县实施提供了基本遵循和有力支撑。二是工作推进上多兵种作战。三门县成立了由28个部门组成的工作领导小组,由县委书记、县长担任双组长,县委书记主持召开实验区创建推进会,建立"每月督查、每月通报、每月会商"、乡镇(街道)主要领导包抓复杂村等制度,对主席团选举、特约代表确定、代表资格终止等程序一步一步有序推进,对个别村代表外出多会议召集难等问题一个一个有效破解,15个试点村工作圆满完成,全县面上有力铺开。三是体系建设上多领域贯通。村民代表规范化建设与基层治理创新各项工作紧密联系、相辅相成。三门县将村民代表履职规范化工作与行政村规模调整、村居特色治理文化挖掘、"三治融合"等工作积极融合,推动阵地资源共享、组织资源共用、制度规范共建,有力推动了县域治理体系和治理能力现代化水平,如在做好村调后半篇文章中,村民代表在新村规划、三资融合等工作中发挥了重要作用。试点岙楼村,村民代表积极联系走访,带头促融合,带头领办项目,该村民宿经济红红火火,先后获得了省善治示范村、省级美丽乡村示范村等10多张"名片"。

(台州市民政局)

滁州市天长市:搭建农村社区协商共治体系 推进农村社区治理制度创新

天长市是滁州市代管的县级市,地处安徽省最东部,除一面与本省来安县接壤外,其余三面被江苏五县(市、区)环抱。全市国土面积 1770 平方公里,总人口 63 万,下辖 14 个镇、2 个街道办事处、2 个省级开发区、151 个行政村(农村社区)、23 个城市社区。天长市紧抓农村治理的关键环节,以党建引领协同多方力量,引进协商机制,改善村民自治,实现德治、法治、自治三者有机融合,提升农村社区治理,助力乡村振兴,成效显著。天长市先后被民政部确定为全国社区治理实验区,被农业农村部等 7 部委确定为全国乡村治理体系建设试点单位。

一、农村社区治理的形势现状

(一)农村社区治理多方化主体缺位

近几年,天长市城镇化水平显著提升,进城居住或常年在外务工已成为城乡社区新常态,有些农村"空心化"现象严重,从事农业和农村发展的人口数量和素质下降。农村社区常住人口已发生变化,新型农业经营主体、民营企业、辖区单位逐渐增多,社区内部的治理诉求分化愈加明显,治理主体和治理对象也愈加多方化。社区治理环境复杂化,仅依靠社区干部难以实现有效治理。

(二)现有议事途径难以应对群众参与诉求

现阶段,正全力向全面进入小康社会迈进。人民生活水平的不断提高,群众视野不再拘泥于"家长里短",开始关注社会公益事业,希望通过建言献策参与社区治理。但有的社区议事陷入"会而不议、议而不决、决而不行、行而无果"的形式化困局,导致"群众参与热情低、民意吸纳范围窄、监督评议效力弱"等问题,加剧了群众对村"两委"工作的不满和疑虑,难以凝聚群众对社区的归属感与认同感,无形中增加了社区工作难度。

(三)原有自治制度难以满足社区治理需要

新时代的社区治理格局较之以前已发生明显变化,在合村并组普遍推行的背景下,农村社区"地域辐射广、行政负担重、利益联结弱",使协商难度骤增,加之"协商平台缺失、诉求渠道缺乏、利益代表缺席",导致协商难见实效。伴随着农村治理形势的深刻变化,原有的社区议事平台愈发难以化解基层治理中区域性强、专业性强、时效性强的突出问题和矛盾。

(四)农村社区治理的内生动力不足

因受年龄、学识等限制,个别地方仍存在村"两委"成员民主素养不够、发挥民主协商作用不强。有的村干部长期在本村工作,有着丰富的工作阅历,对社区工作形成路径依赖,习惯于"小圈子"决策或"乾纲独断",不善或不愿接受群众意见,不仅侵害了群众的合法权益,还造成了社区治理的疲软困局。

二、农村社区治理的方向目标

(一)突出党建引领,创新社区协商机制

以强化党建引领作为撬动社区治理的首要动力,从组织建设、平台建设、载体建设、机制建设4个方面夯实农村党组织领导基础。在党的领导下,有序务实开展社区协商,从组建协商共治主体,建立协商共治目录,构建协商共治层级,规范协商共治步骤,推进协商共治清单5个方面搭建社区协商共治体系的制度框架,创新社区协商议事模式,形成共议、共建、共管、共评、共享的多层次基层协商治理格局。

(二)引导多方参与,增强村民自治能力

在村民自治制度的基本框架下,以社区协商组织作为加强广大村民参与

社区事务的有效平台,实现行政村决策与村民小组议事的有机衔接,进一步充实社区自我管理与服务能力。进一步明确社区协商组织的职责权限与运行机制,不断提高广大村民、辖区单位和社会组织共同参与社区治理的能力与热情。

三、农村社区治理的制度建设与创新

对标问题与方向,天长市先后出台了《关于加强和完善城乡社区治理的实施方案》《"全国农村社区治理实验区"实施方案》《"全国农村社区治理实验区"实验创新工作指导意见》以及乡村振兴三年发展规划等一系列制度文件,实行市委书记、市长"双组长"制的农村社区治理工作领导组,40多个部门作为成员,明确分工,强化责任和资金保障。市委改革办统筹调度,强力推进,确保实效。

(一)加强农村社区党建,凸显党建引领

天长市坚持以党建引领农村社区治理,为乡村全面振兴提供坚强组织保证。

1.抓关键,建强农村队伍主心骨

(1)实施"头雁工程"。坚持村(社区)干部任职"三级"联审,推行村党组织书记县级备案管理,新一届村(社区)党组织书记呈现"三升一降"(文化程度、女性比例、一肩挑比例全面提升,年龄大幅下降)。拓宽书记选人用人渠道,选配选派机关企事业单位优秀党员干部、返乡创业人员、本地致富能手、复退军人等41名优秀人才到村任职。建立村(社区)党组织书记全员轮训、挂职锻炼、跟班学习等制度,培养一批善治理、能带富、口碑好的全科型带头人队伍。

(2)实施"预任工程"。面向社会公选一批优秀的村级后备干部提前到村(居)定岗明责、预任锻炼,为村(社区)"两委"换届储备人才。安排预任村(居)干参与党建、协商治理、网格化管理等重点工作,列席村(社区)"两委"会议,享受村(社区)干部副职待遇。

(3)实施"人才兴村"。深化农村党员"双培双带"先锋工程、农村党建"双百"工程(百名党建指导员下百村、百名乡村企业家培养工程),实施一村(社区)一名"淘掌柜"培育计划,开展农村党员"双技培训",集聚乡村振兴人才。推进乡贤理事会建设,采取个人荐、群众推、组织选等方式,从德才兼备的身边

典型人物、致仕经商的外出成功人士、投资兴业的外来创业精英等三类乡贤中推选理事会成员。

2.夯基础,筑牢农村基层主阵地

(1)打造服务平台。实施村级组织活动场所全面提升工程,加强为民服务大厅、党群议事室、党代表活动室等规范化建设。实施"红色标记"工程,围绕"办公议事、党群活动、教育培训、便民服务"等功能要素,统一规范标识制度,优化活动场所功能布局。实施为民服务"下楼工程",深化为民服务全程代理、无职党员设岗定责、村(社区)干部坐班、值班等制度,为群众提供全方位、一站式服务。

(2)延伸组织覆盖。按照"六有"标准,在村(居)民相对集中的区域建设党小组之家、党群议事之家等微阵地,进一步夯实基层组织基础。提倡党小组长兼任村(居)民组长,落实党小组活动经费和党小组长待遇。党小组结合党员固定活动日,开展党员群众"说事日"等活动,分析群众的意见建议,研究解决问题的对策措施,一般问题"现场办结",疑难问题"帮助解决"。

(3)推进网格服务。建立以镇(街)村(社区)干部、党小组长、党员志愿者为主的分片包干"网格长"队伍,网格长全部下沉到网格中,定人定岗定责,在网格中察民情、访民意、解民忧。普通党员按照"就近、就便、就亲"原则和困难党员群众进行结对,邻里守望,互帮互助。试行大联动网格管理平台建设,打造集治安防控、公共服务、民生服务于一体,网格化信息管理系统、阳光信访系统、蓝天卫士监控系统、综治视联网系统、天网监控系统等"五合一"的综合服务联动平台,各类即时信息通过网格员及时传送到平台,第一时间分类交办处理。

3.建机制,推动农村发展上台阶

(1)深化共建机制。开展城乡结对,市领导和镇(街)班子成员每人分别确定1个镇(街)、1个村(社区)作为联系点,加强帮扶指导;市直单位结对2~3个村,每年为结对帮扶村(社区)争取发展村级集体经济项目不少于1个,或协调发展村级集体经济项目资金不少于3万元。2019年,市领导和市直单位累计帮助结对村争取发展项目资金800余万元。开展村企联建,按照"发展关联型、人员亲缘型、属地就便型及其他"四大类,为每个村(社区)安排1~2个关联性较高的企业。制订"2+2"联建计划,即每年做实2个规定动作、力争做亮两个自选动作。2019年,结对企业累计帮助村级组织实施集体经济项目32个,办惠民实事353件,村级组织为企业解决用地用工等难题56个。

(2)创建诚信机制。实施党建引领信用村(社区)建设,提炼"十步工作法",全面推行"红色信用网格服务"。建立信息、信用、信贷"三信联动"体系,为 12650 户信用户进行授信,授信金额 9.45 亿元;为 2867 户用信户发放信用贷款 4200 余万元;建立农村经济实体、农户信贷需求台账。设立"集体贷""信易贷""先锋贷""信贷"等系列金融产品,将优秀共产党员、道德模范等授信额度上浮 30%。将信用户评定指标纳入村规民约(居民公约),设立"信用红黑榜"。在发展党员、选拔村(社区)干部、惠农政策倾斜等方面,将信用作为重要参考。

(3)稳定增长机制。推进村级集体经济"丰翼增收"行动,实施"119"增收计划,市财政每年整合至少 1000 万元的专项资金、单列 150 万元对集体经济增收成效明显的村(社区)班子进行奖补,确保村级有钱办事。近三年,市级层面累计整合 4000 多万推动村级集体经济提档升级。截至目前,实现 92% 以上的村(社区)集体经济收入达 10 万元、12 个村(社区)超 50 万元、2 个村(社区)超 100 万元。

4.强保障,增强农村振兴新动能

(1)强化运转保障。落实村级组织运转经费"579"(3000 人以下村(社区)每年 5 万元,3000～5000 人村(社区)每年 7 万元,5000 人以上村(社区)每年 9 万元),建立动态增长机制。连续两年按 5% 比例上调村级组织运转经费。按照"村财镇管、分村建账、专账核算、专款专用"原则,建立村级组织运转经费监管机制,加强村级运转经费管理。

(2)强化待遇保障。每两年上调一次村(社区)干部报酬。2019 年调整后村(社区)干部正职年报酬可达 5.1 万元(不含养老保险、各类奖励和补贴)、副职 3.8 万元。建立离任村(社区)干部生活补助正常增长机制,在省标准基础上,离任村(社区)干部正副职补助标准分别上调 25% 和 6%。全面落实村(社区)干部职级管理、退养试点、城镇职工养老保险等,每年用于村(社区)干部待遇保障经费 7000 万元。

(3)强化管理保障。坚持举办村(社区)干部冬(春)训班,开展学历教育,选派 10 名村(社区)干部到江苏跨省挂职。推荐优秀村(社区)干部以公开招考方式进入政府工作。2019 年,从村(社区)干部中定向招录 3 名公务员和 1 名事编人员。建立村(社区)干部岗位目标责任制,制定任期目标和年度计划。推行村(社区)干部"清单＋积分"管理,建立业绩档案,结果与村(社区)干部评先评优、绩效报酬、集体经济增收奖励等挂钩,解决村(社区)干部"干什么""怎么干""拿多少"的问题。

（二）引入协商机制，改善村民自治

引进民主协商，走群众路线，还群众话语权、参与权和决策权；规范制订和修订村规民约（居民公约）；组建村级红白理事会、志愿服务队、红白喜事公约，把移风易俗落到实处；修订村级小微权力清单，把权力在清单流程上进行固化。通过一系列的制度化、体系化的机制体制，有效改进村民自治。

1.创新协商机制，搭建多方参与平台。党的十九届四中全会把"民主协商"提高到重要位置。报告提出，坚持协商与民、协商为民，将极大地化解基层社区的矛盾，有效保障社会和谐稳定。可见"民主协商"在城乡社区治理中发挥着极其重要的作用。目前天长市从制度层面建立了"11355"的协商共治机制，即一个主体、一套目录、三个层级、五个步骤和五个清单，实施标准化、系统性协商治理模式。

"一个主体"即组建村级层面的协商委员会并制定组织章程和议事流程，明确了协商委员会怎么组成以及怎么议事协商。协商委员会实行"1＋N＋X"的人员结构制，"1"是社区协商委员会主任，由社区党组织书记担任。包含村"两委"成员、村务监督委员会、村民小组、"两代表一委员"、驻村单位、辖区社会组织、农村集体经济组织等7类人员中推选产生，建立人员信息库。同时，依托村（社区）干部包组包片，建立村级以下协商委员会，实现协商网格化。"X"指利益相关方。体现了协商主体的多方性、代表性与开放性。每一项协商事项都有不同的利益方，根据协商事项，从"N"选取人员，与"X"组组建一个协商委员会，协商事项结束后，协商委员会自动解散。这种协商委员会是开放式的、包容式的，更具有灵活性和可操作性，符合基层实际，不增加基层负担，村（社区）容易接受。

"一套目录"即村（社区）协商共治目录库，明确了村（社区）哪些内容需要协商，分为公共事务类、基础设施类、乡风文明类、公共服务类、权益保护类等5个大类30余项具体事务。协商事项以本村（社区）协商目录为基础，重点突出"六事"，即经济社会发展的大事、美丽乡村建设的实事、影响和谐稳定的难事、惠民利民便民的好事、扶贫助残帮困的急事、基层组织建设的要事。

"三个层级"即构建镇（街道）、村（社区）和自然村（村民小组）"三级协商机制"。其中重点是村级及其以下的协商。村级以下是指要搭建好村（居）民组协商组织网格化，是以村（居）民组还是以片、以党小组等，由各村（社区）根据实际选择。镇（街）层面，是指向镇（街）党委、政府等上级单位、技术指导部门、

社会第三方等咨询相关政策。

"五步五单"即协商事项的采集、交办、办理、结果公示、成果评议及其相对应的五个清单,明确了村级议事协商怎么做。第一步协商治理内容采集。在村(社区)党组织或自然村(村民小组)党组织的领导下,由党群理事会成员或志愿者负责采集协商治理内容,定期或不定期收集并提炼出公共事务和公共问题协商治理议题清单,形成"协商议题采集单";也可通过党小组、村(居)民组会议提出,群众通过电话或口头、微信、QQ 等方式提出,可通过党员议事日、意见箱、包组干部收集到群众的需求、落实上级党委政府工作安排、其他方式等渠道采集事项。

第二步协商治理内容交办。由村(社区)党组织牵头,召开村(社区)协商委员会会议,定期或不定期对采集到的公共事务和公共问题协商治理议题清单进行讨论,研究确定交给不同的主体或有承办能力的组织实施。对于现阶段有条件办理的,列入协商议题,形成"协商议题交办单";现阶段没有条件办理的,暂不列入协商议题,告知事项提出人此议题暂不协商及条件不成熟的理由。

第三步协商治理内容办理。根据协商治理内容,分级、分类由村(社区)、自然村(村民小组)组织实施,可通过购买服务,交由第三方及社会组织实施,由承办主体或有承办能力的组织在协商议题实施结束后,形成"协商议题办理情况单"。涉及同一个村(社区)"两委"成员包组范围内 1 个或多个村(居)民组事项,可由村级协商委员会负责协商或由该村干部为组长的下属协商委员会负责协商或第三方组织;涉及 1 个以上村(社区)"两委"成员包组范围内村(居)民组事项,由村(社区)协商委员会主任牵头组织协商或第三方组织。对于达成一致协商结果或 1 次或几次未协商成功的,记录并反馈给村(社区)"两委"会或扩大会或党员议事会。

第四步协商治理成果公示。由村(社区)协商委员会对上报的协商治理议题最终落实情况进行审议和评估,形成"协商议题办理结果公示单",自觉接受村(居)民监督。在原协商区域内张榜、村(居)务公开栏或新媒体等公示、评议,按随时及时、每月、每季、每年等形式开展。

第五步协商治理内容结果评议。通过微信、公众号等平台,将协商治理结果提交全体村(居)民或村(居)民代表评议,形成"协商议题办理结果评议单"。每个步骤都不同程度体现多方群体参与。特别是协商事项采集过程中,任何村民、群众都有提出协商的权利,同时在协商治理成果公示、协商治理成果评议方面也都体现出多方参与。

协商过程体现了较大的灵活便利性,有利于吸纳多方参与。一是形式灵活。视情况可采用议事型协商、调节型协商、对话型协商、咨询型协商等。二是地点灵活。可在协商议事厅、议事亭、议事长廊,也可在田间地头、村(居)民家中。三是主持灵活。主持人可以是镇(街)干部、村(社区)党组织书记,也可以是党小组长或村(居)民组长等。四是步骤灵活。对急事、特事,可直接进入办理程序,但要反馈,做好记录。

2.修订村规民约,助力村民自治。扎实开展村规民约(居民公约)"大体检"活动,规范修订村规民约(居民公约)。确定了村规民约(居民公约)制定和修订8个步骤,明确了修订过程中的注意事项,村(社区)要纳入协商。表决时,必须经村(居)民会议表决通过。制定修订过程至少要有2次村(居)民会议(征集民意阶段、表决通过阶段),至少要有4次以上修改。村规民约(居民公约)中要有约束性条款,明确执行主体。并注重宣传,将村规民约(居民公约)、村容村貌、好人好事典范等印成小册子、告知书等。目前,全市174个村(社区)村规民约、居民公约制定和修订全部完成,确定19个优秀村规民约和居民公约已整理上报。

同时,在村规民约(居民公约)落地生根和结果运用上,也初见成效。如郑集镇向阳社区,对违背殡葬改革偷埋土葬的人员或家庭,建立专项诚信档案,明确告知其违反《殡葬条例》和居民公约,并与其说明道理,今后社区在出具其子女升学、参军、考录公务员等作如实证明,影响子女前程。最终,社区派员监督下,该农户自行进行起尸火化。该农户还写了一份检讨书,张贴在社区红黑榜公开栏中,以示警戒。

3.完善小微权力清单,实施"清单+积分"管理。经过4年的探索,2019年天长市村级小微权力"清单+积分"管理入选国家农业农村部发布的首批20个"全国乡村治理典型案例"。2020年,对全市各镇(街)村级小微权力清单开展修订和完善,由民政负责把关,村级小微权力清单引进协商,村(社区)"两委"拿出初步方案,引进"1+N+X"协商委员会协商,确保民主协商在民主决策之前,在清单流程上进行固化,使十九届四中全会精神在基层落地生根。

4.健全"一会一队一约"工作机制,推进移风易俗。2020年,天长市开展移风易俗攻坚行动,抓住疫情的有利时机,深化推进移风易俗。在村级建立健全红白理事会、移风易俗志愿服务队和红白喜事公约工作机制(以下简称"一会一队一约")。

红白理事会组建。村(社区)红白理事会要有会员,建立健全会员基础信息库。会员依托社区治理实验的"1+N+X"的协商委员会,也就是"1+N"作为红白理事会的基础会员，建立健全人员信息资料，其中"1"即各村（社区）书记担任，体现党建引领。"N"即理事会基础会员，包括村（社区）"两委"成员、监督委员会成员、村（居）民组长、村（居）民代表、乡贤能人、"五老"人员、"一村一警""一村一法律顾问"、新型农村经济组织负责人等，进行必要的充实和补充完善，网格化全覆盖到各村（居）民组和楼栋。摸排辖区内吹乐手、和尚、道士、阴阳先生和香火等人员。将其中热心公益事业的人员，充实到人才库中，作为红白理事会的会员。村（社区）红白理事会会员数不低于50人。

移风易俗志愿小分队的组建。服务小分队依托"1＋N"的红白理事会的基础会员组建。开展移风易俗、环境保洁、文明实践、送法下乡、送戏下乡等志愿活动。在录入文明实践中心志愿服务系统、全国志愿服务系统时，注明 XX 移风易俗（XX 户白事）志愿服务、XX 环境保洁志愿服务、XX 送法下乡志愿服务、XX 送戏下乡志愿服务等。小分队参加人员及服务时长等基本信息由包组干部或村（居）民组长统计上报村文明实践站和全国志愿服务信息系统管理员，以便志愿者按积分制度和礼遇办法落实激励政策。志愿服务时长通过系统转化为积分，兑换成各种物品，增加了村（居）民参加志愿服务的激情，提升了开展志愿服务活动的氛围。

（三）凝聚多方合力，实现"三治"融合

发挥党建引领作用，依托多方参与、协商共治，打造"自治、法治和德治"有机统一的农村治理新格局。

1. 完善村民自治。细化"四议两公开"工作法，做好村"两委"工作例会、党群议事会、村（居）务联席会、协商委员会等制度的衔接工作。深化村级"小微权力清单"，推进村（居）务党务公开、村级民主管理。建立健全村（居）务监督委员会，举办监督委员会主任培训班，完善村（居）务监督委员会、工作职责和运行机制。

2. 推动基层法治。整合部门、行业力量，推进农村公共法律服务体系建设，逐步实现"大事不出镇、小事不出村、矛盾不上交"。推进"一村一警""一村一法律顾问"，如在永丰镇桥湾社区建立了"法官工作室"，每月深入社区开展法制宣传教育、化解矛盾纠纷和指导人民调解。组织有一定法律知识的在职和离退休法官、检察官、警察等组成"便民法律服务团""普法讲师团"，鼓励大学生参加"普法志愿者团"，深入推进法制宣传进村（居）活动。

3. 注重乡村德治。坚持举办村（居）道德讲堂、农村党员冬（春）训班、农村

党建指导员等各类培训班,将道德建设列入培训内容,2019年以来累计培训3500余人次。实施党员积分制管理,开展党员亮身份活动,引导党员投身乡风文明建设。编印红色故事汇,挖掘抗大精神,建立天长市孝文化馆和"朱长海"烈士展示馆等教育基地,发挥天长孝文化和身边典型的示范引领作用。制定"乡风文明十不准",开展"星级文明户""好婆婆""好媳妇"评选。探索"互联网+"思维加强群众工作,利用远教电教广场、各类微信群、QQ群等,定期发布相关正能量信息,以党风引领民风。

四、农村社区治理制度创新的成效

(一)党组织建设得到进一步加强

在社区治理实验过程之中,党组织的角色有了一些变化。一是最终负责者。村(社区)党组织成为社区治理的最终负总责的主体,并且负的是"无限责任"。村(社区)级大量直接服务于群众的事务都是由党组织在推动。这是党巩固基层执政基础的务实表现。二是资源整合者。在村(社区)范围内,党组织协调资源的能力最强。由党引领,各方力量响应度较高,有利于在优势互补中发挥资源的最大价值。三是事务协调者。党组织在村(社区)中因为超脱了具体利益,可以充分体现社区治理的"德治"。党组织带头协调多方利益、取得最大共识就会相对会容易。四是协商主持者。党组织在具体协调过程中扮演着"民主协商的中间人、主持人"的角色,推动了民主协商的有序有效。

(二)政策落地更加通畅

村(社区)建立的乡贤理事会、协商委员会等基层群众性自治组织接上联下,织密了横向到边、纵向到底的基层治理工作网。自治组织成员站在群众的视角,用群众通俗易懂、喜闻乐见的方式,宣传各项政策到户、落实到人,畅通了政策落地"最后一公里",有效推动各项富民惠民好政策在基层用起来、用得好、起实效。

(三)民主协商意识明显增强

村(社区)干部对自身职责定位更加明晰,围绕经济社会发展的大事、美丽乡村建设的实事、影响和谐稳定的难事、惠民利民便民的好事、扶贫助残帮困的急事和基层组织建设的要事，自觉运用民主协商，变被动受理为主动服务。通过协商程序的实践，村（居）民的法治意识明显增强，参与村（社区）事务、热心公益事业的诉求不断增强。如天长市向阳社区书记说："这次高标准农田改造，用协商的方式取得了成功，工作也很有成就感。以前政府花钱为他们迁坟、修路、处理杂树等，群众不见得领情，不见得会说政府和社区好。现在居民自己参与了，政府和社区不花一分钱，老百姓还认可，这就是协商的成果。"通过社区协商，"商"出了和谐，"商"出了民主，"商"出了发展，"商"出了廉洁。

（四）"三治"融合进一步明晰

1. 以社区协商增强了自治活力。村（社区）协商委员会的人员组成、议事章程、运行办法，都是通过村（居）民代表会议民主表决形成的制度规范。同时，充分利用党员议事日、党小组活动日、村（社区）"两委"扩大会议等平台，广泛收集协商议题，梳理已办理协商议题以及督办、催办、评议协商事项。在协商议事会议上，利益相关方充分表达意见建议，由主持人按程序确保议事不跑题、不偏题，采取举手表决或无记名投票方式，当场宣布结果，确保协商结果公开公正。2019年全市累计协商事项3226起。社区协商已经成为激发村民自治活力的重要方式。

2. 在协商中融入了法治和德治要素。通过村规民约为村（居）民建立诚信档案，确保村规民约具有约束性，使得村规民约（居民公约）不再是"一纸空文"。在协商中，巧妙发挥道德与法律的双向约束作用。一方面坚持依法协商，彰显法治权威。充分发挥"一村（社区）一法律顾问"的作用，让其列席相关协商会议，及时把关协商事项的合法性。另一方面坚持以德为先，将德治融入协商的全过程。挖掘传统家风家训、村规民约（居民公约）的作用，吸纳乡贤能人参与协商，将乡土习惯变成协商规则，更容易让群众从内心接受协商制度。

（滁州市民政局）

常州市新北区:唱响治理"三部曲" 打造乡村"后花园"

新北区位于常州老城区之北,北依长江,南枕沪宁铁路,在长三角区域一体化发展进程中,展现出独特的地理优势和良好生态,在发展经济的同时,更加注重社会治理。党的十九届四中全会指出,社会治理是国家治理的重要方面,必须加强和创新社会治理,构建基层社会治理新格局,推动社会治理和服务重心向基层下移,把更多资源下沉到基层,更好提供精准化、精细化服务。面对人民生活高质量发展的新形势、新任务,新北区知难而进,创新作为,借力全国首批农村社区治理实验区建设试点,围绕常州"五大明星城"和北部新城建设,全面加强城乡社区治理工作,积极唱响治理"三部曲",打造乡村"后花园"。

一、统一思想、凝聚力量,唱响统筹推进"进行曲"

新北区是国家级高新区,与常州国家高新区实行"两块牌子、一套班子"的管理体制,是常州唯一的沿江板块,是常州重大项目的主要承载地,在2019年工业百强区竞争力指数排行中位列第11位;在全国168家高新区中,稳居前30位。辖区面积508.94平方公里,常住人口68.98万,下辖7镇3街道、1个省级经济开发区和1个综合保税区,全区共有58个行政村和78个社区。自入选"全国农村社区治理实验区"以来,新北区保持率先的姿态和领先的优势,在理念上与时俱进,在战略上主动谋划,在行动上有所作为,全面推进社区治理创新。坚持社区"设施标准化""居民自治化""服务网格化""活动社团化""沟通信息化""管理治理化""社工专业化""特色品牌化"的八化方向,正确处理"社区规划与规划社区""社区服务与服务社区""自治组织与组织自治"

"社区治理与治理社区"的四大关系,大力推进"基层建设""撤村建居""村域优化""三社联动""减负增效""政社互动"六大工程,城乡社区治理水平显著提升。

(一)注重顶层设计

围绕实验主题,在充分调研的基础上,区委区政府制定出台《建设全国农村社区治理实验区三年行动方案》,将实验区建设作为改革攻坚任务提上区委、区政府议事日程,主要领导亲自部署,设立工作专班,定期组织召开会议、分析研判、解决问题。把农村社区治理与乡村振兴战略、美丽乡村建设和网格化社会治理等重点工作统筹推进,把城乡社区治理工作纳入镇(街道)和区级机关部门综合考核。成立区、镇两级城乡社区工作委员会,建立工作例会、指导督查、考核评比三项制度,健全农村社区治理领导体系,形成一级抓一级、层层示范带动、整体协调推进的良好局面。加大财政资金投入,设立专项资金,保障农村社区党建经费、工作经费、村(社区)干部待遇。两年多来,共投入1.85亿元支持实验区建设工作,促使实验区建设走实走深。

(二)加强党建引领

在推进农村社区建设中,始终坚持党的领导,大力推进基层服务型党组织建设,建立"两委"人选负面清单和联审制度,选优配强村(社区)党组织成员和村(居)民委员会成员。坚决杜绝"涉黑涉恶""村霸"等人员进入"两委"班子。充分发挥全区农村社区党组织领导作用,发挥农村党员的带头示范作用,成立书记工作室,打造党建服务品牌,让党旗飘扬,党徽发光。通过党建带"群建"、带"社建",带领村(居)民委员会、村(居)务监督委员会、经济合作社、物业服务单位和有关组织共同治理社区、服务居民,形成党组织领导下村(居)委会、社会组织、社工、居民群众多方参与的社区治理格局。

(三)推进"两网"融合

建立"村居综合服务一体化平台",推进社区治理"网格化＋网络化",实现"村居综合服务一体化平台"与"网格化社会治理联动指挥平台"互融互通、数据共享,及时发布社区工作动态、活动公告、五务公开等内容,及时回应村(居)民网络诉求,第一时间实现村(社区)、镇(街道)、区和市相关部门"四级联动"响应。2018年以来,平台共受理四级联动事项20万余件,涉及村(社区)工作的事项办结率达 99%。加强网格化和网络化融合,根据社区规模,合理划分基础网格,由村居负责人担任网格长,配备 1134 名专职网格员和 3000 余名网格志愿者,充分发挥村民小组长、楼道长和党员志愿者的积极作用。全区村级网格治理服务站实现全覆盖,大数据＋网格化＋铁脚板的基层治理在今年的疫情期间作用凸显。薛家镇橄榄城社区通过数字化、智能化手段加强管理,例如,人脸抓拍摄像机、人脸道闸、车辆抓拍卡口等精细化地毯式管理手段,极大减轻社区基层负担,助力社区精细管控人员进出、车辆出入、动态发布信息,有效控制人员流动,阻断疫情传播。一些社区制定了电子出入证;运用"云封条"对居家隔离居民进行实时监控,"云封条"预警系统与社区网格员以及社区书记、主任手机 24 小时绑定;利用人工智能语音系统为居家隔离者进行健康管理;利用大数据技术对入境人员进行管理和服务,实现区域疫情防控;开展"业主在线云运动会"健身打卡活动等。

二、聚智聚力、提质增效,唱响三社联动"服务曲"

基层治理不是一件事,而是一个体系,需要社会的广泛参与。针对农村社区建设中人才短缺、社会组织薄弱、专业服务不强等问题,新北区在加强队伍建设、组织孵化、项目推进等方面做了有益探索,以社区为载体,社会组织为依托,社工人才为支撑加强三社联动,以人民为中心,以问题为导向,以需求为目标为居民提供服务。

(一)"外引内培"强基础

1. 先后邀请民政部社区建设专家唐忠新教授、陈荣卓教授和《乡镇论坛》杂志社领导来新北区指导工作、传经送宝;积极与上海恩派社会创新发展中心、常州大学、常州工学院等单位建立合作关系,定期开展业务讲座、现场指导、项目策划、评估考核等工作;组织镇(街道)和村(社区)负责人赴成都、福州、安吉等社区治理先进地区考察培训,提升社区治理创新能力;加大社工人才培育力度,组织开展社工督导师的培养,到上海浦东专业社工机构进行脱产学习实践,提升新北区社工的专业化水平。连续 5 年组织开展社会工作者职业水平考试考前培训,提升社工专业素养,全区每万人社工持证数达 14.4,农村社区持证社工比例达 48%。全面落实人才优先发展战略,出台《关于推进社会工作人才引育的实施办法》,制定了社工人才激励措施和奖励办法,引导社工人才投身农村社区治理实践，开展专业社工与农村社区结对活动，目前已有 29 名专业社工与社区签订了合作协议，定期到农村社区开展活动。出台《关于构建常州国家高新区（新北区）社区工作者职业体系的意见（试行）》，努力构建员额管理、招聘转聘、教育培训、考核管理、薪酬待遇"1＋5"制度体系，试行村干部专职化管理，设立职业年金，提高村干部待遇，畅通村居干部上升渠道，扎实推进社区工作者职业体系建设工作。

2."推陈出新"促提升。开展村居干部能力提升和青蓝工程，分层分级组织培训和后备干部培养，很多年轻村居干部在这次疫情防控工作中表现突出，得到了组织重用和百姓认可，"两委"班子成员结构更加合理，年轻化、专业化、本土化趋势明显。组织"书记讲堂"和"社区论坛"，全年举办 200 余期，既锻炼了队伍，又打开了思路，深受基层欢迎。在农村治理与服务过程中，鼓励基层积极探索创新，同时注重典型选树，开展社区服务品牌打造，形成一村一品。选定西夏墅镇梅林村、东南村等 29 个农村社区，结合当地特色资源、居民需求、乡土文化等实际，开展农村社区实验课题建设，推选新北区恩悦社会工作服务中心、新北区橄榄树公益发展中心、新北区公众力社区创新发展中心等专业社会组织进行指导、帮助和智力支持，通过制订方案、专家指导、座谈研讨、项目推进、交流学习、评估考核等程序，重点开展互助养老、文化传承、经济发展、村落自治、乡村旅游等特色品牌建设。目前全区已形成"五色扬帆""小手拉大手""党员 365""我爱我家"等服务品牌。为提质增效，国宾社区试点政务与服务分离模式，把更多的空间让给居民，把更多的精力投身居民，把更多的资源倾向居民。自开展试点以来，原本少有问津的党群服务中心热闹繁忙，很多活动室需要预约排队，为了满足居民的需求，社区服务中心夜间和周末也正常开放，同时邀请第三方为居民提供活动指导和文明倡导，目前已经形成了社区提供场地，第三方提供服务，居民自我管理的良性互动。面对农村村民散、文明难、纠纷烦等问题，孟河镇南兰陵村在自然村落建立党员中心户和党群议事室，充分发挥党员模范带头作用，把矛盾化解在小组里、萌芽中，通过下午茶、读报日等形式及时收集民意、传递党声、协商民权，

（三）"集聚资源"强活力

为统筹资源，充分发挥社会力量，特别是社会组织和社会服务机构参与基层治理，新北区先后出台了《关于进一步加快全区社会组织培育发展的实施意见》《社会组织评估等级资金扶持办法》《社会组织服务平台运营扶持办法》等

文件,形成以区级北斗星公益园为中心、镇(街道)级平台为支点的"一星多点"社会组织综合服务体系。建立社会组织联席会议和联动机制,聚力农村社区治理,大力培育发展社区社会组织和乡镇枢纽型社会组织,全区建成社会组织平台 12 个(其中 8 个设在农村社区),每个行政村和社区拥有社会组织数分别达到 6 个和 11 个。积极举办"北斗星"创业大赛、社会组织创业训练"红杉营"、社区提案大赛、"金点子"大赛、"微创新微公益"社区公益项目大赛、"北斗星社创+"等活动,支持社会组织以项目化开展工作,在为城乡社区提供服务的同时,也让社会组织自身得到了提升和发展。广泛开展社区提案大赛、金点子大赛和社区需求调查等活动,两年多来,深入农村社区调研,举办 50 多场座谈会、收集 7000 余份问卷,征集社区建设建议近 300 余条,社区需求 500 余项,真正做到社区需要什么项目,我们就扶持什么项目,进一步激发社会组织和社区活力。把居民满意度作为社区治理工作成效的衡量标准,通过第三方机构开展居民满意度调查,确保调查结果客观全面,真实反映群众对社区治理工作的意见建议。充分运用调查结果,聚焦百姓关切问题,补齐农村社区工作短板。全区居民满意度从 2017 年 84.67% 提高到 2018 年 92.07%。通过开展"助推社区治理创新行动"和社会组织运营社区惠民服务设施试点,推进社会组织深度参与社区治理,促进社会组织发挥专业优势和积极作用。2020 年疫情期间,新北区的恩悦社工服务中心和禾木社工服务中心等社会工作机构利用专业优势,开通 24 小时心理咨询热线,为村干部和村民开展心理疏导服务,同时积极筹措防疫物资送给一线的城乡社区工作者。2018 年以来,区级投入社会组织专项资金 1110 万元,全区各级各部门购买社会组织服务资金超 3000 万元,孵化培育社会组织 52 家,优先对接落地农村,有力推动农村社区建设发展。

三、强基富民、协商共治,唱响乡村振兴"和谐曲"

围绕新时代农村社区建设新要求,结合村民生活生产新需求,加强实验区建设与乡村振兴战略、网格化社会治理等重点工作统筹推进,形成互相促进、协同发展的良好局面。以"百姓议事堂""法润学堂""道德讲堂"推进农村社区自治、法治和德治。开展和谐社区建设,促进农村综合服务能力提升,实施乡村振兴"巾帼行动"、新型职业农民培育工程、百名现代农业精英人才培养计划,以高质量人才推动社区治理高质量发展。实现由"社区管理"到"社区治理"的转型升级,回归自治本位,增强群众满意度和参与度,提升群众幸福感和获得感。

(一)提升群众"满意度"

按照新北区农村社区建设新标准,标配便民服务中心、惠民服务中心、村民议事中心三类综合服务设施,重点将惠民服务中心打造成集居民文体活动、图书阅览、居家养老、卫生服务等功能为一体的居民之家,专门配备管理和服务人员,实行全天候服务。建立居民休闲长廊、文体活动广场,在规模和范围比较大的自然村设立居民服务点,农村社区服务已涵盖党建宣传、矛盾调解、劳动就业、医疗卫生、文化体育、养老残联、环境整治、农村经济、精神文明等内容。2018年以来,全区38个农村社区进行了服务用房的新建和改扩建,社区用房面积均超600平方米,最大的社区达12000平方米,平均用房面积为1086平方米。全区建有综合文化服务中心133个,村(社区)居家养老中心80个,劳动就业服务点136个,残疾人就业中心18个,计生卫生服务站67个,进一步夯实了为民服务阵地,方便了百姓。另外,春江镇、奔牛镇大力推进村民小组议事活动点、"百年堂""喜庆园"等设施建设,为群众活动议事、办理红白喜事提供良好条件,全区所有乡镇的集镇社区全部建有红白喜事办理场所,极大地方便了居民群众办事,还大大节约了群众的经济支出。大力推进农村居民休闲长廊、运动场、文体活动广场建设等,目前,农村社区覆盖率达95%以上。

(二)强化群众"参与度"

充分发挥村规民约作用,引导农村社区针对重点问题修订完善村规民约、村民自治章程,开展新时代文明实践站所建设,加强农村精神文明建设。注重发掘群众骨干,积极引导农村德高望重、有影响力的乡贤以及社区公益活动中涌现出来的热心群众成为群众自治骨干。积极推进村民小组自治、楼道自治、网格自治等"微自治"工作,全区建有"微自治"点531个,构建和谐邻里,打造美丽家园,营造文明新风。广泛开展协商工作,通过开展民主决策会、矛盾调解会、民事协商会、民情恳谈会、民主听证会,化解社区矛盾。全区各村(社区)普遍建有乡贤理事会、居民议事会或"老娘舅"调解会,民主协商制度和村规民约(居民公约)制度建立实现全覆盖。为了加强民主监督,行政村村务监督委员会建成率为100%,建立民主议事机构109家。特别值得一提的是,薛家镇中巷社区"19点议事厅",先后举办协商会100余场,有效解决老百姓身边物业服务、邻里纠纷、车辆管理、环境卫生等问题，得到了当地群众的广泛认可，目前19点议事厅的民主协商模式已经在全区普遍开展。民主协商制度、"微自治"、村规民约等自治内容和社会组织、社工等共治主体较好融入农村社区治理中，形成了和睦相处、邻里互助、协商共治、成果共享的良好氛围。

(三)增强群众"获得感"

改进乡村项目实施方式，让更多的村集体和农民参与到项目建设中来，调动群众参与农村社区治理的积极性，以村级集体经济壮大促进社区治理提升。如西夏墅镇东南村，通过成立有机稻米种植专业合作社，将原先分散种植的2000亩土地集体流转，产业化经营实现高效益，达到了盘活村级经济与保障农民利益双赢目的，因地制宜开展乡村旅游，举办稻田文化节、萤火虫之夜、赶鸭子上架等喜闻乐见的游乐项目，通过建、租、改等形式打造民宿，带来了人气也带来了财气；西夏墅镇梅林村依托当地田园、水系等自然资源和孔庙、古戏楼等历史文化资源，大力发展草坪产业和休闲旅游业，激活了村集体经济；奔牛镇新市村根据产业发展规划，采取增减挂钩、功能置换、资产再利用等方式，积极盘活各类土地，通过农地股份合作社集中经营，形成规模高效设施农业，把各类成片、成方的农业产业规模化、休闲观赏化、采摘游乐化，初步形成农、文、旅新型乡村格局。此外，齐梁文化、孟河医派等特色文化产业也成为新北乡村一张靓丽的名片。现在村民已经基本能够实现在家门口就业，特别是曾经的留守人现在已经转变成集体人，环境美了、收入多了、文明高了、服务便了、治理顺了，人心也就安了。在统筹推进美丽乡村建设过程中，充分发挥村民的自主权，让他们参与其中，真正让政府意图和百姓意愿有效融合，增强群众的幸福感和获得感，美丽乡村更有美丽心情。

（常州市新北区民政局）

图书在版编目（CIP）数据

　　长三角基层治理蓝皮书：和谐共治与精密智治的制
度创新 / 浙江省民政厅主编. —杭州：浙江大学出版
社，2020.9
　　ISBN 978-7-308-20508-5

　　Ⅰ.①长…　Ⅱ.①浙…　Ⅲ.①长江三角洲—地方政府
—行政管理—文集　Ⅳ.①D625.5-53

　　中国版本图书馆 CIP 数据核字(2020)第 159758 号

长三角基层治理蓝皮书：和谐共治与精密智治的制度创新

浙江省民政厅　主编

上海市民政局、江苏省民政厅、安徽省民政厅　副主编

责任编辑	陈佩钰
责任校对	严　莹
封面设计	雷建军
出版发行	浙江大学出版社
	（杭州市天目山路 148 号　邮政编码 310007）
	（网址：http://www.zjupress.com）
排　　版	杭州中大图文设计有限公司
印　　刷	浙江新华印刷技术有限公司
开　　本	710mm×1000mm　1/16
印　　张	18.5
字　　数	352 千
版 印 次	2020 年 9 月第 1 版　2020 年 9 月第 1 次印刷
书　　号	ISBN 978-7-308-20508-5
定　　价	68.00 元